高等职业教育“十三五”创新型规划教材

仓储与配送管理实务

主　编　王长青　宫胜利　岳　红
副主编　曹明兰　赵珊珊　汤金毅　于　潇
参　编　管刘晗

北京理工大学出版社
BEIJING INSTITUTE OF TECHNOLOGY PRESS

图书在版编目（CIP）数据

仓储与配送管理实务 / 王长青，宫胜利，岳红主编 .—北京：北京理工大学出版社，2018. 7（2018. 8 重印）

ISBN 978 - 7 - 5682 - 5960 - 6

Ⅰ. ①仓…　Ⅱ. ①王… ②宫… ③岳…　Ⅲ. ①仓库管理 - 高等学校 - 教材 ②物流管理 - 物资配送 - 高等学校 - 教材　Ⅳ. ①F253 ②F252. 14

中国版本图书馆 CIP 数据核字（2018）第 170674 号

出版发行 / 北京理工大学出版社有限责任公司
社　　址 / 北京市海淀区中关村南大街 5 号
邮　　编 / 100081
电　　话 /（010）68914775（总编室）
　　　　　（010）82562903（教材售后服务热线）
　　　　　（010）68948351（其他图书服务热线）
网　　址 / http：//www. bitpress. com. cn
经　　销 / 全国各地新华书店
印　　刷 / 三河市华骏印务包装有限公司
开　　本 / 787 毫米 ×1092 毫米　1/16
印　　张 / 15
字　　数 / 356 千字
版　　次 / 2018 年 7 月第 1 版　2018 年 8 月第 2 次印刷
定　　价 / 43. 00 元

责任编辑 / 李玉昌
文案编辑 / 李玉昌
责任校对 / 周瑞红
责任印制 / 李　洋

前　言

高等职业教育近几年来进入了高速发展时期，教材建设重在提高质量，培育特色。在经济全球化的今天，现代物流受到了日益广泛的关注，并面临着前所未有的发展机遇。作为物流重要环节之一的仓储与配送，在企业中的作用显得越来越重要。经过多方努力，结合当前高职物流专业教学现状，我们组织编写了本教材，以便于更多的人了解仓储与配送管理的基础知识。这是具有丰富实践经验的“双师型”教师倾注了大量的人力、物力和财力共同努力的结果。

仓储与配送是现代物流的两个重要环节，仓储与配送管理技术水平将在很大程度上影响物流企业运作效率的高低。提高配送中心运作效率和改变仓储与配送管理技术是现代物流的重要任务。本书通过校企合作，对合作企业实地调研，对物流企业及企业物流部门的仓储与配送岗位任务与能力进行分析，以仓储与配送作业的实际流程为导向，以仓储与配送作业所应具备的职业能力为依据，并结合学生的实际情况和职业岗位要求，对课程教学内容进行合理的重构与整合，以帮助学生培养职业技能，从而使教学符合实际工作的需要。本书在编写中采取理论与实际相结合的方法，学生通过系统的学习，既能掌握完善的理论体系，又能培养实际操作技能。

本书共分九个项目，项目一到项目六是仓储部分，项目七到项目九是配送部分。首先构建仓库，仓库建成后进行经营与商务管理，签订仓储合同后，对整个仓储操作流程和库存控制进行了介绍，然后对特殊货物的仓储和仓储安全的控制进行简单介绍。后一部分介绍了仓储配送中心的作业、配货作业、装车配载与车辆调度作业，配送路线的规划作业等方面的内容。各个作业内容设置了相应的技能培养，对培养具有良好职业道德、一定理论知识、较强操作和管理实践能力，并具有可持续发展能力的仓储配送职业型人才有较强的针对性。

本书由山东威海外事学院王长青、山东工业职业学院宫胜利、济南工程职业技术学院岳红任主编，由青岛工学院曹明兰、潍坊工商职业学院赵珊珊、菏泽职业学院汤金毅、山东外国语职业学校于潇任副主编，由潍坊工商职业学院管刘晗任参编。本书的编写分工如下：项目一由宫胜利编写，项目二、项目七由王长青编写，项目三由岳红编写，项目四由于潇编写，项目五由曹明兰编写，项目六由汤金毅编写，项目八由赵珊珊编写，项目九由管刘晗编写。

本书在编写过程中借鉴了许多同行的教研成果，参阅了大量的国内外教材、期刊资料，利用了不少相关的网络资源，在此特向这些资料的作者表示深深的感谢。

值此出版之际，我们谨向所有支持本书出版的各校领导和参编老师表示诚挚的谢意；感谢青岛茂升祥物流咨询有限公司的大力支持。

限于作者的学术水平，错误与不妥之处在所难免，敬请读者批评指正。

编　者

目　　录

项目一

构 建 仓 库

知识目标：

了解仓储的概念、功能

掌握仓储管理的相关内容

了解仓库外部总体布局的原则与影响因素

掌握仓库选址的影响因素及方法

了解仓库内部布局与结构对仓储作业效率的影响

掌握影响仓库平面布局的因素与要求

掌握货位布局的要求

掌握仓库主要设备及其作用

技能目标：

具有规划仓库网络布局及仓储选址的能力

具备仓库内部布局与结构设计的能力

具备仓库设备的使用、管理能力

任务一　仓 储 概 述

任务导入：

原始社会，出现了存放多余猎物和食品的场所；进入资本主义社会，出现了具有现代意义的仓库，例如，经济活动和人们生活中的不均衡需要仓储，通过仓储进入消费领域。仓储打破时间隔局。另外，军事、政治、自然灾害也需储存一定物资。

知识解析：

一、仓储概念

仓储是指通过仓库对物资进行储存与保管。仓储的形成是社会产品出现剩余和产品流通的需要，当产品不能被即时消耗掉，需要专门的场所存放时，就产生了静态的仓储。将物品存入仓库以及对存放在仓库里的物品进行保管、控制、提供使用等的管理，便形成了动态仓储。

二、仓储类型

虽然说仓储的本质都为物资的储藏和保管，但由于经营主体的不同、仓储对象的不同、经营方式的不同和仓储功能的不同，所以，不同仓储活动具有不同的特性。

（一）按仓储经营主体划分

1. 企业自营仓储

企业自营仓储包括生产企业和流通企业的自营仓储。生产企业自营仓储是生产企业使用自有的仓库设施对生产使用的原材料、生产的中间产品、最终产品实施储存保管的行为，其储存的对象较为单一，以满足生产为原则。流通企业自营仓储则是流通企业以其拥有的仓储设施对其经营的商品进行仓储保管的行为，仓储对象种类较多，其目的是支持销售。

2. 商业营业仓储

仓储经营人以其拥有的仓储设施，向社会提供商业性仓储服务的仓储行为。仓储经营人与存货人通过订立仓储合同的方式建立仓储关系，并且依据合同约定提供服务和收取仓储费。商业营业仓储的目的是在仓储活动中获得经济回报，实现经营利润最大化。

3. 公共仓储

公共仓储是公用事业的配套服务设施，为车站、码头提供仓储配套服务。其运作的主要目的是保证车站、码头的货物作业的良好运行，具有内部服务的性质，处于从属地位。但对于存货人而言，公共仓储也适用营业仓储的关系，只是不独立订立仓储合同，而是将仓储关系列在作业合同中。

4. 战略储备仓储

国家根据国防安全、社会稳定的需要，对战略物资实行储备而产生的仓储。战略储备由国家政府进行控制，通过立法、行政命令的方式进行。战略储备特别重视储备品的安全性，且储备时间较长。战略储备物质主要有粮食、油料、能源、有色金属、淡水等。

（二）按仓储对象划分

1. 普通物品仓储

普通物品仓储是不需要特殊保管条件的物品仓储。一般的生产物质、普通生活用品、普通工具等杂货类物品，不需要针对货物设置特殊的保管条件，采取无特殊装备的通用仓库或货场存放。

2. 特殊物品仓储

特殊物品仓储是在保管中有特殊要求和需要满足特殊条件的物品仓储，如危险物品仓储（需用监控、调温、防爆、防毒、泄压等装置）、冷库仓储、粮食仓储等。特殊物品仓储一般为专用仓储，按照物品的物理、化学、生物特性以及法律规定进行仓库建设和实施管理。

（三）按仓储功能划分

1. 储存仓储

储存仓储是物资较长时期存放的仓储。由于物资存放时间长，储存费用低廉就很有必要。储存仓储一般在较为偏远的地区进行。储存仓储的物质较为单一，品种少，但存量较大，且存期长，因而特别要注重对物资的质量保管。

2. 物流中心仓储

物流中心仓储是以物流管理为目的的仓储活动，是为了实现有效的物流管理，对物流的过程、数量、方向进行控制的环节，也是为实现物流时间价值的环节。一般在一定经济地区的中心，交通较为便利，储存成本较低处进行。物流中心仓储以品种较少、批量较大进库，一定批量分批出库，整体上吞吐能力强。

3. 配送仓储

配送仓储也称为配送中心仓储，是商品在配送交付消费者之前所进行的短期仓储，是商品在销售或供生产使用前的最后储存，并在该环节进行销售或使用的前期处理。配送仓储一般在商品的消费经济区间内进行，能迅速地送达以供消费和销售。

4. 运输转换仓储

运输转换仓储用来衔接不同运输方式。在不同运输方式的相接处进行，如港口、车站库场所进行的仓储，是为了保证不同运输方式的高效衔接，减少运输工具的装卸和停留时间。运输转换仓储具有大进大出的特性，货物存期短，注重货物的周转作业效率和周转率。

5. 保税仓储

保税仓储是指使用海关核准的保税仓库存放保税货物的仓储行为。

（四）按仓储物的处理方式划分

1. 保管式仓储

保管式仓储是以保管物原样保持不变的方式所进行的仓储。保管式仓储也称为纯仓储，存货人将特定的物品交由保管人进行保管，到期保管人将原物交还存货人。保管物除了所发生的自然损耗和自然减量外，数量、质量、件数等不发生变化。保管式仓储又分为仓储物独立式仓储和将同类仓储物混合在一起的混藏式仓储。

2. 加工式仓储

加工式仓储是指保管人在仓储期间根据存货人的要求对保管物进行一定加工的仓储方式。保管物在保管期间，保管人根据委托人的要求对保管物进行外观、形状、成分构成、尺度等的加工，使仓储物发生委托人所希望的变化。例如，木材的加工仓储：保管人可以针对造纸厂的需要将木材磨成木屑，进行压缩装载；针对家具厂的需要将木材加工成板材或剪切成不同形状的材料；针对木板厂的需要将树枝、树杈、碎木屑以及其他材料制成复合木板。

3. 消费式仓储

消费式仓储是保管人在接收保管物时，同时接收保管物的所有权，保管人在仓储期间有权对仓储物行使所有权；在仓储期满，保管人将相同种类、品种和等量的替代物交还给委托人所进行的仓储。消费式仓储特别适合于保管期较短的物资（如农产品）和市场供应价格变化较大的商品的长期存放，具有一定的商品保值和增值功能，是仓储经营人利用仓储物开展经营的增值活动，已成为仓储经营的重要发展方向。

三、仓储功能

仓储作业会给整个社会物流过程的运转带来不同的影响，良好的仓储作业与管理能保证生产、生活的连续性，反之会带来负面效应。仓储作业的功能主要从三个方面理解：第一，时间调整功能。一般情况下，生产与消费之间会产生时间差，通过储存可以克服货物产销在时间上的隔离（如季节生产但需全年消费的大米）。第二，价格调整功能。生产和消费之间也会产生价格差，供过于求、供不应求都会对价格产生影响，因此通过仓储可以克服货物在产销量上的不平衡，达到调控价格的效果。第三，衔接商品流通的功能。商品仓储是商品流通的必要条件，为保证商品流通过程连续进行，就必须有仓储活动。通过仓储，可以使用流通加工、配送等手段衔接商品流通，提高物流效率，并且对物品进行附加增值。从整个物流过程看，仓储是保证这个过程正常运转的基础环节之一。

四、仓储管理

仓储管理简单来说就是对仓库及仓库内的物质所进行的管理，是仓储机构为了充分利用所具有的仓储资源、提供高效的仓储服务所进行的一系列计划、组织、控制和协调的过程。具体来说，仓储管理包括仓储资源的获得、经营决策、商务管理、作业管理、仓储保管、安全管理、人事劳动管理、经济管理等一系列的管理工作。仓储管理的内涵随其在社会经济领域中作用的不断扩大而变化。仓储已经从单纯意义上的对货物的储存管理发展成为物流过程的中心环节，它的功能已不是单纯的货物存储，而是兼有包装、分拣、流通加工、配载、仓储金融等多种增值服务功能。因此，广义的仓储管理应包括对这些工作的管理。

（一）仓储管理的基本原则

1. 效率原则

效率是指在一定劳动要素投入时的产品出量。较小的劳动要素投入获得较高的产品出量才能实现高效率。高效率就意味着劳动产出大，劳动要素利用率高，是现代仓储的基本要求。仓储的效率表现在仓容利用率、货物周转率、进出库时间、装卸车时间等指标上，表现出“快进、快出、多储存、保管好”的高效率仓储。仓储生产管理的核心就是效率管理，即实现最小的劳动量投入，获得最大的产品产出。

2. 经济效益原则

厂商生产经营的目的是追求获得最大化利润，这是经济学的基本假设条件，也是社会现实的反映。利润是经济效益的表现。实现利润最大化就需要做到经营收入最大化和经营成本最小化。社会主义企业经营也不能排除为了追求利润最大化的动机，作为参与市场经济活动主体之一的仓储业，也应围绕着获得最大经济效益的目的进行组织和经营。但也需要承担部分社会责任，履行环境保护、维护社会安定的义务，满足社会物质文明不断增长的需要等社会义务，实现生产经营的社会效益。

3. 服务原则

仓储活动本身就是向社会提供服务产品。服务是贯穿在仓储中的一条主线，从仓储的定位、仓储的具体操作到对储存货物的控制都围绕着服务进行。仓储管理就需要围绕着服务定位，如何提供服务、改善服务、提高服务质量来开展管理，包括直接的服务管理、以服务管理和以服务为原则的生产管理。仓储的服务水平与仓储经营成本有着密切的相关性，两者互相对立。服务好、成本高，收费则高，仓储服务管理就是在降低成本和提高（保持）服务水平之间保持平衡。

（二）仓储管理的目标

仓储管理的目标是储存合理化。储存合理化主要由下列标志加以体现。

1. 质量标志

保证被储存物的质量是完成储存功能的根本要求。因为只有这样，物品的使用价值才能在通过物流之后得以最终实现。如果质量得不到保证，在储存中增加了多少时间或得到了多少利润都无从谈起。所以，在储存合理化的主要标志中，为首的应该是反映使用价值的质量。

2. 数量标志

在保证被储存物质量功能实现的前提下，有一个合理的数量范围。储存数量过少，可能会导致在客户有需求时无法及时供货，产生缺货成本（其中包括失销成本、延期交货成本、仓储企业声誉的损失等）；储存数量过大，又会产生过高的库存成本（仓库的设备及人工使用费、存货所占用资金的机会成本、存货的失效、损坏和丢失费用等）。因此，要将存货的数量控制在一个合理的水平上。

3. 时间标志

储存合理化还要寻求一个合理的储存时间，这是与数量有关的问题。储存量越大，消耗速率越慢，则储存的时间必然长，相反则必然短。如果一些物品被长期储存，成了呆料、废料（如生命周期短暂的电子产品的过时失效、食品的损坏），即使数量较少也会造成一定的损失。虽然数量不大，可能影响不了宏观周转指标，但也意味着储存存在不合理之处。

4. 结构标志

结构标志是在被储物不同品种、不同规格的储存数量的比例关系上对储存合理性的判断。尤其是那些相关性很强的各种物资之间的比例关系能反映出储存的数量结构是否合理。由于这些物资之间相关性很强，只要有一种物资出现耗尽，即使其他物资仍有一定数量，也会无法投入使用。所以，不合理的储存结构不仅影响某一种物资的配用，而且还是有着扩展性的，严重时甚至影响整个储存系统的有效性。结构标志的重要性也可由此确定。

5. 分布标志

分布标志是指不同地区储存数量的比例关系。储存是否合理，可以从储存量与当地需求的对比、储存量对需求的保障程度进行判断。

6. 费用标志

费用标志包括仓租费、维护费、保管费、损失费以及资金占用利息支出等，都能从实际费用上判断出储存的合理与否。

五、不合理储存的表现形式

在物流系统中，仓储作为一种必要活动，由其自身特点决定。如果在质量、数量、储存时间、储存结构、地区分布、费用支出等方面管理不恰当，经常会出现冲减物流系统效益和恶化物流系统运行的情况，所以有着对社会物流活动的“逆”作用。这种逆作用主要是由于不合理储存和储存期间所发生的质量变化和价值损失造成的。因此，有必要对不合理储存的主要表现形式和物品所发生损失进行分析，说明不合理储存的存在性和进行科学合理仓储管理的必要性。

（一）储存组织和管理不合理

1. 储存时间过长

储存时间从两个方面影响储存功能要素的效果，两者彼此消长的结果形成了储存的一个最佳时间区域。一方面是经过一定的时间，被储存物资可以获得“时间效用”；另一方面是随着储存时间的增长，有形及无形损耗的加大，是“时间效用”的一个逆因素。因而储存的总效果是确定储存最优时间的依据，一旦储存时间超过储存最优时间区域，被储存物资损耗加大，就会对物流系统的效益造成负面影响。

2. 储存数量过大

储存数量也主要从两方面影响储存的效果，这两方面利弊的消长也使储存数量有一个最佳的区域，超过这个数量区域的储存量，是不合理的储存。储存数量对储存效果的影响是：一方面，储存以一定数量形成保证供应、保证生产、保证消费的能力。另一方面，储存的损失（存货的失效、损坏和丢失费用等）随着储存数量增加而基本上成比例地增加，储存数量越大，损失量也越大；甚至还可能出现储存数量增加到一定程度，损失陡增的现象。因而可以肯定地说，超出一定限度的储存数量是有害而无益的。

3. 储存数量过低

从上述分析可以看出，储存数量过低会严重降低储存对供应、生产和消费的保证能力。同时，储存数量过低，储存的各种损失也会越低。两者彼此消长的结果是，储存数量降到一定程度，由于保证能力的大幅度削弱会引起巨大损失，其效益损失远远超过由于减少储存量、防止库损、减少利息支出等带来的收益。所以，储存量过低，也会大大损害总效果。

4. 储存条件不足或过剩

储存条件也从两方面影响储存的效果，这两方面利弊消长的结果决定了储存条件只能在恰当范围内：条件不足或过分，都会使储存的总效益下降，因而是不合理的。储存条件不足，是指不能为储存物提供良好的储存环境及必要的储存管理措施，因而往往造成被储存物的损失或整个储存工作的混乱，使储存后的工作受到影响。储存条件过剩，指的是储存条件大大超过需要，从而使被储存物负担过高的储存成本，使被储存物的实际劳动投入大大高于社会平均必要劳动量，从而出现亏损。

（二）货物在储存期间可能发生的质量变化

物资在储存过程中，内部物质运动不断进行，这种变化是量变到质变的过程，储存期越长，这种变化的聚集就越大，最终可能引起质量指标的变化。

物资储存环境可能促进或减弱上述变化的趋势。不良的储存环境，可能大大加速质量从量变到质变的过程。

储存过程中，要经常作业于被储存物品，这可能造成突发性碰撞、磨损、冲击、混合等，从而使质量迅速发生变化。

物品有可能在物理和机械方面发生一些质量方面的变化。物品还有可能在化学方面发生一些质量方面的变化。

（三）货物在储存期间可能发生的价值损失

1. 呆滞损失

储存的时间过长，虽然原物资的使用价值并未变化，但随着时间的推移，社会的需求可能会发生变化，从而使该物资的效用降低，无法按原价值继续在社会上流通，形成长期聚集在储存领域的呆滞物资，这些物资最终要进行降低价格处理或报废处理，所形成的损失为呆滞损失。有许多呆滞物资同时也存在物理、化学的变化，使损失叠加，问题更为严重。

2. 时间价值损失

物资储存实际也是货币储存的一种形式。资金的时间价值决定，每存放一定时间，资金就按一定规律减值。

3. 过高的储存成本

一是库存会引起仓库建设、仓库管理、仓库工作人员工资、福利等项费用开支。二是储存物资占用资金的利息以及这部分资金如果用于另外项目的机会损失。三是陈旧损坏与跌价损失。物资在作为库存期间可能发生各种物理、化学、生物、机械等损失，严重者会失去全部价值。不合理仓储的表现证实了仓储的确具有降低物流系统效益的有害性，这正说明了仓储管理的必要性。科学的仓储管理的研究，就是要在物流系统中充分发挥仓储的积极作用而扼制其消极作用，更好地为社会经济活动和物流过程服务。

任务二　仓库选址

任务导入：

仓储布局与选址是关系到企业整体物流网络合理性的重要内容，布局及选址的合理与否与企业整体的运营成本、运作效率有着重要的关系。建立物流网络系统时，仓储的布局与选址是首要的工作，因而这一层次的工作是仓储管理中较高一层次的工作内容，是一项决策性的工作。

知识解析：

仓库选址是指在一个具有若干供应点及需求点的经济区域内，选一个地址设置仓库的规划过程。设施选址首先要根据设施的特点选择建设的地区，然后在选择确定的地区内采用选址的某种方法进一步确定建设的具体地点。较佳的仓库选址方案是使商品通过仓库的汇集、中转、分发，直至输送到需求点的全过程的效益最好。仓库拥有众多建筑物、构筑物以及固定机械设备，一旦建成很难搬迁，如果选址不当，将付出沉重代价。因而，仓库的选址是仓库规划中至关重要的一步。

一、仓库选址的原则和考虑因素

仓库的选址过程应同时遵守适应性原则、协调性原则、经济性原则和战略性原则。

（一）适应性原则

仓库的选址须与国家以及省市的经济发展方针、政策相适应，与我国物流资源分布和需求分布相适应，与国民经济和社会发展相适应。

（二）协调性原则

仓库的选址应将国家的物流网络作为一个大系统来考虑，使仓库的设施设备，在地域分布、物流作业生产力、技术水平等方面互相协调。

（三）经济性原则

仓库发展过程中，有关选址的费用，主要包括建设费用及物流费用（经营费用）两部分。仓库的选址定在市区、近郊区或远郊区，其未来物流辅助设施的建设规模及建设费用，以及运费等物流费用是不同的，选址时应以总费用最低作为仓库选址的经济性原则。

（四）战略性原则

仓库的选址，应具有战略眼光。一是要考虑全局；二是要考虑长远。局部要服从全局，目前利益要服从长远利益，既要考虑目前的实际需要，又要考虑日后发展的可能。

二、仓库选址的影响因素

仓库的选址主要应考虑以下因素。

（一）自然环境因素

自然环境因素主要包括气象条件、地质条件、水文条件、地形条件等。

（二）经营环境因素

经营环境因素主要包括经营环境、商品特性、物流费用、服务水平等。

（三）基础设施状况

基础设施状况主要包括交通条件、公共设施状况等。

（四）其他因素

其他因素主要包括国土资源利用、环境保护要求。另外，由于仓库是火灾重点防护单位，不宜设在易散发火种的工业设施（如木材加工、冶金企业）附近，也不宜选择居民住宅区附近。

三、仓库选址的步骤

（一）调查准备

1. 组织准备

投资策划方组织相关的工程技术人员、系统设计人员和财务核算人员成立一个专门的工作小组。

2. 技术准备

根据拟新建仓库的任务量大小和拟采用的储存技术、作业设备对仓库需占用的土地面积进行估算。调查了解仓库所处地区的自然环境、协作条件、交通运输网络、地震、地质、水文、气象等资料。

3. 现场调查

现场调查的主要任务是具体考察拟建仓库地点的实际情况，为提出选址报告而掌握第一手资料，并进行综合分析后确定多个备选地址方案。

（二）提出选址报告

仓库选址报告应该包括以下几个方面的内容。

1. 选址概述

这部分要简明扼要地阐述选址工作组的组成、选址工作进行的过程、选址的依据和原则，简单介绍可供选择的几个地点，并推荐一个最优方案。

2. 选址要求及主要指标

这部分说明为了适应仓库作业的特点，完成仓储生产任务，备选地点应满足的基本要求，简述各备选地址满足要求的程度。列出选址的主要指标，如仓库总占地面积、仓库存储能力、仓库职工总数、水电需用量等。

3. 库区位置说明及平面图

这部分说明库区的具体方位，四周距主要建筑物及大型设施的距离，附近的地形、地貌、地物等，并画出区域位置图。

4. 建设时占地及拆迁情况

这部分要说明仓库建设占地范围内的耕地情况、拆迁户数及人口数，估算征地和拆迁的费用。

5. 当地地质、地震、气象和水文情况

这部分包括备选地的地质情况、地震烈度、气温、降水量、汇水面积、历史洪水水位等。

6. 交通及通信条件

这部分要说明备选地的铁路、公路、水运及通信的设施条件和可利用程度。

7. 地区协作条件

这部分要说明备选地供电、供水、供暖、排水等协作关系以及职工福利设施共享的可能程度。

8. 方案对比分析

对提出的几个备选地址，依照已经确定的原则和具体指标进行对比分析，分析每个仓库方案的利弊得失。

四、仓库选址的基本方法

（一）在现有仓库中确立一个仓库

如果可以在现有仓库中确立一个仓库，那么用总距离最短、总运输周转量最小、总运输费用最小来计算比较简单。

（二）确立一个新的仓库地址

当完全新建一个仓库时，可用因素比重法、重心法、盈亏平衡分析法、微分法和运输模型法来进行评估选址。

1. 因素比重法

选址中要考虑的因素很多，但是相比而言总是有一些因素比另一些因素重要，决策者要判断各种因素孰轻孰重，从而使评估更接近现实。这种方法有以下 6 个步骤。

(1) 列出所有相关因素；

(2) 赋予每个因素以权重来反映它在决策中的相对重要性；

(3) 给每个因素的打分取值设定一个范围（1 ~ 10 或 1 ~ 100）；

(4) 用第（3）步设定的取值范围就各个因素给每个备选地址打分；

(5) 将每个因素的得分与其权重相乘，计算出每个备选地址的得分；

(6) 考虑以上计算结果，以总分最高为最优。

2. 重心法

重心法是单设施选址中常用的模型。在这种方法中选址因素只包含运输费率和该点的货物运输量，在数学上被归纳为静态连续选址模型。

设有一系列点分别代表供应商位置和需求点位置，各自有一定量物品需要以一定的运输费率运往待定仓库或从仓库运出，那么仓库应该处于什么位置？计算方法如下：

$$\min TC = \sum_i V_i R_i d_i$$

式中 TC——总运输成本；

V_i——i 点的运输量；

R_i——到 i 点的运输费率；

d_i——从拟建的仓库到 i 点的距离。

$$d_i = \sqrt{(x - x_i)^2 + (y - y_i)^2}$$

式中 x，y——新建仓库的坐标；

x_i，y_i——供应商和需求点位置坐标。

需要注意的是，选址涉及多方面的因素，不可能完全通过计算确定。由重心法计算出的选址，不一定是合理的地点，如计算出的位置已有建筑物或有河流经过，不能建仓库。另外，重心法确定的距离采用的是直线距离，这在大多数情况下是不合理的。所以用重心法求出的解比较粗糙，它的实际意义在于能为选址人员提供一定的参考，如不同选址方案其他方面相差不多时，可以考虑选择与重心法计算结果较接近的方案。

案例分析：

雅芳的仓库布局优化

一、背景介绍

雅芳公司，1886 年创建于美国纽约。目前在 40 多个国家和地区有直接投资，拥有 440 余万名独立营业代表，业务遍及 145 个国家和地区，年销售额达 50 多亿美元。现有产品 2 万余种，遍及护肤品、化妆品、个人护理品、香品、流行首饰、女性内衣（时装）、健康食品等，是全美最大的 500 家企业之一。

雅芳于 1990 年进入中国，到目前为止，雅芳拥有 5 000 多家专卖店和近 2 000 家商场专柜，已全面进入全国各大城市的著名商厦、百货公司、大型超市和连锁店等。

二、面临困境

为了支持直销形式的运作，雅芳采取分公司的形式。在每个分公司都设有库存，直销员（现在叫经销商）都要到分公司去取货。在全国总共有 74 个分公司，都是在各个省的一级城市、二级城市。分公司在负责市场开发、销售管理的同时，收款、订单处理、发货等的工作都要由分公司来承担。对经销商来讲，他经营了雅芳，他有什么新产品、有什么促销计划，产品信息的提供等都是通过每个月一次的分公司促销会来获取。

1998 年以前，雅芳一直是做直销业务的。自从变为批发零售业务后，雅芳实际上就基本上相当于一个一般的化妆品制造商。随着中国中高档化妆品品牌越来越多，如何提高经销商（尤其是二、三线城市的经销商）的忠诚度已成为企业的核心问题。那么如何来提高经销商的忠诚度呢？雅芳现有经营模式主要的问题在哪里？

问题1——顾客服务的满意度低

经销商要做雅芳的经营，存在着很多的不方便。如雅芳在喀什开了一个专卖店，经销商要到乌鲁木齐去提货的话，他要坐两天两夜的火车，在一天里面交了钱提了货，可能还要坐两天两夜的火车赶回去。如果他的销售额需要他一个月提四次货，这个店老板可能就要雇人卖货了。因为他自己就是专门从事对他来说的进货的物流准备工作，这就可能要占据他90%以上的时间，所以经销商非常的不方便。

由于库存很分散，在全国有70多个点，顾客订单满足率非常低。因为当同样的库存满足同样市场需求的时候，库存越集中，你的满足度就越高。

问题2——为了提高客户满意度，整个系统库存过高

顾客满意度是公司永远都要追求的东西，为了提高顾客的订单满足率，公司的库存水平是一直飞速拉开的。这样就变成一个怪圈，一方面库存水平居高不下；另一方面是顾客的服务满意度很低。

问题3——公司的仓储租赁和人员成本非常高

作为化妆品行业的分公司，负责经营就必定要在主要的商业区租一个临街的铺面。如果拿临街的铺面去经营，可能是划算的，但是要是拿来做仓库，肯定是不划算的。分公司不管规模大小，都要雇人负责拣货、负责收款等，从而造成人员成本过高。

三、解决方案——物流系统重构，建立直达配送体系

实行商物分离，分公司只负责市场推广。全国设8个区域配送中心。产品从广州工厂经干线运输直接运至8个配送中心。各配送中心负责所辖区域内经销商及专柜等的上门配送。与大通、中国邮政等结成战略伙伴关系，由他们负责对我们的产品实现门对门的送货到店、送货到铺。

四、新物流系统的效果——企业销售额大幅上升，整体成本大幅下降

经销商的满意度有了很大提高。对于经销商来说，方便省时，节约资金（省去了提货的费用），乐于经销和推广雅芳产品，从而产品销售额大幅提升（从推行直达配送以来，每年保持40%左右的增长速度）。

公司的运作成本得到了很大的降低：租金节约；营运人员减少（原来全国500人，现在不超过200人）；运输成本总体下降（虽然配送费用上升了，但干线消除了零担运输，变为整车运输，干线运费下降了）。

库存成本大量节约。对日化企业来说，库存是很头疼的一件事：一方面要满足市场的需求；另一方面又要考虑这个库存要多大才合适。由于这个行业的高风险，货存在手上就跟定时炸弹差不多。产品更新换代很快，如果这个产品一个月两个月卖不掉，可能就变成存货损失了，就完全没有任何价值了。

请分析：

雅芳仓库布局对仓库运作的影响。

任务三　仓库内部布局

任务导入：

仓储的内部布局是仓储内部资源配置与优化组合的行为，合理的仓储内部布局与结构设计不但可以节约资源，而且可以为较好地实现仓储功能提供支撑。仓储内部布局与结构设计不但要从建筑学的角度去思考，还要从仓储作业与功能的角度去优化。通过本项目的实施，应使学员对仓储内部布局与结构设计的原则要求有较好的了解，并能够从仓储管理的角度去优化仓储内部布局与结构。

知识解析：

一、仓储区平面布置

仓库平面布置指对仓库的各个部分——存货区、入库检验区、理货区、流通加工区、配送备货区、通道以及辅助作业区在规定范围内进行全面合理的安排。仓库平面布置是否合理，将对仓储作业的效率、储存质量、储存成本和仓库盈利目标的实现产生很大影响。

（一）影响仓库平面布置的因素

1. 仓库的专业化程度

仓库专业化程度主要与库存物品的种类有关，库存物品种类越多，仓库的专业化程度越低，仓库平面布置的难度越大；反之难度越小。因为储存物品种类越多，各种物品的理化性质就会有所不同，所要求的储存保管保养方法及装卸搬运方法也将有所不同，因此，在进行平面布置时，必须考虑不同的作业要求。

2. 仓库的规模和功能

仓储的规模越大、功能越多，则需要的设施设备就越多，设施设备之间的配套衔接成为平面布置中的重要问题，增加了布置的难度，反之则简单。

（二）仓库平面布置的要求

一个仓库通常由生产作业区、辅助生产区和行政生活区三大部分组成，如图1－1所示。

生产作业区：它是仓库的主体部分，是商品储运活动的场所。主要包括储货区、铁路专运线、道路、装卸台等。

辅助生产区：辅助生产区是为商品储运保管工作服务的辅助车间或服务站，包括车库、变电室、油库、维修间等。

行政生活区：行政生活区是仓库行政管理机构和员工休息生活区域。一般设在仓库入口附近，便于业务接洽和管理，行政生活区与生产作业区应分开，并保持一定距离，以保证仓库的安全及行政办公和居民生活的安静。

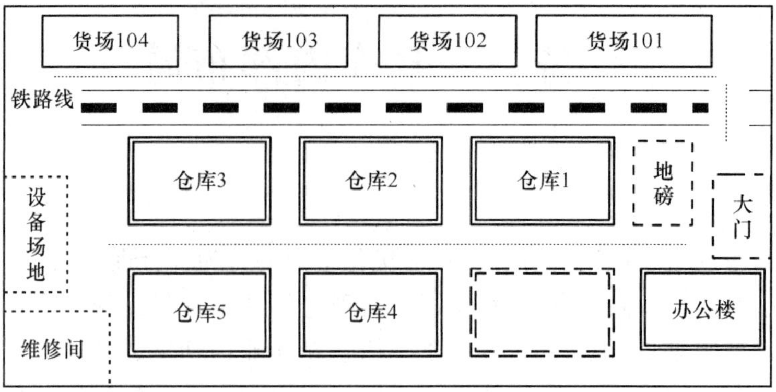

图1-1　仓库平面布置

对于仓库总体平面布置来说，应该考虑以下要求。

1. 仓库平面布置要适应仓储作业过程的要求，有利于仓储作业的顺利进行

（1）仓库平面布置的物品流向，应该是单一的流向。

（2）最短的搬运距离。

（3）最少的装卸环节。

（4）最大限度地利用空间。

2. 仓库平面布置要有利于提高仓储经济效益

要因地制宜，充分考虑地形、地质条件，利用现有资源和外部协作条件，根据设计规划和库存物品的性质能够更好地选择和配置设施设备，以便最大限度发挥其效能。

3. 仓库平面布置要有利于保证安全和职工的健康

仓库建设时严格执行《建筑设计防火规范》的规定，留有一定的防火间距，并有防火防盗安全设施，作业环境的安全卫生标准要符合国家的有关规定，有利于职工的身心健康。

二、仓库内部布局与结构

仓库内部布局包括平面布局和空间布局。仓库内部平面布局是对保管场所内的货垛（架）、通道、垛（架）间距、收发货区等进行合理规划，并正确处理它们的相对位置。

（一）单层仓库平面布置原则

（1）重、大件物品，周转量大和出入库频繁的物品，宜靠近出入口布置，以缩短搬运距离，提高出入库效率。

（2）易燃的物品，应尽量靠外面布置，以便管理。

（3）要考虑充分利用面积和空间，使布置紧凑。

（4）有吊车的仓库，汽车入库的运输通道最好布置在仓库的横向方向，以减少辅助面积，提高面积利用率。

（5）仓库内部主要运输通道的宽度，一般采用双行道。

（6）仓库出入口附近，一般应留有收发作业用的区域。

（7）仓库内设置管理室及生活间时，应该用墙与库房隔开，其位置应靠近道路一侧的入口处。

（二）多层仓库平面布置原则

多层仓库平面布置除必须符合单层仓库布置原则要求外，还必须满足下列要求。

（1）多层仓库占地面积，防火隔间面积、层数，根据储存物品类别和建筑耐火等级都遵照现行建筑设计防火规范来确定。

（2）一座多层库房占地面积小于 300 m^2 时，可设一个疏散楼梯，面积小于 100 m^2 的防火隔间，可设置一个门。

（3）多层仓库建筑高度超过 24 m 时，应按高层库房处理。

（4）多层仓库存放物品时遵守上轻下重，周转快的物品分布在低层。

（5）当设地下室时，地下室净空高度不宜小于 2.2 m。

（6）楼板载荷控制在 2 t/m^2 左右为宜。

三、货场布局与结构

（一）集装箱货场布局结构设计

集装箱货场是堆存和保管集装箱的场所。根据集装箱堆存量的大小，货场可分为混合型和专用型两种。专用型货场根据集装箱货运站的生产工艺分别设置为重箱货场、空箱货场、维修与修竣箱货场。设置货场时应满足发送箱、到达箱、中转箱、周转箱和维修箱等的生产工艺操作和不同的功能要求，并尽可能缩短运送距离，避免交叉作业，便于准确、便捷地取放所需集装箱，利于管理。

在设计集装箱货场时，在考虑上述三要素的同时，还应尽量达到下面三项目标。

1. 服务的精确性

由于集装箱存放货物无须拆箱，所以，箱内货物的质量和数量完全靠货物证件以及其他相关单据，同时在分类堆存时也完全以证件及其单据进行分类，所以应在集装箱货场的存放和管理过程中尽量做到认真细致。

2. 单位堆放和流转速度

操作要求尽可能快，与堆存区要求的服务水平相适应。为了尽量减少堆场的占地面积，在设计集装箱堆场的过程中，在选取存放堆垛方式过程中，应尽量增大单位堆存，同时尽量缩短保管时间，加快集装箱的流转速度，尽可能充分发挥集装箱的优越性。

3. 旺季储存能力

这与前面的因素有关，系统设计者应该满足一定时期内 95% 的库存需求。这一定时期可以是一个月、一年，依服务类型确定。最后的 5% 通常要花费巨大的代价才能满足。在集装箱码头中，泊位利用率是服务的一个重要因素。所以，及时抓住储运旺季，最后充分发挥集装箱货场的优势，最大限度地发挥集装箱货场的优势，最大限度地提高集装箱货场的储存能力是非常重要的。

（二）杂货货场

大多数杂货的货位形式均采用分区、类布置，即对储存货物在“三一致”（性能一致、养护措施一致、消防方法一致）的前提下，把货场划分为若干保管区域；根据货物大类和性能等划分为若干类别，以便分类集中堆放。

（三）散货货场

散货是指无包装、无标志的小颗粒直接以散装方式进行运输、装卸、仓储、保管和使用。在仓储中不受风雨影响的散货一般直接堆放在散货货场上，如沙、石、矿等。

散货货场根据所堆放货物的种类不同，地面的结构也不完全相同，可以是沙土地面、混凝土地面等。由于存量巨大，要求地面有较高的强度。由于散货都具有大批量的特性，散货货场往往面积较大。为了便于疏通，采取明沟的方式排水，并且通过明沟划分较大的面积货位。散装货场都采用铲车或输送带进行作业，所堆的垛形较为巨大。

四、货位布置

货位布置的目的：一方面是提高仓库平面和空间利用率；另一方面是提高物品保管质量，方便进出库作业，从而降低物品的仓储处置成本。

（一）货位布置基本要求

（1）根据物品特性分区、分类储存，将特性相近的物品集中存放。

（2）将单位体积大、单位质量大的物品存放在货架底层，并且靠近出库区和通道。

（3）将周转率高的物品存放在进出库装卸搬运最便捷的位置。

（4）将同一供应商或同一客户的物品集中存放，以便于进行分拣配货作业。

（二）货位布置的形式

保管面积是库房使用面积的主体，它是货垛、货架所占面积的总和。货垛、货架的排列形式决定了库内平面布置的形式（如图 1－2 所示），仓库货位布置一般有横列式、纵列式和混合式三种类型。

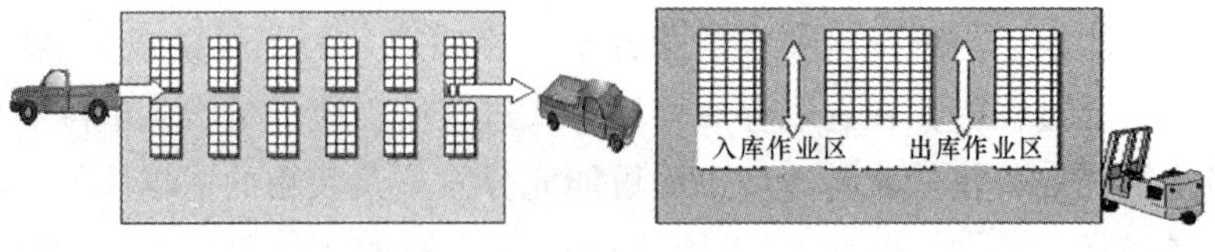

(a)　　(b)

图 1－2　货位布置形式

（a）横列式布局；（b）纵列式布局

横列式布局的主要优点是：主通道长且宽，副通道短，整齐美观，便于存取查点，如果用于库房布局，还有利于通风和采光。

纵列式布局的主要优点是：可以根据库存物品在库时间的不同和进出频繁程度来安排货

位：在库时间短、进出频繁的物品放置在主通道两侧；在库时间长、进出不频繁的物品放置在里侧。

露天货场的货位布置，一般都与物品的主要作业通道成垂直方向排列货垛。应当注意，库房、货场布置，要注意留出合适的墙距和垛距。

案例分析：

企业仓库布置的改进

Y厂是一家外商投资的中小型企业，主要供应商和客户均在国外。该厂采用订单驱动的生产模式，产品品种多、批量小，所需的原材料品质要求高、种类繁杂，对仓库的利用程度高，仓库的日吞吐量也较大，因此，该厂选择在距车间较近的地方建造了自营仓库，仓库采用拣选货区和存储区混合使用的储存方式。

一、Y厂原仓库布局

Y厂仓库有三层。一、二层分别存储主料、辅料（如图1-3所示）；三层主要用于存放成品，按照各个车间来划分存储区域。

一层用于存放主料，主料质量大，考虑到楼板的承载能力，将其置于一层是合理的选择。由于每单位主料的质量均不在人工搬运能力的范围之内，一层的搬运设备主要是平衡重式叉车。一层通道宽3~4 m，叉车可以在仓库通行及调转方向。货区布置采用的是垂直式，主通道长且宽，副通道短，便于存取查拣，且有利于通风和采光。

二层仓库存放辅料，部分零散的物料使用货架存放，可节省空间。大部分物料直接放置于木质托盘上，托盘尺寸没有采用统一标准。托盘上的物料采用重叠堆码方式，其高度在工人所及的能力范围之内。物料搬运借助手动托盘搬运车完成，操作灵活轻便，适合于短距离水平搬运。通道比一层仓库窄，主通道大约宽2 m。

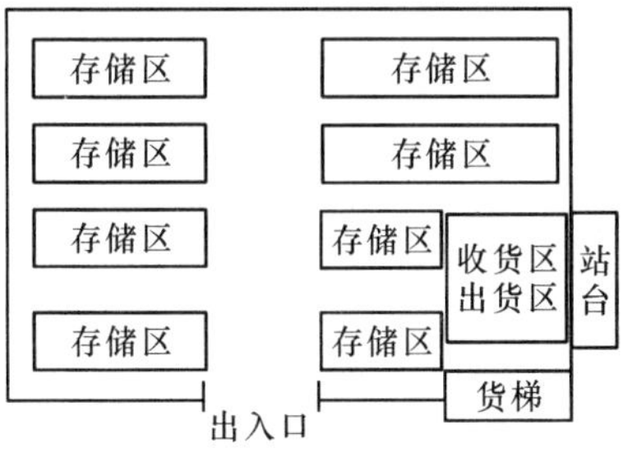

(a)

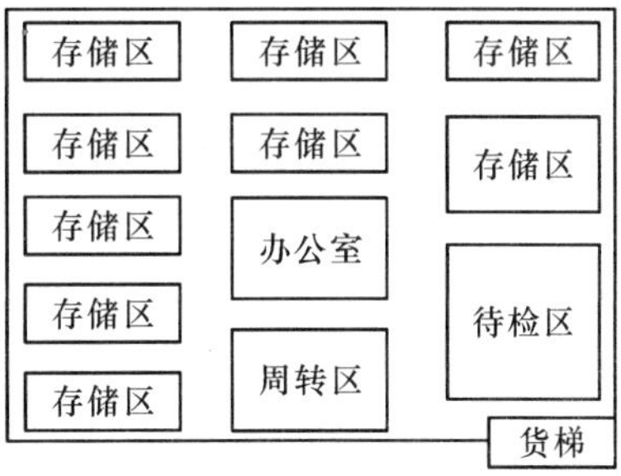

(b)

图1-3　原有仓库布局

(a) 一楼；(b) 二楼

二、存在的问题

Y厂采用将存储区与拣选货区混合使用的布局方法，给仓管员及该厂的生产带来了诸多问题和不便。首先，Y厂在确定所需仓库空间类型的时候，对于本厂整体工作流程的需要并未充分考虑。该厂仓库的库存物料始终处于不断地变化之中，物料消耗速度的不同，导致置于托盘物料的高度参差不齐，很多物料的堆垛高度不足1 m，严重地浪费了存储空间。其次，仓管员和信料员还是停留在以找到物料为目的的阶段，未关注合理设计行走时间、行走路线及提高工作效率等问题。

三、改进措施

首先，Y厂对于从国外购进的部分不合格原材料，需要批退或转入下一个订单时，不能与正常的物料混放在一起，需要专门设立一个不良品隔离区，以区分不良品与正常品；其次，Y厂客户对原材料的要求不同，根据客户的要求设置特定的区域分别存放。Y厂仓库小部分空间用于半永久性或长期存储，大部分空间则暂时存储货物，因此，仓库布局应注重物料流动更快速、更通畅。仓库一层可以部分设立半永久性存储区用于存放不经常使用的主料，部分空间用做拣货区，用来存储消耗快、进出频繁的大客户的主料（如图1-4（a）所示）。仓库二层增设不良品隔离区来放置检验不合格的原料和产品，并可在最深处设置半永久存储区存放流通量很低的物料；余下的空间作为拣货区，以方便仓管员快递拣货（如图1-4（b）所示）。

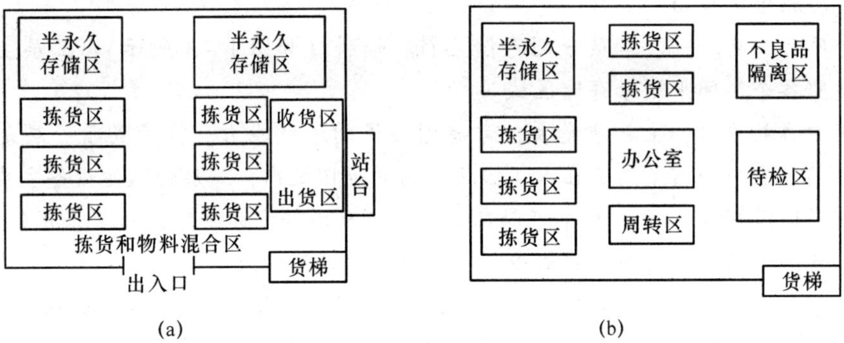

图1-4 改进后的一楼、二楼布局

（a）一楼；（b）二楼

中小制造企业的自营仓库主要用于存储生产过程需要的原材料，由于每天的生产消耗速度快，仓库日吞吐量大，因此，在对企业业务流程分析的基础上，将仓库划分多个有效的区域，并采用适合于中小制造企业的将拣货区与存储区分开的布局设计方案，能够降低仓库内部的物流量与物流成本，进而提高企业效益。

请分析：

结合案例分析布置仓库应该考虑的因素。

任务四 仓库设施与设备

任务导入：

随着现代技术的发展，仓储作业逐渐由以人力为主过渡到以机械力为主，仓储设备的发展与应用，极大地提高了仓储作业效率。本项目主要对常见的仓储设备进行介绍，通过本项目的实施，使学员熟悉一般仓储设备，并具备仓储设备的管理能力。

知识解析：

一、仓库设备配置的原则

仓库是物流的重要组成部分。仓库的设备种类很多，为使其发挥最佳效用，必须进行合理的选择配置和管理使用，应选择和配置最经济、最合理、最适用、最先进的技术设备。除此之外，要求每一类设备工作可靠，无论在什么作业条件下，都要具有良好运行的稳定性。

（一）适用性原则

仓储企业在选择运输设备时，要充分考虑到仓储作业的实际需要，所选设备要符合货物的特性和储存量的大小，能够在不同的作业条件下灵活方便地操作。另外，仓储设备并不是功能越多越好，因为在实际作业中，并不需要太多的功能，如果设备不能被充分利用，则造成资源和资金的浪费。同样，功能太少也会导致仓储企业的效率低。因此要根据实际情况，正确选择设备功能。

（二）先进性原则

这里的先进性主要是指设备技术的先进性，主要体现在自动化程度、环境保护、操作条件等方面。但是先进性必须服务于适用性，尤其是要有实用性，以获得经济效益的最大化。

（三）最小成本原则

这主要指的是设备的使用费用低，整个寿命周期的成本低。有时候，先进性和低成本会发生冲突，这就需要企业在充分考虑适用性的基础上，进行权衡，做出合理选择。

（四）可靠性和安全性原则

这日益成为选择设备、衡量设备好坏的主要因素。可靠性是指设备按要求完成规定功能的能力，是设备功能在时间上的稳定性和保持性。但是可靠性不是越高越好，必须考虑到成本问题。安全性要求设备在使用过程中保证人身及货物的安全，并且尽可能地不危害到环境（符合环保要求，噪声小，污染少）。

二、仓储设备的种类

完整的仓储作业不仅包括储存，还涉及物流的各个环节，只是偏重不同。因此，在仓储设备的配置上，也几乎包含了所有的物流设备。

（一）包装设备

包装设备是指完成全部或部分包装过程的机器设备。包装设备是产品包装实现机械化、自动化的根本保证。主要包括填充设备、罐装设备、封口设备、裹包设备、贴标设备、清洗设备、干燥设备、杀菌设备等。

（二）物流仓储设备

物流仓储设备主要包括货架、堆垛机、室内搬运车、出入库输送设备、分拣设备、提升机、搬运机器人以及计算机管理和监控系统。这些设备可以组成自动化、半自动化、机械化的商业仓库来堆放、存取和分拣承运物品。

（三）集装单元器具

集装单元器具主要有集装箱、托盘、周转箱和其他集装单元器具。货物经过集装器具的集装或组合包装后，具有较高的灵活性，随时都处于准备运行的状态，利于实现储存、装卸搬运、运输和包装的一体化，达到物流作业的机械化和标准化。

（四）装卸搬运设备

装卸搬运设备指用来搬移、升降、装卸和短距离输送物料的设备，是物流机械设备的重要组成部分。从用途和结构特征来看，装卸搬运设备主要包括起重设备、连续运输设备、装卸搬运车辆、专用装卸搬运设备等。

（五）流通加工设备

流通加工设备主要包括金属加工设备、搅拌混合设备、木材加工设备及其他流通加工设备。

（六）运输设备

对于第三方物流公司而言，一般只拥有一定数量的载货汽车，而其他的运输设备就直接利用社会的公用运输设备。

三、仓库主要设备及其作用

随着科学化现代化仓库的建立，仓库设备也在日益更新，朝着经济、适用、安全可靠、合理、稳定等方面发展。仓库设备在完成仓库功能中起着非常重要的作用。

（一）货架

在仓库设备中，货架是指用支架、隔板或托架组成的立体储存货物的设施。货架是仓库中常用的装置，是专门用于放置成品物品的保管设备。仓库广泛使用着传统的货架，如抽屉式、橱柜式货架、U 形架、悬臂架、棚架、鞍架、轮胎专运架外，还出现了重力式货架，移动式、层格式货架，阁楼式货架，装卸式货架，托盘式货架，立体化自动仓库货架等现代化的新型货架。

这里主要介绍几种通用性强和比较新型的货架。

1. *层架*

层架的应用非常广泛，如果按层架存放货物的重量来分类，层架可以分为重型和轻型；

按其结构特点分类，层架有层格式（如图1－5所示）、抽屉式等类型。

图1－5 层格式货架

一般的轻型层架主要适合人工存取作业，其规格尺寸及承载能力都与人工搬运能力相适应，高度通常在2.4 m以下，厚度在0.5 m以下；而中型和重型的货架尺寸较大，高度可达4.5 m，厚度达1.2 m，宽3 m以上。一些层架具有特殊的保管功能，如加密锁、冷藏、恒温等。

2. 托盘式货架

托盘式货架专门用于存放堆码在托盘上的货物，如图1－6所示。其基本形态与层架类似，但承载能力和每层空间适于存放整托盘货物。目前多采用杆件组合，不仅拆迁容易，层间距还可依码货高度调整。通常总高度在6 m以下，架底撑脚需要装叉车防撞装置。

图1－6 托盘式货架

托盘式货架结构简单，可调整组合，安装简易，费用经济；出入库不受先后顺序的限制；储物形态为托盘装载货物，配合升降式叉车存取。

3. 阁楼式货架

阁楼式货架是将储存空间做上下两层规划，利用钢架和楼板将空间间隙隔为两层，下层货架结构支撑上层楼板，如图1－7所示。

阁楼式货架可以有效地增加空间使用率，通常下层适用于存放轻量物品，不适合重型搬运设备行走，上层物品搬运需配垂直输送设备。

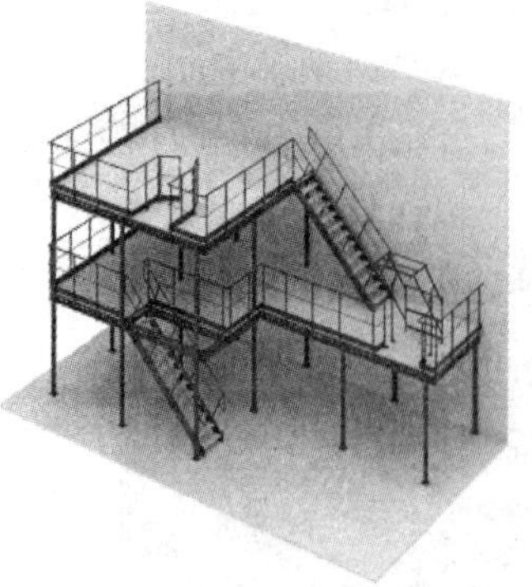

图1－7　阁楼式货架

4. 悬臂式货架

悬臂式货架是在立柱上装设杆臂构成的，悬臂常用金属材料制造而成，其尺寸一般根据所存放物料尺寸的大小确定。为防止物料损伤，常在悬臂上加垫木质衬垫或橡胶带以起保护作用，如图1－8所示。

图1－8　悬臂式货架

悬臂式货架为开放式货架，不太便于机械化作业，需配合跨距较宽的设备。一般高度在6 m以下，空间利用率较低，在35%～50%。

5. 移动式货架

移动式货架（如图1－9所示）底部装有滚轮，通过开启控制装置，滚轮可沿轨道滑动。货架结构可以设计成普通层架，也可以设计成托盘货架。控制装置附加有变频控制功能，用来控制驱动、停止时的速度，以维持货架的货物稳定，有时还设有确定位置的光电感测器及刹车电机，以提高启动或停止时的稳定度和精确度。

移动式货架平时密集相接排列，存取货物时通过手动或电力驱动装置使货架沿轨道水平移动，形成通道，可以大幅减少通道面积，地面使用率可达80%。而且可直接存放每一项货物，不受先进先出的限制。但相对来说，机电装置较多，建造成本较高，维护也比较困难。

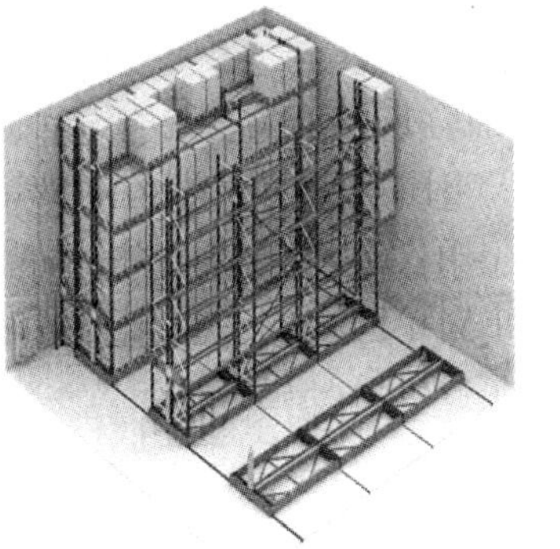

图1-9 移动式货架

6. 重力式货架

重力式货架（如图1-10所示）的基本结构与普通层架类似，不同的是其层间间隔由重力滚轮和滚筒输送装置组成，并且与水平面成一定的倾斜角度，低端作为出货端，而高端作为入货端。这样托盘或箱装货物便会由重力作用自动向低端滑移，还可以在滚轮下埋设充气软管控制倾斜角度，以调整货物滑移的速度。

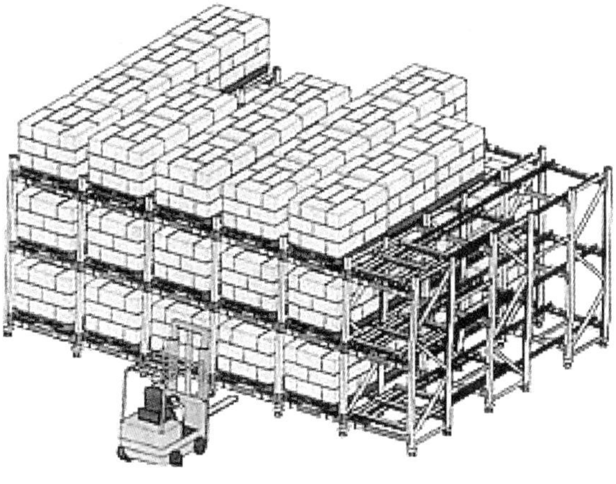

图1-10 重力式货架

重力式货架通常呈密集型配制，能够大规模密集存放货物，减少了通道数量，可有效节约仓库面积；重力式货架能保证先进先出，并且方便拣货。作为分拣式货架，它普遍应用于配送中心作业中。重力式货架的拣货端与入货端分离，从而能提高作业效率和作业的安全性；重力式货架还可以根据需要设计成适合托盘、纸箱、单件货物储存的结构和形式。

7. 驶入/驶出式货架

驶入/驶出式货架由钢质结构组成，钢柱上有向外伸出的水平的突出构件或悬轨，叉车将托盘送入，由货架两边的悬轨托住托盘及货物，如图1-11、图1-12所示。货架上无货时可方便叉车及人出入。驶入式货架只有一端可以出入，驶出式货架则两端均可出入。驶入/驶出式货架属高密度配置，高度可达10 m，库容利用率可达90%以上，适用于大批量少品种配送中心使用，但不太适合太长或太重物品。驶入式货架存取货时受先后顺序的限制。

图 1-11　驶入式货架

图 1-12　驶入/驶出式货架

（二）叉式装卸车

1. 结构

叉式装卸车又称为叉车，是仓库装卸搬运机械中应用最广泛的一种，它由自行的轮胎底盘和能垂直升降、前后倾斜的货叉、门架等组成，如图 1-13 所示。主要用于仓库内货物的装卸搬运，是一种既可做短距离水平运输，又可堆拆垛和装卸卡车、铁路平板车的机械，在配备其他取物装置以后，还能用于散货和各种规格品种货物的装卸作业。

2. 特点及用途

叉车与其他搬运机械一样，除能够减轻装卸工人繁重的体力劳动、提高装卸效率、缩短车辆停留时间、降低装卸成本以外，它还有以下特点和用途。

（1）机械化程度高。使用各种自动的取物装置或在货叉与货板配合使用的情况下，可以实现装卸工作的完全机械化，不需要工人的辅助体力劳动。

（2）机动灵活性好。叉车外形尺寸小，重量轻，能在作业区域内任意调动，适应货物数量及货流方向的改变，可机动地与其他起重运输机械配合工作，提高机械的使用率。

（3）可以“一机多用”。在配备和使用各种取货装置，如货叉、铲斗、臂架、吊杆、货夹、抓取器等的条件下，可以适应各种品种、形状和大小货物的装卸作业。

（4）能提高仓库容积的利用率，堆码高度一般可达 3 m，采用高门架叉车可达到 5 m。

（5）有利于开展托盘成组运输和集装箱运输。

（6）成本低、投资少，能获得较好的经济效果。

（三）托盘

1. 结构

托盘是用于集装、堆放、搬运和运输的放置货物和制品作为一个单元负荷的水平平台装置，如图 1-14 所示。在平台上集装一定数量的单件货物，并按要求捆扎加固，组成一个运输单位，便于运输过程中使用机械进行装卸、搬运和堆存。这种台面有供叉车从下部叉入并将台板托起的叉入口。以这种结构为基本结构的台板和在这种基本结构上形成的各种形式的集装器具都统称为托盘。

图 1 – 13　叉车

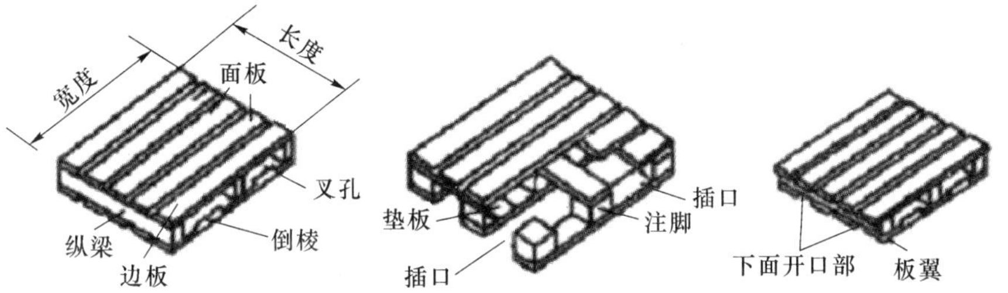

图 1 – 14　托盘各部分名称术语

2. 特点

(1) 搬运或出入库场都可用机械操作，减少货物堆码作业次数，从而有利于提高运输效率，缩短货运时间，减小劳动强度。

(2) 以托盘为运输单位，货运件数变少，体积重量变大，而且每个托盘所装数量相等。既便于点数、理货交接，又可以减少货损货差事故。

(3) 投资比较小，收益比较快。

(4) 托盘的回收利用、组织工作难度较大，会浪费一部分运力。托盘本身也占用一定的仓容空间。

3. 种类和规格

(1) 托盘的种类。

按托盘的结构可以分为：平板托盘、箱型托盘、立柱型托盘、折叠式托盘。按材料可分为：塑料托盘、金属托盘、木质托盘、纸质托盘。另外还有单面托盘、两面托盘；单面叉入、两面叉入、四面叉入式托盘。

(2) 托盘的规格。

美国主流托盘为 48in × 40in（约为 1 200 mm × 1 000 mm）；日本主流托盘为1 100 mm × 1 100 mm或 1 200 mm × 1 000 mm。

我国从 2008 年 3 月 1 日起正式在全国范围内实施的托盘标准为 1 200 mm × 1 000 mm和 1 100 mm × 1 100 mm 两种规格，并优先推荐使用 1 200 mm × 1 000 mm 规格，以提高我国物流系统的整体运作效率。

（四）起重机

起重机适用于装卸大件笨重货物，借助于各种吊索具也可用于装卸其他货物，同时，起重机也是唯一以悬吊方式装卸搬运货物的设备，如图 1 – 15 所示。其吊运能力较大，一般为

3～30 t。最常用的起重机有龙门起重机、桥式起重机和汽车起重机等几种。

120 t 装卸桥　　75 t 防爆桥式起重机

图 1－15　起重机

（五）堆垛机

堆垛机是专门用来堆码货垛或提升货物的机械，如图 1－16 所示。普通仓库使用的堆垛机（又称上架机）是一种构造简单，用于辅助人工堆垛、可移动的小型货物垂直提升设备。商业储运系统定型生产的一种堆垛机，其外形尺寸1 260 mm×712 mm×2 550 mm（长×宽×高），最大起重量 300 kg，提升高度3. 4 m，提升速度 20 m/min，自重 500 kg，电动机功率 2. 2 kW。这种机械的特点是：构造轻巧，人力推移方便，能在很窄的走道内操作，减轻堆垛工人的劳动强度，且堆码或提升高度较高，仓库的库容利用率较高，作业灵活，所以在中小型仓库内广泛使用。它有桥式堆垛机、巷道式堆垛机等类型。

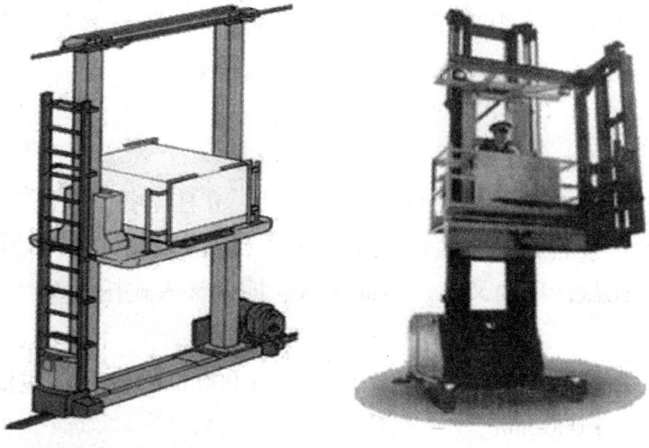

图 1－16　堆垛机

（六）入出库输送机

入出库输送机系统（图 1－17）是大型、复杂自动化仓库的重要组成部分，高层货架、堆垛机易实现标准化产品；但入出库输送机系统要根据仓库的平面布置、入出库作业的内容、入出库的工位数、分流和合流的需求等进行具体规划和设计。入出库输送机系统的规划和设计是自动化仓库适用性的关键。入出库输送机系统的规划设计与托盘的外形尺寸、下部结构，相关物流设备的装卸方法、自动化控制、检测方法等都有密切的关系。

图 1-17 入出库输送机

虽然每个企业的入出库输送机系统是各不相同的，但还是由下列几种形式的输送机及基础模块组成：链式输送机、辊道输送机、链式—辊道复合型输送机、链式—带辊道输送功能的升降台的复合型输送机、带链式输送机或带辊道输送机的单轨车输送系统、自动搬运车系统等。

四、仓库设备使用管理

（一）设备管理的方式

设备的管理方式根据仓库规模的大小，设备数量的多少以及设备的集中与分散、固定与流动等使用情况而定。除少数固定的设备统一使用外，其余的都是分散使用。因此设备的管理方式，通常在统一管理的基础上，实行分级管理、专人负责、专门管理部门负责的方式进行管理，以确保设备完好率，保证仓储业务的正常进行。

（二）设备的技术管理

对于仓库中的设备必须建立管理、使用、维修、保养等制度。这是仓储管理工作中的一个重要环节。尤其是一些大型仓库机械设备较多的企业，更应加强管理，装卸搬运机械管理工作有以下几个要点。

（1）制定必要的规章制度、操作规程，并认真贯彻执行。

（2）加强操作人员、维修人员的安全教育和技术培训，实行使用、维修相结合的方法，不断提高技术水平。

（3）加强技术资料的管理工作。建立设备技术档案。

（4）及时总结推广先进经验，努力节约原材料、燃料，降低装卸搬运成本。

复习思考题

1. 仓储的种类有哪些？
2. 仓储管理的原则是什么？
3. 仓库选址考虑的因素有哪些？
4. 多层仓库布局的原则是什么？
5. 仓库中设备的种类及作用有哪些？

项 目 实 训

一、实训题目

模拟重新为沃尔玛超市××店建仓库

二、实训内容及要求

到沃尔玛超市××店参观各种货架，包括托盘货架、层架、悬臂式货架、移动式货架、重力式货架、驶入/驶出式货架。由仓库管理人员为学生讲解各种货架的结构、特点和用途。

三、实训报告的完成

为沃尔玛超市××店重新构建仓库提出设计方案。

项目二

仓储经营与商务管理

知识目标：

了解仓储经营的方法
了解仓储商务的内容
熟悉仓储合同条款
掌握基本仓储合同相关知识
掌握仓单的内容

技能目标：

熟悉仓储可开发的经营项目
能开发和选择仓储客户
熟悉仓储合同条款的制定
熟悉仓单业务

任务一　仓储经营管理

任务导入：

通过上一个项目，已经对仓库进行了规划，并配备了相应的设施和设备，下一个问题就是如何来经营仓储公司。

知识解析：

仓储经营管理是指在仓库管理活动中，运用先进的管理原理和科学的管理方法，对仓储经营活动进行的计划、组织、指挥、协调、控制和监督，以降低仓储成本，提高仓储经营效益的活动过程。

一、仓储经营的意义

仓储经营是指以营利为目的，利用现有仓储能力为他人储存和保管仓储物及提供相关增值服务的筹划与管理活动。对仓储经营主题而言，仓储经营的过程是树立现代仓储经营观念、开发全新的仓储经营方式的过程，同时也是进行技术、组织、制度等各方面创新的过程。因此开展仓储经营具有重要的意义。

（一）开展仓储经营可以保证社会再生产的顺利进行

作为社会再生产过程中的基本环节，生产和消费在时间、品种、数量等方面存在着诸多矛盾。通过开展仓储经营，充分发挥仓储经营连接生产与消费的纽带和桥梁作用，可以克服生产者与生产者之间、生产者与消费者之间在地理上的分离，衔接商品生产与消费在时间上的不一致，以及调节商品生产与消费在方式上的差异，从而保证社会再生产的顺利进行。

（二）开展仓储经营可以保持物资原有的使用价值及其合理的分配与使用

任何一种物资，从生产环节至消费环节之前，由于受自然、社会、经济、技术、环境等多种因素的影响，都可能使其在数量或质量上发生变化，如果不采取必要的保护措施，就不可避免地会对物资造成损害。因此，必须开展仓储经营活动，运用科学的管理手段，加强对物资的养护，以保护好处于暂时停滞状态的物资的原有使用价值。同时，在仓储经营过程中，应努力做到流向合理，加强物资流转速度，注意物资的合理分配，不断提高工作效率，以满足市场需求。

（三）开展仓储经营可以加强企业基础工作，提高经营水平

一方面仓储经营需要良好的生产、财务、人事等基础工作的支持；另一方面有效的仓储经营又能促进仓储企业整体经营水平的提高。仓储经营的基础工作是仓储经营取得成效的基石，因此必须加强各项仓储基础工作，如标准化工作、计量工作和经济核算等，要以提高仓储经济效益为目标，健全仓储管理体系，为提高仓储经营水平创造良好条件。

（四）开展仓储经营可以加快资金周转、节约流通费用、降低物流成本，提高经济效益

开展仓储经营活动，能够减少物资在仓储过程中的物质损耗和劳动消耗，加速物资和资金的周转，从而节约费用，降低物流成本，最终达到提高社会效益、企业经济效益的目的。

二、仓储经营组织的目的

仓储经营的目的是指按照仓储活动的各项要求和仓储管理上的需要，合理组织仓储经营有直接关系的部门、环节及相关人员，使其工作协调、有效地进行，同时加速商品在仓库中的周转，合理使用人力、物力，借以取得最大的经济效益。具体来说，仓储经营目的是要实现仓储经营活动的“入库快速化、出库快速化、储存高效化、经营多样化、保管科学化、费用节约化”。

（一）入库快速化

入库快速化指物资运抵港口、车站或仓库专用线时，要以最快的速度完成物资的接运、验收和入库作业活动。

（二）出库快速化

出库快速化是指物资出库时，要迅速和高效地完成备料、复核、出库和交货清理作业活动。

（三）储存高效化

储存高效化是在库容合理规划的基础上，最大限度地有效利用现有的储存面积和空间，提高单位面积的储存量与面积利用率。

（四）经营多样化

经营多样化指仓储采用多种经营方式提高企业的收益，如仓储增值服务、运输中介、配送与配载等。

（五）保管科学化

保管科学化指按照物资性质要求和储存条件，合理安排储存场所，采取科学的保管方法，使其在保管期内质量完好，数量准确。

（六）费用节约化

费用节约化指物资输入和输出以及保管的整个过程，都要努力节省人力、物力和财力消耗，以最低的仓储成本取得最好的经济效益。

概括来说，仓储经营活动的目的即为：“快进、快出、多储存、多经营、保管好、费用省”。

三、仓储经营计划

（一）仓储经营计划的概念

作为仓储经营的重要环节，仓储经营计划是指根据市场的需求和企业的仓储能力确定经营目标，预先拟定计划、组织、指挥、调节、控制与监督企业各部门、各环节的工作内容和步骤，以达到完成仓储经营任务，实现提高仓储作业的经济效益的最终目的。

（二）制订仓储经营计划的依据

仓储经营计划是企业仓储经营活动的统筹规划和总体安排，因此要在国家实行的调控政策、市场调查、预测的基础上，结合企业的实际情况，如仓储结构、品种数量、仓储能力、组织结构等综合平衡来制订仓储经营计划。

四、仓储经营方法

现代仓储经营方法主要包括保管仓储、混藏仓储、消费仓储、仓库租赁经营、流通加工经营等。

（一）保管仓储经营

1. 保管仓储的经营方法

保管仓储或称保管式仓储是指保管人储存存货人交付的仓储物，存货人支付仓储费的一种仓储经营方法。在保管仓储经营中，仓储经营人一方面需要尽可能多地吸引仓储，获得大量的仓储委托，求得仓储保管费收入的最大化；另一方面还需在仓储保管中尽量降低保管成本，来获取经营成果。仓储保管费与仓储物的数量、仓储时间和仓储费率三者密切相关。

仓储保管费计算公式为

$$C = Q \cdot T \cdot K \tag{2-1}$$

式中 C——仓储保管费；

Q——存货数量；

T——存货时间；

K——仓储费率。

仓储总收入可按下式计算：

$$\text{仓储总收入} = \text{总库容量} \times \text{仓容利用率} \times \text{平均费率} \tag{2-2}$$

2. 保管仓储的经营特点

（1）保管仓储的目的在于保持保管物原状，寄存人交付保管物于保管人，其主要目的在于保管。也就是说，他主要是将自己的货物存入仓储企业，仓储企业必须对仓储物实施必要的保管而达到最终维持保管物原状的目的，一定要确保原物形状。它与存货企业是一种提供劳务的关系，所以在仓储过程中，仓储物的所有权不转移到仓储过程中，仓储企业没有处分仓储物的权力。

（2）仓储物一般都是数量多、体积大、质量大的大宗货物、物资。例如：粮食、工业制品、水产品等。

（3）保管仓储活动是有偿的，保管人为存货人提供仓储服务，存货人必须支付仓储费。仓储费是保管人提供仓储服务的价值表现形式，也是仓储企业盈利的来源。

（4）仓储保管经营的整个仓储过程均由保管人进行操作，仓储经营企业需要有一定的投入。为了使仓储物品质量保持完好，需要加强仓储的管理工作。

3. 保管仓储的经营管理

如何使仓储物品质量保持完好，需要加强仓储的管理工作。首先，要加强仓储技术的科学研究，根据商品的性能和特点提供适宜的保管环境和保管条件，不断提高仓库机械化、自动化水平，掌握监督库存动态，保证仓储商品的数量正确，质量完好。其次，要不断提高仓储工作人员的思想政治水平和业务水平，培养一支业务水平高、技术水平高、管理水平高的仓储工作队伍，在养护、保管工作中发挥其应有的作用。最后，要建立和健全仓储管理制度，加强市场调查和预测，搞好客户关系，组织好商品的收、发、保管保养工作，掌握库存动态，保证仓储经营活动的正常运行。

4. 保管仓储经营的任务

保管仓储经营的主要任务是仓储企业展开市场调研，积极开展市场营销工作，及时掌握仓储物资信息，并依据企业的仓储条件制定仓储经营计划，合理组织人、财、物，并根据仓储物的性能和特点为存储企业提供合适的仓储设施和保管条件，确保仓储物的质量和数量正确完好，为仓储企业创造良好的经济效益和积极的社会效益。

（1）展开市场调研和市场营销工作。

（2）制订科学的仓储规划。

（3）及时掌握仓储物的相关信息。

（4）为仓储物提供适宜的保管环境。

（二）混藏仓储经营

1. 混藏仓储的经营方法

混藏仓储或称混藏式仓储是指存货人将一定品质、数量的种类物交付保管人储藏，而在储存保管期限届满时，保管人只需以相同种类、品质、数量的替代物返还的一种仓储经营方法。混藏仓储经营人的收入依然来自仓储保管费，存量越多、存期越长，收益越大。

2. 混藏仓储的经营特点

（1）混藏仓储的对象是种类物。

混藏仓储的目的并不是完全在于原物的保管，有时寄存人仅仅需要实现物的价值的保管即可，保管人以相同种类、品质、数量的替代物返还，并不需要原物返还。因此当寄存人基于物之价值保管的目的而免去保管人对原物的返还义务时，保管人减轻了义务负担，也扩大了保管物的范围，种类物成为保管合同中的保管物。保管人即以种类物为保管物，则在保存方式上失去各保管物特定化的必要，所以将所有同种类、同品质的保管物混合仓储保存。混藏仓储是在保管仓储的基础上，为了降低仓储成本，通过混藏的方式，使仓储设备投入最少，仓储空间利用率最高，从而使仓储成本最低

（2）混藏仓储的保管物并不随交付而转移所有权。

混藏保管人只需为寄存人提供保管服务，而保管物的转移只是物的占有权转移，与所有权的转移毫无关系，保管人无权处理存货的所有权。

小知识

农民将小麦交付给仓储企业保管，仓储企业可以混藏小麦，仓储企业将所有收存的小麦混合储存于相同品种的小麦仓库，形成一种保管物为混合物（所有权的混合）状况，小麦的所有权并未交给加工厂，各寄存人对该混合保管物按交付保管费的份额，各自享有所有权。在农民需要时，仓储企业从小麦仓库取出相应数量的存货交还给农民。

3. 混藏仓储的优势

混藏仓储在物流活动中发挥着重要的作用，在提倡物尽其用、发展高效物流的今天，赋予了混藏仓储更新的功能，配合以先进先出的运作方式，使得仓储物资的流通加快，有利于减少耗损和过期变质等风险。另外，混藏方式，能使仓储设备投入最少，仓储空间利用率最

高。存货品种增加，会使仓储成本增加，所以在混藏仓储经营中尽可能开展少品种、大批量的混藏经营。因此，混藏仓储主要适用于农村、建筑施工、粮食加工、五金等行业，对品质无差别、可以准确计量的商品。

（三）消费仓储经营

1. 消费仓储的经营方法

消费仓储或称消费式仓储是指存货人不仅将一定数量、品质的种类物交付仓储管理人储存保管，而且与保管人相互约定，将储存物的所有权也转移给保管人，在合同期届满时，保管人以相同种类、品质、数量替代品返还的一种仓储方法。存放期间的商品所有权由保管人掌握，保管人可以对商品行使所有权。消费保管的经营人一般具有商品消费的能力，如面粉加工厂的小麦仓储、加油站的油库仓储、经营期货交易的保管人等。消费式仓储合同的不同之处是涉及仓储物所有权转移到保管人，自然地保管人需要承担所有人的权利和义务。

消费式仓储经营人的收益主要来自对仓储物消费，当该消费的收入大于返还仓储物时的购买价格时，仓储经营人获得了经营利润；反之，消费收益小于返还仓储物时的购买价格时，就不会对仓储物进行消费，而依然原物返还。在消费仓储中，仓储费收入是次要收入，有时甚至采取零仓储费结算方式。消费仓储的开展使得仓储财产的价值得以充分利用，提高了社会资源的利用率。消费仓储可以在任何仓储物中开展，但对于仓储经营人的经营水平有极高的要求。现今广泛开展在期货仓储中。

2. 消费仓储的经营特点

（1）消费仓储是一种特殊的仓储形式，具有与保管仓储相同的基本性质。消费仓储保管的目的是对保管物的保管，主要是为寄存人的利益而设定，原物虽然可以消耗使用，但其价值得以保存。寄存人交付保管物于保管人，只求自己的物品在需要时，仍然能够得到等同于原样的输出。

（2）消费仓储以种类物作为保管对象，仓储期间转移所有权于保管人在消费仓储中，寄存人将保管物寄于保管人处，保管人以所有人的身份自由处理保管物，保管人在他所接收的保管物在转移之时便取得了保管物的所有权。这是消费仓储最为显著的特征。在保管物返还时，保管人只需以相同种类、品质、数量的物品代替原物返还即可。

（3）消费仓储以物的价值保管为目的，保管人仅以种类、品质、数量相同的物进行返还，在消费仓储中不仅转移保管物的所有权，而且必须允许保管人使用、收益、处分保管物。即将保管物的所有权转移于保管人，保管人无须返还原物，而仅以同种类、品质、数量的物品返还，以保留保管物的价值即可。保管人通过经营仓储物获得经济利益，通过在高价时消费仓储物，低价时购回，如建筑仓储经营人直接将委托仓储的水泥用于建筑生产，在保管到期前从市场购回相同的水泥归还存货人；或者通过仓储物市场价格的波动进行高卖、低买，获得差价受益。当然在最终，需要买回仓储物归还存货人。

3. 消费式仓储经营模式

（1）仓储保管人直接使用仓储物进行生产、加工。如建筑仓储经营人直接委托仓储的水泥用于建筑生产，在保管到期前到市场上购回相同的水泥归还存货人。

（2）仓储经营人在仓储物的价格升高时将仓储物出售，在价格降低时购回。

（四）仓库租赁经营

1. 仓库租赁的经营方法

仓库租赁经营是通过出租仓库、场地、仓库设备等，由存货人自行保管货物的仓库经营方式。进行仓库租赁经营时，最主要的一项工作是签订一个仓库租赁合同，在合同条款的约束下进行租赁经营，取得经营收入。仓库出租经营既可以是整体性的出租，也可以采用部分出租、货位出租等分散出租方式。目前，采用较多的是部分出租和货位出租方式。

2. 仓库租赁的经营特点

（1）承租人具有特殊商品的保管能力和服务水平。

（2）合同的方式确定租赁双方的权利和义务。

出租人的权利是对出租的仓库及设备拥有所有权，并按合同收取租金。同时必须承认承租人对租用仓库及仓库设备的使用权，并保证仓库及仓库设备的完好性能。承租人的权利是对租用的仓库及仓库设备享有使用权（不是所有权），并有保护设备及按约定支付租金的义务。

（3）分散出租方式增加管理工作量。

若采用部分出租、货位出租等分散出租方式，出租人需要承担更多的仓库管理工作，如环境管理、保安管理等。但采用整体性的出租方式，虽然减少了管理工作量，却同时也放弃了所有自主经营的权力，不利于仓储业务的开拓和对经营活动的控制。

小知识

箱柜委托租赁保管业务

目前，箱柜委托租赁保管业务在许多国家发展较快。在日本，从事箱柜委托租赁保管业务的企业数目和仓库营业面积在迅速上升。

箱柜委托租赁保管业务是仓库业务者以一般城市居民和企业为服务对象，向他们出租体积较小的箱柜来保管非交易物品的一种仓储业务。对一般居民家庭的贵重物品，如金银首饰、高级衣料、高级皮毛制品、古董、艺术品等，提供保管服务。对企业以法律或规章制度等规定必须保存一定时间的文书资料、磁带记录资料等物品为对象提供保管服务。箱柜委托租赁保管业务强调安全性和保密性，他为居住面积较小的城市居民和办公面积较窄的企业提供了一种便利的保管服务。箱柜委托租赁保管业务是一种城市型的仓库保管业务。许多从事箱柜委托租赁保管业务的仓库经营人专门向企业提供这种业务，他们根据保管物品、文书资料和磁带记录资料的特点建立专门的仓库，这种仓库一般有三个特点：一是注重保管物品的保密性，因为保管的企业资料中许多涉及企业的商业秘密，所以仓库有责任保护企业秘密，防止被保管企业的资料流失到社会上去。二是注重保管物品的安全性，防止发生保管物品损坏变质。因为企业的这些资料如账目发票、交易合同、会议记录、产品设计资料、个人档案等需要保管比较长的时间，在长时间的保管过程中必须防止发生保管物品损坏变质的情况。三是注重快速服务反应。当企业需要调用或查询保管资料时，仓库经营人能迅速、准确地调出所要资料及时地送达到企业。箱柜委托租赁保管业务作为一种城市型的保管业务具有较大的发展潜力。

（五）流通加工经营

流通加工是指物品从生产地到使用地的过程中，根据需要进行包装、分割、裁剪、计量、分拣、刷标志、拴标签、组装等简单作业的总称。

流通加工是流通中的一种特殊形式。在物品从生产领域向消费领域流动的过程中，促进销售、维护产品质量和提高物流效率。流通加工是为了提高物流速度和物品的利用率、降低生产及物流的成本，在物品进入流通领域后，按物流的需要和客户的要求进行的加工活动。这些流通加工作业多在配送中心、流通仓库、卡车终端等物流场所进行。

1. 流通加工的目的

（1）适应多样化的顾客需求，促进商品的销售。

（2）在食品方面，可以通过流通加工来保持并提高其质量水平，保证提供给消费者时仍旧新鲜。

（3）可以规避风险，使商品跟得上市场需求的变化。

（4）推进物流系统化，提高物流效率、降低物流成本。

（5）开展专业化的加工，降低生产成本。

2. 流通加工的作用

流通加工并非在所有物流活动中必然存在，但流通加工随着销售竞争的日益激烈和用户的个性化、多样化需求，越来越显示出它不可替代的重要地位和作用。总的来讲，流通加工在流通中，仍然和流通总体一样起桥梁和纽带作用。但是它却不是通过“保护”流通对象的原有形态而实现这一作用的，它是和生产一样，通过改变或完善流通对象的原有形态来实现桥梁和纽带作用的。所以流通加工的主要作用在于：

（1）优化物流系统。提高原材料利用率；进行初级加工，方便用户；提高加工效率及设备利用率。

（2）通过流通加工，使物流系统服务功能大大增强，在物流领域，流通加工在这方面有很大的贡献。

（3）使物流系统可能成为利润中心。通过流通加工，提高了物流对象的附加价值，这就使物流系统可能成为新的利润中心。

（4）通过流通加工，可以使物流过程减少损失、加快速度、降低操作的成本，因而可能降低整个物流系统的成本。

五、创新式仓储经营方法

目前出现的创新式仓储经营方式主要有网络仓库、融通仓和融资租赁。

（一）网络仓库

网络仓库是一个与传统的仓库完全不同的仓库形式。它是一个借助先进的通信设备可随时调动所需物资的若干仓库的总和。网络仓库不是一个可以看得见摸得着的特定的仓库。网络仓库的覆盖区域非常之广，根据供应商订货的数量和距离条件，通过网络渠道将信息传递到网络中心，迅速寻找配对，在最短的时间里做出选择，选择一个有足够大，并且距离需求地（收货方）最近的存储仓库。

仓库的网络化不是偶然而是必然，是现代经济高速发展催化下的必然产物。

网络仓库的出现改变了传统的仓储观念，仓库的网络化使货物在仓库之间的调动大大减少。物资从出厂到最终目的地可能只经过一到二次运输，大大节省运输费用。并且使生产厂商和消费者的距离又近了一步，这对生产厂商正确计划生产数量和安排生产计划有重要意义。

网络仓库还有一个显著的特点，它是可以看得见却摸不着的。

网络仓库实际上是一个虚拟的仓库，它利用强大的信息流，以统筹网络内仓库可以利用的资源，用以满足对订货的需求和提升定货量，可以减少在时间和空间上造成的迂回物流和仓储费用的增加。仓库的网络化是现代信息技术的产物，同时也是经济进步的要求。

（二）融通仓

融通仓是融、通、仓三者的集成、统一管理和综合协调。融通仓是一种把物流、信息流和资金流综合管理的创新。其内容包括物流服务、金融服务、中介服务和风险管理服务以及这些服务间的组合与互动。融通仓是一种物流和金融的集成式创新经营方式，其核心思想是在各种流的整合与互补互动关系中寻找机会和时机。其目的是提升顾客服务质量，提高经营效率，减少运营资本，拓宽服务内容，减少风险，优化资源使用，协调多方行为，提升供应链整体绩效，增加整个供应链竞争力等。

融通仓的做法是仓库经营企业为中小型企业提供融通仓服务，中小型企业的货主把货物存放在仓储企业的仓库中，取得仓单后凭此向银行申请贷款。银行根据质押物品的价值和其他相关因素向客户企业提供一定比例的贷款。仓储物流企业所提供的服务就是接受银行的委托，对货物的流动性进行监管，及时向银行提供质押监管信息，以便银行随时掌握货物流动的信息。

仓库采取融通仓经营方式带来的好处是：

(1) 与金融机构不断巩固和加强合作关系，依托融通仓设立中小企业信用担保体系，以便于金融机构、融通仓和企业更加灵活地开展质押贷款业务。

(2) 充分发挥融通仓对中小企业信用的整合和再造功能，可帮助中小企业更好地解决融资问题。

(3) 银行拓宽了服务对象范围，扩大了信贷规模，也给第三方物流企业带来新的利润增长点，带来了更多、更稳定的客户。

成功的融通仓运作能取得银行、企业、物流公司共赢的良好结果。

（三）融资租赁

当一些货物对仓库的现代化和智能化程度要求较高，但同时货主限于实力不能自主建造仓库时，普通的仓库租赁便不能满足这些货主的需求。在实践中，仓储企业通过提供融资租赁等解决方案来满足这些货主的需求。

所谓融资租赁，是指由出租方融通资金为承租方提供所需设备，具有融资、融物双重职能的租赁交易，它主要涉及出租方、承租方和贷款方，并由两个或两个以上的合同构成。在融资租赁方式下，首先是由货主提出关于仓库需求的招标方案，然后是物流企业投标，中标后便进入融资租赁方案的实施阶段。仓储物流企业与货主签订融资租赁协议，筹资时与银行签订贷款协议。融资租赁经营方式是仓储企业根据货主的个性化要求去设计仓储建设方案，并提供仓储服务。这种经营方式具有融资功能，对仓储企业与货主企业都有好处。但由于融资租赁的仓库大多是根据货主的个性化需求建造的，这种仓库对其他货主并不一定适用。如果物流企业与货主企业合作期满但融资租赁尚未到期，一旦货主企业重新招标淘汰该物流企业，此时物流企业还拥有该仓库的所有权将面临一定程度的空置风险。

案例分析：

仓储经营管理

美国一家机械公司的配件全年销售额为1.6亿美元，年实物配送费用是2 600万美元，为销售额的16.25%，发生如此之高的费用是由于该公司坚持高质量的服务标准所致，公司在全国主要市场都设有仓库，共有504个之多。

高层管理者认为配送费用开支过大，服务标准不必保持如此之高。他们请来知名专家研究，确认撤销204个仓库，可使配送费用降至最低，年可节约200万美元，但由于减少了仓库，用户不能就近及时地收到配件，经过计算机模拟将失掉销售总额的20%。

（1）分析仓储经营在该公司运行过程中的作用。

（2）分析仓储经营对企业、社会和国民经济发展的意义。

（3）结合案例情况分析，企业对仓储经营组织具有什么样的要求？

任务二　仓储商务管理

任务导入：

仓储商务是指仓储经营者利用仓储保管能力向社会提供仓储保管服务，并以获得经济收益为目的所进行的交换行为。它是仓储行业基于仓储经营而对外进行的经济交换活动，是一种商业性行为，它一般发生在公共仓储和营业仓储之中，而企业自营仓储不发生仓储商务。

知识解析：

一、仓储商务管理的概念和作用

仓储商务管理是指仓储经营者对仓储商务所进行的计划、组织、指挥和控制的活动，属于独立经营的仓储企业内部管理活动之一。

仓储商务管理的作用是为了有效利用仓储资源，最大限度地获得经济收益和提高经济效益。具体表现在：

（一）满足社会需要

仓储企业的商务管理就是为了通过仓储服务，向社会提供尽可能多的仓储产品，满足社会对仓储产品的需要。仓储商务管理的任务就是积极开发市场，适应市场需求的变化，提高服务水平，调整产品价格，提高产品竞争力。通过开发市场、挖掘商机、促进交易，使产品被更广泛的市场和客户接受。

（二）充分利用企业资源

仓储商务管理的目的就是为了获得尽可能多的经济收益。在有效的仓储管理下，仓储企业在获得大量商业机会的同时，也承担起按时提供仓储服务的义务，这就需要仓储企业充分利用企业的人力、物力、财力资源，完成储存任务，使仓储企业的一切资源都得到最充分的利用。

（三）降低成本

成本的高低是决定企业竞争力的关键因素。仓储商务管理不仅要尽可能地提高交易回报，在市场竞争激烈的形式下，更重要的是采取先进的经济管理理论、现代化技术、有效的经营手段，控制和减少成本，借以提高企业竞争力。

（四）降低风险

一般来讲，企业的经营风险绝大部分来自商务风险，高水平的商务管理应尽可能避免商务风险与责任事故的发生，规避经营风险。所以建立有效的风险防范机制，妥善处理协议纠纷，构建仓储商务质量管理体系是仓储商务管理的重要任务。

（五）塑造企业形象

商务的每一项工作都会对企业形象产生直接的影响，例如，商务人员在对外交往过程中，其一言一行常常代表着企业的形象，关系到客户对企业的信赖程度。因此，仓储商务管理要以以人为本、用人唯贤、权责分明为原则建立一支精明能干、业务熟练的商务队伍，逐步树立起仓储企业的可信赖、高水平的企业形象。

二、仓储商务管理的内容

进行仓储商务一般要进行以下活动：仓储商情调查，寻找商业机会，市场分析，选择商业机会，商务磋商，签订商业合同，合同的协调，争议的处理，风险控制，企业形象塑造，制订竞争战略，发展市场，保持企业的可持续发展。具体总结来看，仓储商务的活动可以分为六个方面。

（1）制定仓储经营决策；

（2）进行市场调查和宣传；

（3）签订仓储合同；

（4）存货人交付仓储物；

（5）仓储保管人接收货物和保管货物；

（6）存货人提货。

任务三　签订仓储合同

仓储合同是保管人储存存货人交付的仓储物，存货人支付仓储费的合同。提供储存保管服务的一方称为保管人，接受储存保管服务并支付报酬的一方称为存货人，交付保管的货物称为仓储物。仓储合同属于保管合同的一种特殊类型。

一、仓储合同的定义和种类

（一）仓储合同的定义

仓储合同亦称仓储保管合同，指仓储保管人接受存货人交付的仓储物，并进行妥善保管，在仓储期满将仓储物完好地交还，保管人收取保管费的协议。

（二）分类

1. 一般保管仓储合同

一般保管仓储合同是指仓库经营人为存货人提供完善的仓储条件，接受、保管其仓储物，并在保管期届满时，将收保的仓储物原样（包括仓储物在仓储期间自然增加的孳息）交还存货人而订立的仓储保管合同。这种合同的仓储物为确定的种类物，保管人严格承担归还原物的责任。

2. 混藏式仓储合同

混藏式仓储是指存货人将一定品质、数量的货物交付给保管人，保管人将不同存货人的同种类、品质的仓储物混合保存，在存期届满时，保管人只需以相同种类、品质、数量的货物返还给存货人，而不需要按原物归还的仓储方式。这种仓储方式常用于储存粮食、油品、矿石或保鲜期较短的货物。混藏式仓储合同的标的物为确定种类物，保管人严格按照合同中所描述的仓储物数量、质量承担相应责任，没有耗损的权利，当保管人向存货人交还的仓储物与合同描述的不符时，需补偿存货人的损失。混藏式仓储合同具有保持仓储物价值的功能。

3. 消费式仓储合同

存货人在存放仓储物的同时，将仓储物的所有权也一并转移给保管人。保管期届满时，保管人只需将相同种类、品质、数量的替代物归还给存货人。存放期间，仓储物的所有权由保管人拥有，可以对仓储物行使所有权。消费式仓储的经营人一般具有消费仓储物的能力，如加油站的油库仓储。其收益，除了约定的仓储费以外，主要是消费仓储物与到期仓储物被购回之间的差价收益。

4. 仓库租赁合同

仓库所有人将所拥有的仓库出租给存货人，只提供基本的仓储条件、环境管理、安全管理等一般性的仓储管理，由存货人自行保管其商品的仓储经营方式。仓库租赁合同从严格意义上来说只是财产租赁合同。但是由于仓库出租方具有部分仓储保管的责任，所以具有仓储合同的一些特性。

二、仓储合同的特征与相关概念

（一）仓储合同的特征

（1）保管人必须是具有仓库营业资质的人，即具有仓储设施、仓储设备，专事仓储保管业务的人。这是仓储合同主体上的重要特征业务的人。

（2）仓储合同的对象仅为动产，不动产不可能成为仓储合同的对象。

（3）仓储合同为诺成合同。仓储合同自成立时起生效。

（4）仓储合同为不要式合同，可以是书面形式，也可以是口头形式。

（5）仓储合同为双务、有偿合同。保管人承担储存、保管的义务，存货人承担支付仓储费的义务。

（6）仓单是仓储合同的重要特征。

（二）仓储合同的相关概念

1. 仓储合同的当事人

仓储合同的当事人就是参与合同签订的存货人和保管人。其在合同签订时双方必须都在场并且合同上必须有当事人的签名盖章。

仓储合同一经签订，立即发生法律效力。存货人和保管人享有合同规定的权利的同时也都有严格履行合同约定的义务。

2. 仓储合同的标的和标的物

仓储合同的标的是仓储保管行为（空间、时间、保管要求）。标的物是存货人交存的仓储物（生产资料或生活资料），是有型的实物动产。

仓储合同的标的物必须是动产。在仓储合同中，存货人应当将仓储物交付给仓储保管人，由仓储保管人按照合同的约定进行储存和保管。因此，依合同的性质而言，存货人交付的仓储对象必须是动产，而不动产不能成为仓储合同的标的物。

三、仓储合同当事人的权利和义务

（一）存货人的权利与义务

1. 存货人的权利

根据《中华人民共和国合同法》（以下简称《合同法》）的规定，仓储合同中存货人享有以下权利。

（1）提货权。存货人拥有凭仓单提取仓储物的权利。如果在合同中约定了仓储时间的，存货人有权提前提取仓储物。如果在合同中没有约定仓储时间，存货人仍有随时提取仓储物的权利。

（2）转让权。物品在储存期间，存货人有权将提取物品的权利转让给他人，但是必须办理仓单的背书手续。

（3）检查权。物品在储存期间，仓储保管人负责保管存货人交付的仓储物，此时保管人对物品享有占有权，但仓储物的所有权仍然属于存货人，存货人为了防止货物在储存期间变质或发生货损货差，有权随时检查仓储物或提取样品，但在检查时不得妨碍保管人的正常工作。

（4）索偿权。因保管人的原因造成仓储物损坏、灭失的，存货人有权向其索赔。

2. 存货人的义务

存货人在享有《合同法》规定的权利时，必须承担的相应义务有：

（1）如实告知货物情况的义务。存货人要求仓储保管人储存易燃、易爆、有毒、有放射性等危险物品或易腐烂等特殊物品时，应当说明物品的性质和预防货物发生变质、危险的方法，同时提供有关的技术资料，并采取相应的防范措施。如果因存货人未将危险物品情况如实地告知保管人，而遭受货物损失的，存货人应承担责任。

（2）按约定交付货物的义务。存货人应当按照合同约定的品种、数量、质量包装等将货物交付给仓储保管人入库保管，并在验收期间向仓储保管人提供验收资料，存货人不能按此约定交付储存物的，应承担违约责任。

（3）支付仓储费和其他必要费用的义务。仓储费是仓储保管人提供仓储服务应得的报酬。一般情况下，仓储费应在存货人交付仓储物前支付，而非储存货物后或提取货物时支付。所以存货人应依据仓储合同或仓单规定的仓储费，将其按时交纳给仓储保管人。其他必要费用是指为了保护存货人的利益或避免损失发生而支付的费用。如果仓储合同中规定的仓储费包括必要费用时，存货人大可不必再另外支付。

（4）按约定及时提取货物的义务。仓储合同期限到时，存货人应当凭仓单及时提取储存的货物，提取货物后应交回仓单。如果储存期限满后，存货人不提取货物的，保管人可以提存该货物。

（二）保管人的权利与义务

1. 保管方的权利

根据《合同法》的规定，仓储合同中保管人享有以下权利。

（1）有权要求存货方按合同规定及时交付标的物。

合同签署后保管人有权要求存货人按照合同约定的品种、数量、质量包装等将货物交付给仓储保管人入库保管，存货人不能按此约定交付储存物的，应承担违约责任。

（2）有权要求存货方对货物进行必要的包装。

（3）有权要求存货人告知货物情况并提供相关验收资料。

根据法律规定，存货人违反规定或约定，不提交特殊物品的验收资料的，仓管人可以拒收仓储物，也可以采取相应措施以避免损失的发生，由此产生的费用由存货人承担。

（4）有权要求存货人对变质或损坏的货物进行处理。

（5）有权要求存货人按期提取货物。

我国《合同法》第 393 条规定："储存期间届满，存货人或仓单持有人不提取仓储物的，仓储保管人可以催告其在合同期限内提取，逾期不提取的，仓储保管人可以提存仓储物。"所以因存货人延迟提取仓储物，仓储保管人员有权收取因延迟提取所产生的费用。

2. 保管人的义务

保管人在享有《合同法》规定的权利时，必须承担的相应义务有：

（1）给付仓单的义务。仓单是仓储保管人在收到仓储物时，向存货人签发的，表示已经收到一定数量的仓储物，并以此来代表相应的财产所有权利的法律文书。存货人或仓单持有人将以仓单内容向保管人主张权利，保管人也将以仓单所记载的内容向存货人或仓单持有人履行义务。

（2）妥善保管仓储物的义务。保管人应当严格按照合同规定提供合理的保管条件来妥善保管仓储物。如果仓储物属易爆、有毒、有放射性等危险物品，仓储保管人必须具备相应的仓储条件，如果条件不具备时，不得接收危险物品作为仓储物。

（3）验收货物和危险通知的义务。保管人在接受存货人交存的货物时，应当按照合同规定对货物进行验收，例如：货物的品名、规格、数量、外包装状态等。如果在验收时发现不良情况、仓储物变质、发生不可抗力损害或其他涉及仓储物所有权的情况，仓储保管人应及时通知存货人或仓单持有人。

四、仓储合同的订立

（一）仓储合同订立的原则

1. 平等原则

《合同法》第三条规定："合同当事人的法律地位平等，一方不得将自己的意志强加给另一方。"根据这一规定，在订立仓储合同的过程中，合同当事人双方要自觉、有意识地遵循平等原则，不能以大欺小、以强凌弱，杜绝命令式合同，反对一切凭借职位、业务、行政等方面的优势而与他人签订不平等的仓储协议。

2. 公平及等价有偿原则

《合同法》第五条规定："当事人应遵循公平原则确定各方的权利和义务。"这一规定要求仓储合同的双方当事人依价值规律来进行利益选择，禁止无偿划拨、调拨仓储物，也禁止强迫仓储保管人或存货人接受不平等利益交换。

3. 自愿与协商一致原则

《合同法》第四条规定："当事人依法享有自愿订立合同的权利，任何单位和个人不得非法干预。"自愿意味着让存货人与仓储保管人完全依照自己的知识、判断去追求自己最大的利益。协商一致是在自愿基础上寻求意思表示一致，寻求利益的结合点，仓储合同的订立只有在自愿和协商一致的基础上，才能最充分体现出双方的利益，从而保证双方依约定履行合同。

4. 订立合同的双方都必须是法人

法人是指具有一定的组织机构，独立的财产或独立核算，能够以自己的名义进行民事活动，享有权利和承担义务，依法成立的企业、国家机构、事业单位、社会团体等。按照这个条件，从事营销业务的专业公司可以和从事储存或储运业务的仓储公司签订储存保管合同。这些企业所属的职能部门或下属单位不能以个人的名义对外签订合同，但是可以有各自的主管企业授权，以企业的名义对外签订合同。

5. 订立合同的形式

按照《合同法》规定，除了当时可以结清的储存方式以外，合同都应当是书面形式。当事人协商同意的有关文书、电报、图表也是合同的组成部分。

（二）仓储合同订立的程序

一般来说，订立仓储合同主要有两个阶段，即准备阶段和实质阶段，实质阶段又包括要约和承诺两个阶段。

1. 准备阶段

在许多场合，当事人并非直接提出要约，而是经过一定的准备，进行一些先期性活动，才考虑订立合同。其中包括接触、预约和预约邀请，其意义在于双方当事人相互了解，为双方进入实质的缔约阶段创造条件，扫除障碍。

2. 实质阶段

根据《合同法》规定，只要存货人与仓储保管人之间依法就仓储合同的有关内容经过要约和承诺的方式达成意思表示一致，仓储合同即告成功，正因为要约与承诺直接关系到当事人的利益，决定合同是否成立，所以将其称为合同订立的实质阶段。

签订合同一般要经过以下三步：

第一步：提出“要约”。即由存货或保管的一方提出签约的建议，包括订约的要求和合同的主要内容。

第二步：“承诺”。对另一方的“要约”，表示完全同意，在此基础上签订协议、合同即具有法律效力；如果对“要约”的内容、条件有不同的意见，必须经过充分协商，取得一致意见。

第三步：“签约”。由双方的法人代表签字、单位盖章。如果法定代表授权本单位的经办人员代理签订合同时，代理人应事先取得该企业的委托证明。如果法人之间代理签订合同，代理单位必须事先取得委托单位的委托证明，并根据授权范围以委托单位的名义签订，才对委托单位直接产生权利和义务。

小知识

仓储保管合同订立的不同情况

（1）按照国家物资储存计划必须储存的物资，存货方和保管方必须按国家下达的计划签订仓储保管合同，以保障国家物资储存计划的执行。如果双方不能达成一致意见，由双方下达计划的上级主管机关处理。

（2）大宗货物的储存，由存货方提出委托储存保管的要求，保管方根据自己的仓储容量等条件，经双方协商签订仓储保管合同。

（3）零星货物的储存，存货方和保管方根据有关规定签订仓储保管合同。

五、仓储合同的条款内容

根据《仓储保管合同实施细则》的要求，签订仓储保管合同，一般应具备以下主要条款：

1. 货物的品名和品种

仓储保管合同中储存保管的货物是特定物或特定化的种类物，是保管方接受存货方以委托代为保管的，其所有权属于存货方，在合同有效期届满时，保管方必须将原货物完好无损地归还给存货方，因此合同中对货物的品名和品种，应作出明确的规定。同时仓储保管合同的标的物以动产为限。

2. 货物的数量、质量、包装

货物的包装由存货方负责。其标准，有国家的或专业标准的，按国家或专业标准执行；没有国家或专业标准的，在保证运输和储存安全的前提下，由合同当事人议定。

3. 货物验收的内容、标准、方法、时间

保管方的正当验收项目为：货物的品名、规格、数量、外包装状况以及无须开箱拆捆直观可见可辨的质量情况。包装内的货物品名、规格、数量，以外包装或货物上的标记为准；外包装或货物上无标记的，以供货方提供的验收资料为准。散装货物按国家有关规定或合同规定验收。验收期限，国内货物不超过 10 天，国外到货不超过 30 天，法律或合同另有规定的除外。货物验收期限是指自货物和验收资料全部送达保管方之日起，至验收报告送出之日止。

4. 货物保管条件和要求

仓储保管合同中的货物种类繁多，不少货物由于本身的性质需要特殊的保管条件或保管方法，所以在合同中必须明确规定保管条件和要求。

5. 货物进出库手续、时间、地点、运输方式

由存货人或运输部门、供货单位送货到库的或由保管人负责到供货单位、车站、港口等处提运的仓储物，必须按照正常验收项目进行验收或按国家规定当面交接清楚，分清责任。交接中发现问题，供货人在同一城镇的，保管人可以拒收；外埠或本埠港、站、机场、邮局到货，保管人应予接货，妥善暂存，并在有效验收期内通知存货人和供货人处理；对于仓储物的出库，也应明确存货人自提或保管人送货上门或保管人代办运输的责任。

6. 货物损耗标准和损耗的处理

损耗标准是指货物在储存、运输过程中，由于自然因素（如干燥、风化、散失、挥发、黏结等）和货物本身的性质和度量衡的误差等原因，不可避免地要发生一定数量的减少、破损或计量误差。有关主管部门对此做出规定或由合同当事人商定货物自然减量标准和合理磅差（一般以百分比或千分比表示），统称为损耗标准。

损耗的处理是指实际发生的损耗，超过标准或没有超过标准规定时，如何划分经济责任以及对实物如何进行处理。如在货物验收过程中，在途损耗不超过货物自然减量标准和损耗在规定磅差范围内的，仓库可按实际验收数验收入库；如果超过规定的，应核实做出验收记录，按照规定处理。

7. 计费项目、标准和结算方式，银行、账号、时间

货物储存和运输过程中的计费项目，应按仓储保管部门制定的标准执行，也可由当事人双方协商确定。存货方一般应按月支付保管费用。

8. 违约责任

《仓储保管合同实施细则》规定：保管人不能全部或部分按合同议定的品名、时间、数量接货的；存货方不能全部或部分按合同议定的品名、时间、数量入库（含超议定储存量储存）的；保管方没有按合同规定时间、数量交货的；存货方已通知货物出库或合同期已到，由于存货方（含用户）的原因不能如期出库的，均应承担违约责任。当事人必须向对方支付违约金，合同另有规定的除外。违约金的数额为违约所涉及的那一部分货物的3个月保管费（或租金）或3倍的劳务费，合同另有规定的除外。因违约使对方遭受经济损失的，如违约金不足以抵偿实际损失，还应以赔偿金的形式补偿其差额部分。

其他违约行为给对方造成经济损失的，一律赔偿实际损失。

赔偿货物的损失，一律按进货价或国家批准调整后的价格计算；有残值的，应扣除残值部分或残值归赔偿方；不负责赔偿实物。

9. 合同的有效期限

即货物的保管期限，存货方过期不取走货物，应承担违约责任。但有的存储保管合同也可以不规定期限，双方约定只要存货方按日或按月支付保管费用，即可继续存放。

10. 变更或解除合同期限

保管方或存货方如需要对合同进行变更或解除，必须事先通知对方，以便做好相应的准备工作。因此，仓储保管合同中应当明确规定提出变更或解除合同的期限。

六、仓储合同的生效和无效

《合同法》第四十四条规定："依法成立的合同，自成立时生效，法律、行政法规规定应当办理批准、登记等手续生效的，依照其规定。"合同生效是指已经成立的合同在当事人之间产生了一定的法律约束力。

（一）合同成立

（1）合同成立是合同生效的前提，合同的成立必须具备以下条件：

① 订约主体必须存在两方以上的当事人；

② 当事人对合同必要条款达成合意；

③ 合同的成立应当经过要约和承诺阶段。

（2）依法成立是合同生效的必备要件，因此，合同生效必须具备以下条件：

① 合同当事人在缔结合同时必须具有相应缔结合同的行为能力；

② 合同当事人订立合同时的意思表示必须真实；

③ 合同不违反法律、行政法规的强制性规定；不损害社会公共利益；

④ 合同的标的确定，履行的可能、标的物的合法；

⑤ 合同必须具备法律所要求的形式。

（二）合同生效

1. 合同生效的时间

依法成立的合同，自成立时生效，法律、行政法规规定应当办理批准、登记等手续生效的，依照其规定。

实践中有些公证人员在办理合同公证时，往往还在证词中写道："该合同自权属登记日起生效"，这是不正确的，是无法律依据的。而此类合同的生效应当是"依法成立时生效"。

《最高人民法院关于适用合同法若干问题的解释》中规定："法律、行政法规规定应当办理登记手续，但未规定登记后生效的，当事人未办理登记手续的不影响合同的效力，合同标的物所有权等其他物权不能转移。"因此，仓储合同自成立时起生效。

当事人对合同的效力可以约定附生效条件或生效期限，那么，自条件成立或期限届满时，合同生效。

2. 无效合同

无效合同是指不具备法律规定的有效条件，而不具有法律效力的合同。

《民法通则》和《合同法》规定，有下列情形之一的视为无效合同。

（1）订立合同的民事主体不合格，即订立合同的当事人不具有相应的民事权利能力或民事行为能力；

（2）一方以欺诈、胁迫的手段订立合同，损害国家利益；

（3）恶意串通，损害国家、集体或第三人利益；

（4）以合法形式掩盖非法目的；

（5）损害社会公共利益；

（6）违反法律、行政法规的强制性规定。

七、仓储合同的格式

仓储合同是不要式合同，当事人可以协议采用任何合同格式。

合同书是仓储合同的最常用格式，由合同名称、编号、条款、当事人签署等几部分构成。合同书具有形式完整、内容全面、程序完备的特征，便于合同订立、履行、留存及合同争议的处理。

确认书是合同格式的主要部分，一般有两种形式：一种仅列明合同的主要事项，合同的其他条款在其他文件中表达；另一种是将完整合同事项列在确认书上，相当于合同书的形式。由于确认书仅有发出确认书的一方签署，所以它与完整合同书不同。在采取口头、传真、电子电文等形式商定合同时，为了明确合同条款和表达合同订立，常常采用一方向另一方签发确认书的方式来确定合同。

计划表是长期仓储合同的补充合同或执行合同。在订立长期仓储合同关系中，对具体仓储的安排较多采用计划表的形式，由存货人定期制定仓储计划交仓储保管人执行。

格式合同是由一方事先拟订，并在工商管理部门备案的单方确定合同。对于仓储周转量极大、每单位仓储物量较小，即次数多、批量少的公共仓储，如车站仓储等，仓储保管人可以采用格式合同。在订立合同时，只有仓储保管人填写仓储物、存期、费用等变动事项后直接签发和存货人签认，不进行条款协商。

八、仓储合同的违约责任和免责

（一）仓储合同的违约责任

1. 仓储合同违约责任的概念

仓储合同违约责任是指仓储合同的当事人，因自己的过错不履行合同或履行合同不符合约定条件时所承担的法律责任。依法制裁违约行为，可以保护受害当事人的合法权益，预防和避免违约行为的发生，保障正常经济秩序的良好发展，维护交易的安全。如果发生违约时，依据法律的规定或合同的约定，应当承担民事责任。

2. 仓储合同违约责任的承担方式

根据我国《合同法》的相关规定，仓储合同违约责任的承担方式有：

（1）支付违约金。违约金是指仓储合同当事人一方发生违约时，依据法律的规定或合同的约定按照价款或酬金总额的比例，向对方支付一定数额的货币。违约金一般分为两类：法定违约金和约定违约金。法定违约金是由国家法律或法规直接规定的违约金。约定违约金是仓储合同当事人在签订合同时协商确定的违约金，由于约定违约金完全是当事人协商确定，所以在确定违约金额时，不能过低也不能过高，过高会加重违约方的经济负担，过低则起不到督促当事人履行合同的作用。

（2）损害赔偿。损害赔偿是指合同一方当事人违约时，在支付违约金或采取其他补救措施后，如果对方还有其他损失，违约方应承担赔偿损害的责任。

（3）继续履行。在仓储合同中，当一方当事人不履行合同时，对方有权要求违约方按照合同规定履行义务或向法院请求强制违约方按照合同规定履行义务，而不得以支付违约金和赔偿金的办法来代替履行。

（二）仓储合同的免责

仓储合同的免责也称为仓储合同违约责任的免除，是指一方当事人履行不了合同或法律规定的义务，致使对方遭受损失，由于不可归责于违约方的事由，法律规定违约方可以不承担民事责任的情况。

合同违约责任的免除有以下几种情况：

1. 因不可抗力免责

不可抗力是当事人不能预见、不能避免并且不能克服的客观情况，如火山爆发、洪水、地震、台风、冰雹、台风、战争、罢工等自然灾害或社会现象。由于这些原因不是当事人主观过错造成的。所以在不可抗拒力发生后，有关当事人可依法免除违约责任。不过不可抗力免责的范围是在不可抗力的直接影响下，如果当事人并没有采取有效措施进行防范、补救从而使造成的损失进一步扩大，其损失扩大的部分是不能免责的。

2. 因自然因素或货物本身性质免责

在货物存储期间，由于自然因素如干燥、风化、挥发、锈蚀等原因或因为货物本身性质如易碎、易腐等原因，导致损失或损耗，一般由存货人负责，仓储保管人不承担责任。

3. 因存货人的过失而免责

在仓储合同履行期间，存货人未尽到如实告知货物情况的义务从而使货物受到损失的，可以减少或免除保管人的责任。

九、仓储合同的变更或解除

在合同生效后，当事人应按照约定全面履行自己的义务，任何一方不能擅自变更、解除和终止合同，这是《合同法》所确定的合同履行原则。仓库经营具有极大的变动性和复杂性，会随着主客观情况的变化而变化，为了避免当事人双方的利益受到更大的损害，变更、解除或终止已生效的合同会是更有利的选择。

（一）仓储合同的变更

仓储合同的变更是指双方已经合法成立的仓储合同内容在原来合同的基础上进行修改或补充。如对仓储物数量的增加或减少；对履行期限的推迟或提前；对其他权利义务条款的修改、补充、限制等。仓储合同的变更一般不涉及已经履行的部分，其效力仅及于未履行的部分。因此仓储合同的变更并不改变原合同关系，而是在原合同关系基础上对有关内容的修订，其目的在于便于合同的履行，从而更好地满足合同当事人对经济利益的要求。

仓储合同当事人一方因为利益需要，向另一方提出变更合同的需求，并要求另一方在限期内答复，另一方在期限内答复同意变更，或在期限内未做答复，则合同发生变更，双方按照变更后的条件履行。如果另一方在期限内明确拒绝变更，则合同不能变更。

仓储合同变更后，被变更的内容即失去效力，存货人与仓储保管人应按变更后的合同来履行义务，变更对于已按原合同所做的履行部分无追索力，效力仅及于未履行的部分。所以任何一方当事人不得因仓储合同的变更而要求另一方返还在此之前所做的履行。仓储合同变更后，因变更而给对方造成损失的，责任方应当承担损害赔偿的责任。

（二）仓储合同的解除

仓储合同的解除是指仓储合同订立后，在合同未履行或尚未全部履行时，一方当事人提前终止合同，从而使原合同设定的双方当事人的权利义务归于消灭。它是仓储合同终止的一种情形。

仓储合同的解除主要有两种方式：一是存货人与仓储保管人协议解除合同。存货人与仓储保管人协议解除合同是指双方当事人通过协商或通过行使约定的解除权而导致仓储合同的解除。解除合同协议可以在合同生效后、履行完毕之前双方协商达成解除合同的协议；也可以在订立合同时订立解除合同的条款，当约定的解除合同的条件出现时，一方通知另一方解除合同。二是法定解除。仓储合同的法定解除是指仓储合同有效成立后，在尚未履行或尚未完全履行之前，当事人一方行使法律规定的解除权而使合同效力归于消灭。仓储合同一方当事人所享有的这种解除权是由法律明确规定的，只要法律规定的解除条件成立，依法享有解除权的一方就可以行使解除权。

仓储合同解除后，尚未履行的部分，终止履行；已经履行的部分，根据履行情况和合同性质，当事人可以要求采取补救措施，如仓储保管人可要求存货人偿付额外支出的仓储费、保管费、运杂费等；而存货人则可要求仓储保管人恢复原状，返还原物。此外，仓储合同解除后，存货人或仓储保管人应当承担由于合同解除而给对方造成的损失。

案例分析：

案例一　一场雷击引发的纠纷

2017 年 7 月初，甲粮油公司与乙仓储公司签订了一份仓储合同，约定甲公司将 50 t 玉米存放于乙仓储公司仓库内。7 月 15 日下午，乙公司仓库因雷击起火，导致甲公司的玉米烧毁 30%。乙公司将剩余的玉米整理后堆放在露天堆场，准备第二天转移到其他仓库，但当天半夜又下起了暴雨，剩余 70% 的玉米全部淋湿发霉，无法使用。甲公司要求乙公司赔偿全部损失，而乙公司以不可抗力为由拒绝赔偿。甲公司随即诉至法院。

请分析：

(1) 仓库起火是否属于不可抗力？

(2) 乙公司是否应该赔偿全部损失？为什么？

案例二　仓储合同当事人的权利和义务

晨达配送中心与流花食品厂签订配送合同，该厂将货物储存在配送中心。3 月 20 日，20 箱薯片由晨达配送到新世纪超市。到货后，超市收货人在未做验货情况下签收配送单。3 月 21 日，超市人员发现该批薯片大部分由于长期保存不仅受潮，且在送货途中颠簸碎裂。超市向流花食品厂进行索赔，但该厂要求晨达进行赔偿，并扣压支付给晨达的各项费用。晨达不服，将配送剩余物强行占有，以超市已签单为由，拒不归还。

请分析：

在此事件中，配送人、委托人、收货人三方具有的权利与义务分别是什么？

任务四　签 发 仓 单

任务导入：

仓单是保管人收到仓储物后给存货人开付的提取仓储物的凭证。仓单除作为已收取仓储物的凭证和提取仓储物的凭证外，还可以通过背书，转让仓单项下货物的所有权，或者用于出质。存货人在仓单上背书并经保管人签字或盖章，转让仓单始生效力。存货人以仓单出质应当与质权人签订质押合同，在仓单上背书并经保管人签字或盖章，将仓单交付质权人后，质押合同始生效力。

知识解析：

一、仓单的概念和性质

（一）仓单的概念

所谓仓单是保管人应存货人的请求而签发的一种有价证券。它表示一定数量的货物已由存货人交付保管人，是仓单持有人依仓单享有对有关仓储物品的所有权的法律凭证。仓单是仓储合同存在的证明，也是仓储合同的组成部分。有价证券是表示或证明一定财产权利的证据。

（二）仓单的性质

1. 仓单是提货的凭证

在提取仓储物时，必须出示仓单并要求将货物提出后将仓单交还仓储保管人注销。没有仓单不能直接提取仓储物。

2. 仓单是储存物所有权的法律文书

保管人收到存货人的物品时，经过检验后向存货人开具的仓单说明此时仓储物的所有权是属于存货人的，存货人只是将仓储物的储存保管责任转交给仓储保管人。

3. 仓单是有价证券

仓单经过存货人背书及仓储保管人的签署后可以转交给任何人，任何持有仓单的人都可以向仓储保管人要求给付仓储物。因此从性质上而言，仓单是一种有价证券，它代表着和仓储物等价值的财产权利。

二、仓单的形式和内容

（一）仓单的形式

仓单由仓储保管人提供。仓单为一式两联，第一联为仓单，在签发后交给存货人；第二联为存根，由仓储保管人保存，以便核对仓单。

（二）仓单的内容

根据我国《合同法》的相关规定，仓储保管人制作仓单应分为两个部分：首先，由仓储保管人记载有关事项；然后，由仓储保管人在已经载明权利义务的仓单上签字或盖章。其内容具体包括：存货人的名称和住所，仓储物的品种、数量、质量、包装、件数和标记，仓储物的耗损标准，储存场所，储存期间，仓储费用，保险事项记载，填发人、填发地和填发日期。

一份有效的仓单可以包含以上所有内容和其仓储保管人认为必要的内容，也可以是默认的一些内容。只要仓单内容能充分表达出仓储物的所有权、保管人的责任、仓单持有人提取仓储物的权利，此仓单就应该有效。反之，缺乏保管人、存货人、仓储物、保管人签字或盖章等事项的显然是无效的。

三、仓单业务

（一）仓单的签收

当存货人将仓储物交给仓储保管人时，仓储保管人应对仓储物进行验收，确认仓储物的状态，在全部仓储物入库后，填制签发仓单。仓储保管人在填制仓单时，必须将所有接收的仓储物的实际情况如实记录在仓单上，特别是对仓储物的不良状态更是要准确描述，以便到期时能按仓单的记载交还仓储物。仓单经仓储保管人签署后才能生效。《合同法》规定，仓储保管人只签发一式两份仓单：一份为正式仓单，交给存货人；另一份为存根，由仓储保管人保管。仓单副本则根据业务需要复制相应份数，但须注明为“副本”。

（二）仓单的分割

存货人将一批仓储物交给仓储保管人时，因为转让的需要，要求仓储保管人签发分为几份的仓单，或者仓单持有人要求保管人将原先的一份分拆成多份仓单，以便向不同人转让，这种类型的业务被称为仓单的分割。分割后的各份仓单所载的仓储物总和数应与仓储物实际总数相同。如果仓储保管人对已经签发的仓单进行了分割，必须将原仓单收回。

（三）仓单的转让

仓单持有人需要转让仓储物时，可以采用背书转让的方式进行。仓单转让生效的条件为：背书完整，且经过保管人签字或盖章。背书转让的出让人为背书人，受让人为被背书人。背书的格式为：

兹将本仓单转让给×××（被背书人的完整名称）
×××（背书人的完整名称）
背书经办人签名、日期

仓单可以进行多次背书转让，第一次背书的存货人为第一背书人。在第二次转让时，第一次被背书人就成为第二背书人，因而背书过程是衔接的完整过程，任何参与该仓单转让的人都在仓单的背书过程中记载。值得注意的是，如果仓单中明确记载了不得背书的，则仓单即使做了背书，也不能发生转让提取仓储物权利的效力。

（四）凭单提货

在仓储期满或经仓储保管人同意的提货时间，仓单持有人向仓储保管人提交仓单并出示身份证明，经保管人核对无误后，仓储保管人给予办理提货手续。具体过程如图2－1所示。

（五）仓单灭失的提货

原则上提货人不能提交仓单，仓储保管人不能交付货物，无论对方是合同订立人还是其

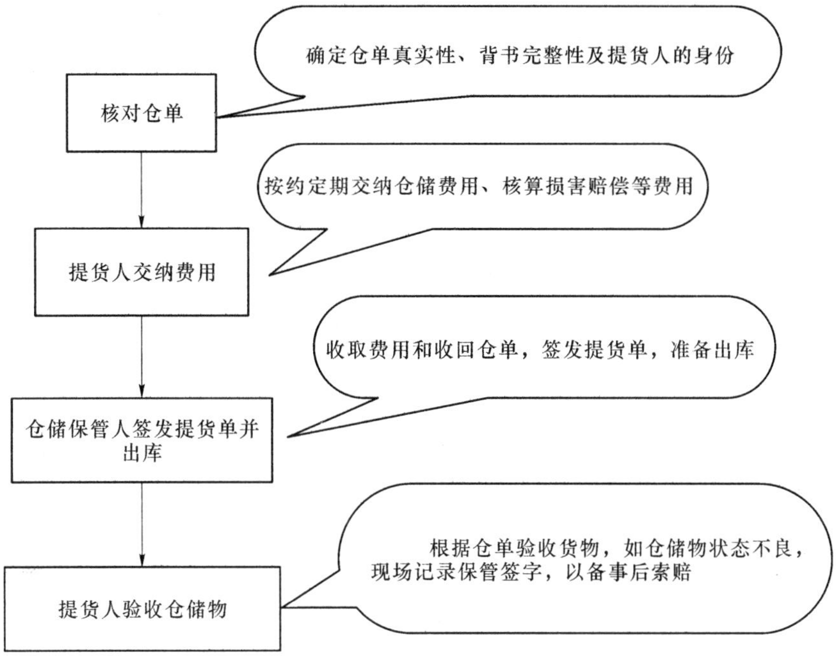

图2－1　凭单提货过程

他人。因为仓储保管人签发出仓单就意味着承认只能对仓单承担交货的责任，不能向仓单持有人交付存储物后出问题就需要给予赔偿。在实际业务操作过程中会出现仓单因故损毁和灭失，无单提货的情况。仓单灭失的提货方法一般有两种：

（1）通过人民法院的公示催告使仓单失效。当60天公示期满无人争议，法院可以判决仓单无效，申请人可以向仓储保管人要求提取仓储物。

（2）提供担保提货。提货人向仓储保管人提供仓储物的担保后提货，由仓储保管人掌握担保财产，将来另有人出示仓单而不能交货时，仓储保管人使用担保财产进行赔偿。该担保在可能存在的仓单的失效后，方可解除担保。

小知识

仓单质押融资

仓单质押是以仓单为标的物而成立的一种质权。仓单质押作为一种新型的服务项目，为仓储企业拓展服务项目、开展多种经营提供了广阔的舞台。标准仓单质押贷款是指借款人以其自有的、经期货交易所注册的标准仓单为质押物，向商业银行申请正常生产经营周转的短期流动资金贷款业务。

目前，国内期货交易所普遍开展了标准仓单质押业务，规定持有标准仓单的会员或交易所认可的第三人可办理仓单质押。仓单质押既能有效解决仓库存货客户资金紧缺、保证银行放贷安全，又能拓展仓库企业服务功能，增加货源，可以实现一举三得的效果。

质押仓单的货物必须要具备以下条件：

（1）所有权明确，不存在与他人在所有权上的纠纷；

（2）无形损耗小，不易变质，易于长期保管；

(3) 市场价格稳定，波动小，不易过时，市场前景较好；

(4) 适应用途广泛，易变现；

(5) 规格明确，便于计量；

(6) 产品合格并符合国家有关标准，不存在质量问题。

基于以上条件，适合仓单质押的货物有钢材、有色金属、黑色金属、建材、石油化工产品等大宗货物。

复习思考题

1. 什么是仓储商务管理？
2. 仓储商务的内容是什么？
3. 什么是仓储合同？有哪些特征？
4. 仓储合同如何变更解除？
5. 存货人和保管人有哪些权利和义务？
6. 什么是仓单？
7. 仓单的内容是什么？
8. 假如让你签订一份仓储合同，你觉得应该注意些什么？

项 目 实 训

一、实训题目

模拟订立仓储合同

二、实训目的

通过仓储合同的模拟订立，使学生熟悉订立合同的各项条款，并对各项条款的具体内容能够清晰把握、灵活处理，解决单纯的理论学习所带来的眼高手低的现象；最终达到能够订立简单仓储合同的目的。

三、实训基本要求

要求同学们实训课前做好各项合同内容的理论复习，实训过程中遵守实训要求，按老师指定的步骤进行，发现问题要及时修改，以在实训中不断地完善合同知识，达到实训的目的。

四、实训内容

首先，熟悉需要订立合同的模拟企业的具体情况和业务情况；

其次，参考合同案例，两名同学一组，模拟协商事宜，订下仓储合同；

再次，由老师出任法官，对合同争议事项进行处理，目的在于寻找订立合同内容是否合理，语言是否严密，是否能充分地保护双方当事人的权利；

最后，由双方学生不断修改合同，最后形成定稿，作为实训成果。

五、实训报告的完成

以实训中仓储合同作为实训报告成果。

六、实训思考题

1. 合同双方当事人的权利和义务有哪些？
2. 合同成立的条件是什么？
3. 合同中违约责任有哪些承担方式？

项目三
仓储作业流程

知识目标：

掌握仓储作业管理的作业流程
掌握仓储入库作业、存储作业和出库作业的基本作业环节
掌握仓储入库作业、存储作业和出库作业的作业要求
掌握仓储入库作业、存储作业和出库作业的操作方法
了解商品保管的意义，商品养护的目的与任务

技能目标：

能够对入库商品进行简单编码、对库区及储位进行划分
熟练运用盘点技术方法
掌握库存商品的养护方法

任务一　入 库 业 务

任务导入：

仓储作业管理是指以存储、保管活动为中心，从仓库接收商品入库开始，到按需要把商品全部完好地发送出去的全过程。

仓储作业过程主要由入库作业、在库作业及出库作业组成。按其作业顺序可详细分为：接车、卸车、理货、检验、入库、储存、保管保养、装卸搬运、加工、包装和发运等作业环节。

知识解析：

一、进货作业流程与组织

（一）进货作业流程

所谓进货作业，是指从商品接运开始，把货物卸下、开箱理货，检查商品数量、质量，

之后将有关进货信息进行数据处理等作业。

1. 进货的计划分析

进货计划制订的基础及依据是采购计划、进货因素及配合存储作业。

进货因素包括：进货对象及供应商的数量；商品种类及数量；进货车种及车辆台数；每车卸货和进货的时间；进货所需人员数；商品的形状和特征等。

配合存储作业是做好进货作业与存储作业之间的衔接，包括入库物品的储位指派、存储物品的形式（托盘、箱等）及存货量的计算等。根据预计到货的商品特性、体积、数量和到货时间等信息，确定好商品存储位置，合理安排人力及设备器材的准备工作。

进货计划的制定必须依据订单所反映的信息，掌握商品到达的时间、品类、数量及具体的到货方式，尽可能准确地预测出到货时间，以尽早做出卸货、储位、人力、物力等方面的计划和准备。

2. 商品接运与卸货

到达仓库的商品有一部分是由供应商直接运到仓库交货，其他商品则要经过铁路、公路、航运和空运等运输工具转运。凡经过交通运输部门转运的商品，均需经过仓库接运后才能进行入库验收。商品接运是商品进货作业的第一道作业环节，也是商品仓库直接与外部发生的经济联系。主要任务是及时而准确地向交通运输部门提取入库商品，要求手续清楚，责任分明，避免将一些在运输过程中或运输前就已经损坏的商品带入仓库，为仓库验收工作创造有利条件。

接运方式大致有以下四种：车站、码头提货；专用线接车；仓库自行接货及库内接货。

根据到达商品的数量、理化性质及包装单位，合理安排好人力及装卸搬运设备，并安排好卸货站台空间。

3. 分类及标示

为保证仓库的物流作业准确而迅速进行，在进货作业中必须对商品进行清楚有效地分类及编号。可以按商品的性质、存储地点、仓库分区情况对商品进行分类和编号。

4. 核查进货信息

到货商品通常具备下列单据或相关信息：采购订单、采购进货通知单，供应商开具的出仓单、发票及发货明细表等。有些商品还随货附有商品质量书、材质证明书、合格证、装箱单等。对由承运企业转运的货物，接运时还需审核运单，核对货物与单据反映的信息是否相符。若有差错应填写记录，由送货人员或承运人签字证明，以便明确责任。

5. 商品验收

商品验收是按验收业务流程，核对凭证等规定的程序和手续，对入库商品进行数量和质量检验的经济技术活动的总称。对到库商品进行理货、分类后，根据有关单据和进货信息等凭证清点到货数量，确保入库商品数量准确，同时，通过目测或借助检验仪器对商品质量和包装情况进行检查，并填写验收单据和其他验收凭证等验收记录。对查出的问题及时进行处理，以保证入库商品在数量及质量等方面的准确性，避免给企业造成损失。

6. 进货信息处理

按照进货作业流程，商品验收完毕后，即可通过搬运码放过程进入指定储位存储，进入存储作业。在此过程中，必须做好进货过程中相关信息的处理，进货作业信息是指示后续作业的基础，因此，掌握并处理好进货信息非常重要。首先须将所有进货入库单据进行归纳整理，详细记录验收情况，登记入库商品的存储位置。然后依据验收记录和到货信息，对库存商品保管账务进行处理，商品验收入库，库存账面数量与库存实物数量同时增加。

（二）进货作业组织

为安全有效地卸货和仓库能按期且准确地组织商品入库，在规划进货作业时必须遵循以下作业原则：

（1）在组织和安排进货作业时，要考虑现有的人力资源以及人力资源的合理利用。对于供应商能够直接送货入库的，应要求对方自行卸货，以减少仓库作业人员，并保证卸货作业能正常进行。

（2）充分考虑进货作业和存储作业等其他作业的有效衔接，仓库出货、存储一般有托盘、箱、小包及单件四种包装方式。进货也有这四种包装方式，因此在进货作业时，必须通过拆箱、重新包装等方式将进货包装单位转换成适合存储包装单位。

（3）为节省空间，力求在一个工作站进行多品种卸货作业及将各项作业集中在同一工作场所进行。即将卸货、分类、标记、验货等作业环节集中在一个场所完成，这样既可以减少空间的占用，也可以节省商品装卸搬运次数，降低作业成本，提高作业效率。

（4）把码头月台到储区的活动尽量设计为直线流动，并使距离最小。

（5）尽量使用可流通的容器，节省更换容器的时间，同时也有利于配合装卸搬运设备的使用。

（6）根据到货车辆的分布特征，合理调度，平衡停泊码头的到货车辆，保证在高峰时段能维持正常速度的流通。

（7）详细记录进货资料，以便后续存取及信息查询的需要。

二、商品的编码与分类

（一）商品编码

商品编码是将商品按其分类内容进行有序编排，并用简明文字、符号或数字来代替商品的“名称”“类别”。通过对商品的编码可以应用计算机进行高效率管理并可实现整个仓储作业的标准化管理。

1. 商品的代码结构

商品代码通常应用阿拉伯数字、字母或便于记忆和处理的符号形成一个或一组字符串，其基本结构包括：

（1）代码长度：一个代码中所包含的有效字符的个数。

（2）代码顺序：代码字符排列的逻辑顺序。

（3）代码基数：编制代码时所选用的代码字符数，如阿拉伯数字代码的字符为0～9，基数为10。

2. 商品编码原则

（1）唯一性：虽然被编码的商品可以有很多不同的名称，也可以按不同的方式对其进行描述，但在一个分类编码标准体系中，每个编码对象只有一个代码，即一个代码只代表一个商品。

（2）简易性：代码结构应尽量简单，以便于记忆，同时减少代码处理中的差错，提高信息处理效率。

（3）扩充弹性：为将来可能增加的商品留有扩充编号的余地。

（4）充足性：所采用的文字、记号或数字应足够用来编号。

（5）安全性：编码应具有安全特性，防止公司机密外泄。

（6）一贯性：每一种商品都有一种代码来表示，而且必须统一，具有连贯性。

（7）计算机的易处理性：便于计算机处理是商品编码的重要原则，只有通过计算机进行处理，才能真正提高商品信息传递与处理的正确性，提高商品仓储作业流程的效率。

3. 商品编码方法

商品编码的方法很多，常见的是无含义编码和有含义编码。无含义编码通常可以采用流水顺序码来编排；有含义编码是在对商品进行分类的基础上，采用序列顺序码、层次码等编排。在仓库管理中可以采用以下六种编码方法进行编排。

（1）流水编码方法。又称顺序码或延伸式编码。编码方法是将阿拉伯数字或英文字母按顺序往下编排。流水编码的优点是代码简单，使用方便，易于延伸，对编码对象的顺序无任何特殊规定和要求。缺点是代码本身不会给出任何有关商品的其他信息。流水编码多用于账号或发票编号。

例如：

编号	商品名称
1	香皂
2	肥皂
3	洗涤剂
⋮	⋮
N	洗衣粉

（2）分组编号法。这种编号方法是按商品特性分成多个数字组，每个数组代表商品的一种特性。例如，第一组代表商品类别，第二组代表商品形状，第三组代表商品的供应商，第四组代表商品的尺寸。分组编码方法代码结构简单，容量大，便于计算机管理，在仓库管理中使用较广。

例如：075006110可以描述为：

类别	形状	供应商	尺寸
07	5	006	110

其含义见表 3－1。

表 3－1　分组编号法

商品	类别	形状	供应商	尺寸大小	意义
编码 075006110	07				饮料
		5			圆瓶
			006		统一
				110	100×200×400

（3）数字分段法。把数字分段，每一段代表共同特性的一类商品。

例如：编号	商品名称	
1	6 只牙膏	4～5 为牙膏组预留号
2	12 只牙膏	
3	24 只牙膏	
4		
5		
6	黑妹牙膏	8～12 为牙膏预留号
7	中华牙膏	
8		
9		
⋮		
12		

（4）后数位编码法。利用编号末尾数字，对同类商品进一步分类编码，见表 3－2。

表 3－2　后数位编码法

编码	商品类别
380	服饰
390	女装
391	上衣
391.1	衬衫
391.11	白色

（5）实际意义编码法。根据商品的名称、重量、尺寸、分区、储位、保存期限等实际情况来对商品进行编码。应用实际意义进行编码的特点是通过商品编号能够迅速了解商品的内容及相关信息。

例如：F04915B1，其实际意义见表 3－3。

表3－3　实际意义编码法

编码		含义
F04915B1	F0	表示 F00D，食品类
	4915	表示 4×9×15，尺寸大小
	B	表示 B 区，商品存储区号
	1	表示第一排货架

（6）暗示编码法。用数字与文字组合编码，编码暗示商品的内容和有关信息。暗示编码法容易记忆，又可防止商品信息外泄。

例如：BY005WB10，其暗示意义见表3－4。

表3－4　暗示编码法

属性	商品名称	尺寸	颜色与形式	供应商
编码	BY	005	WB	10
含义	表示自行车（Bicycle）	表示大小型号为5号	表示白色（White） 表示小孩型（Boy's）	表示供应商的代号

（二）商品分类

商品的分类是将多品种商品按其性质或其他条件分别归入不同类别，进行有系统的排列，以提高仓储作业效率。

1. 商品分类原则

（1）分类形式应满足企业本身需要，选择适用且统一的分类标准，标准一旦确定，不可随意变更。

（2）系统地展开，逐渐细分，层次分明。

（3）分类具有排他性。

（4）分类应具有完全性，应覆盖所有商品。

（5）分类伸缩性，以适应商品的增加。

2. 商品分类方法

（1）按商品特性分类：特性不同商品所需要的保管条件差异很大，如有些商品挥发，有些商品吸附，有些商品需要温湿度控制。因此，为适应商品保管的需要，可以选择按商品特性进行分类。

（2）按商品使用目的、方法和程序进行分类：如需要进行流通加工的商品，可以按加工方法的不同进行分类。

（3）为账务处理方便，可按会计科目进行分类。

（4）按交易行业进行分类。

（5）按商品形状分类：商品的内容、形状、尺寸、颜色和重量等。

（6）按照运输要求分类：可按运输方式，如按公路、铁路、航空划分；在发运量大的仓库中，也可以按收货地或到货站分类。

三、商品验收入库

（一）商品验收作用

所有到库商品，必须在入库前进行验收，只有验收合格后才算正式入库。这种必要性体现在两个方面：一方面是各种到库商品来源复杂，渠道繁多，从结束其生产过程到入库前，经过一系列储运环节，受到储运质量和其他各种外界因素的影响，质量和数量可能发生某种程度的变化；另一方面是各类商品尽管在出厂前进行了检验，但有时也会出现错检或漏检的情况，使一些不合格商品按合格商品交货。

商品验收的作用，主要表现在以下两个方面。

1. 商品验收有利于维护企业的自身利益

商品验收过程中，若发现商品数量不足、规格不符和质量不合格时，检验人员作出详细的验收记录，由企业业务主管部门向供货企业提出退货、换货或向承运单位提出索赔要求。如果商品入库没有进行严格的验收检查，在保管过程中或发货过程中发现商品存在问题，就会出现责任不清的情况，给企业造成不必要的经济损失。因此，在验收过程中必须严格检验，分清责任，使符合采购合同，符合企业需要的商品入库，维护企业的经济利益。

2. 验收是做好商品保管保养的基础

商品的验收工作是做好商品保管保养和使用的基础。到库商品经过了一系列的储运环节，商品外包装会出现损坏、散失的情况，没有外包装的商品更容易发生变化。这些情况的出现都将影响到商品的保管及保养。只有在商品入库时进行验收检查，判明商品的实际状况，才能针对商品的实际情况，采取相应的措施对商品进行保管及保养。

总之，商品验收工作是一项技术要求高、组织严密的工作，验收工作好坏关系到仓储业务能否顺利进行。因此，仓储企业要设置权责清晰的商品验收部门，明确检验人员的责任，使验收工作能够做到及时、准确、严格和经济。

（二）商品验收作业流程及其内容

商品验收包括验收准备、核对凭证和实物检验三个作业环节。

1. 验收准备

仓库接到到货通知后，应根据到货商品的特性做好验收前的准备工作，验收准备是做好整个验收工作的前提。

（1）人员准备：安排好负责验收工作的检验人员，对于技术特性复杂的商品，要及时和用货单位的专业技术人员进行有效沟通。

（2）文件准备：准备好待验商品的有关文件，如技术标准、订购合同等。

（3）器具准备：准备好验收用的检验工具，如衡器、量具等，并校验正确。

（4）防护准备：对有些特殊商品的验收，如毒害品、腐蚀品、放射品等的检验，需要相应的防护用品准备。

2. 核对凭证

入库商品必须具备以下凭证：

（1）入库通知单和订货合同副本，这是仓库接收商品的凭证。

（2）供货单位提供的材质证明书、装箱单、磅码单、发货明细表等。

（3）商品承运单位提供的运单，若商品在入库前发现残损情况，还要有承运单位提供的货运记录，作为向责任方交涉的依据。

核对凭证就是将上述凭证加以整理全面核对。入库通知单、订货合同要与供货单位提供的所有凭证逐一核对，相符后，才可以进行实物检验。

3. 实物检验

所谓实物检验就是根据入库单等相关凭证对商品进行数量和质量的检验。

（1）确定抽检比例。

在业务量比较大的仓储企业，到库商品通常是整批、连续到货，而且品种、规格复杂，在有限的时间内不可能逐件查看，这就需要确定一个合理的抽查比例。验收抽查比例的大小，一般根据商品的特性、价值的大小、品牌信誉、物流环境等因素而定。

（2）数量检验。

数量检验是保证入库商品数量准确的重要步骤，依据入库单等有关凭证，按商品的品名、规格、等级、产地等进行核对，以确保入库商品数量准确无误。数量检验可分为三种形式。

① 计件。计件是按件数供货或以件数为计量单位的商品，做数量验收时的件数清点。一般情况下，计件商品应全部逐一点清。实际应用时可采用标记计件、分批清点和定额装载三种方法。标记计件是在清点大批量商品入库时，每一定件商品作一标记，待全部清点完毕，再按标记计算总的数量；分批清点是对包装规则、批量不大的商品入库时，将商品按行、列或层堆码，每行、列或层堆码的件数相同，清点完毕后，再统一计数；定额装载的方法主要用来清点包装规则、批量大的商品，可以用托盘、平板车等装载工具实行定额装载，最后计算入库商品的件数。

② 检斤。检斤是按重量供货或以重量为计量单位的商品，做数量验收时的称重。金属材料、某些化工产品多半是检斤验收。

③ 检尺求积。检尺求积是对以平方或体积为计量单位的商品，先检尺后求积所做的数量验收。如对木材、竹子、玻璃等验收，需要进行检尺计算求出平方或体积。

（3）质量检验。

质量检验包括外观检验、尺寸检验、理化检验三种形式。仓库一般只做外观检验和尺寸检验，理化检验则由仓库检验技术人员取样，委托专门检验机构或用货方技术人员进行检验。

① 商品外观检验。商品外观检验又称感官检验，检验人员利用感觉器官，如视觉、听

觉、触觉、嗅觉等感觉器官，检验商品的外包装；检查商品包装的牢固程度；检查商品有无损伤；检查商品是否被雨、雪、油污等污染，有无潮湿、霉腐、生虫等现象。商品的外观检验简便易行，大大简化了仓库的质量验收工作，节省了大量的人力、物力和时间，广泛应用于检验商品的外观和表面特征。但外观检验易受检验人员的经验、检验环境、甚至生理状态等因素的影响，主观性太强，且无统一的检验标准，须引起重视。

② 商品的尺寸检验。对于需要进行尺寸检验的商品，如金属材料中型材的直径和圆度、管材的壁厚和内径、部分机电产品等的检验，需要仓库的检验技术人员进行尺寸检验。由于尺寸检验是一项技术性强且费时的工作，实际工作中可根据商品价值的大小、供应商的信誉等进行抽检。

③ 理化检验。又称仪器检验，是借助各种试剂、仪器和设备对商品的内在质量和物理、化学性质所进行的检验。对商品内在质量的检验要求一定的技术知识和检验手段，所以一般由专门的技术检验部门实行。

小知识

数量检验的范围

不带包装（散装）货物的检斤率为100%，不清点件数；有包装的毛检斤率为100%，回皮率为5%～10%，清点件数为100%。

定尺钢材检尺率为10%～20%；非定尺钢材检尺率为100%。

贵重金属材料100%过净重。

有标量或者标准定量的化工产品，按标量计算，核定总重量。

同一包装、规格整齐、大批量的货物，包装严密、符合国家标准且有合格证的货物采取抽查的方式验量，抽查率为10%～20%。

质量检验的范围

带包装的金属材料，抽验5%～10%；无包装的金属材料全部目测查验。

入库量10台以内的机电设备，验收率为100%；100台以内，验收不少于10%；运输、起重设备100%查验。

仪器仪表外观质量缺陷查验率为100%。

易于发霉、变质、受潮、变色、污染、虫蛀、机械性损伤的货物，查验率为5%～10%。

外包装质量缺陷检验率为100%。

对于供货稳定，信誉、质量较好的厂家产品，特大批量货物可以采用抽查方式检验质量，进口货物原则上100%逐件检验。

（三）商品验收中问题的处理

仓库到货商品来源复杂，涉及商品生产、采购、运输等多个作业环节，不可避免地会出现诸如证件不齐、数量短缺、质量不符合要求等问题。因此，要求在进货验收过程中，要认真细致，区别不同的情况，及时进行处理。

1. 质量检验问题的处理

验收过程中，凡发现质量不符合验收规定的情况，应及时向供货单位办理退货、换货交涉，或征得供货单位同意代为修理，或在不影响使用前提下降价处理。商品规格不符或错发时，应先将规格对的予以入库，规格不对的商品做好验收记录交给相应部门办理换货手续。

2. 数量检验问题的处理

数量短缺或溢余在规定范围内的，可按原数入账。凡超过规定范围的，应查对核实，做成验收记录和磅码单交主管部门并向供货单位办理交涉。对于数量溢余较大的情况，可选择商品退回或补发货款的方式解决；对于数量短缺较大的情况，可选择按实数签收并及时通知供应商。

3. 验收凭证问题的处理

验收凭证问题主要是指验收需要的证件未到或证件不齐全。验收过程中出现此类问题时，要及时向供应商索取，到库商品应作为待检验品堆放在待验区，待证件到齐后再进行验收，证件未到或不齐全不得验收。

4. 证物不符问题的处理

验收过程中发现验收单证与实物不符的情况时，应把到库商品放置于待检区，并及时与供应商进行交涉，可以采取拒绝收货、改单签收或退单、退货的方式解决。

此外，在对验收过程中发现问题进行处理时应做到：

① 在商品入库凭证未到或未齐之前不得正式验收。

② 发现商品数量或质量不符合规定，要会同有关人员当场作出详细记录，交接双方在记录上签字。

③ 在数量验收中，计件商品应及时验收，发现问题要按规定的手续，在规定的期限内向有关部门提出索赔要求。

任务二　在库业务

任务导入：

商品经过入库作业后即进入在库作业环节，在库作业的主要任务是妥善保存商品，合理利用仓储空间，有效利用劳力和设备，安全和经济地搬运商品，对存货进行科学管理。

知识解析：

一、储位管理技术

（一）储位管理目标与原则

1. 储位管理目标

（1）充分有效地利用空间；

（2）尽可能提高人力资源及设备的利用率；

（3）有效地保护好商品的质量和数量；

（4）维护良好的储存环境；

（5）使所有在储货物处于随存随取状态。

2. 储位管理的基本原则

（1）储位明确化：在仓库中所储存的商品应有明确的存放位置。

（2）存放商品合理化：每一商品的存放是遵循一定的规则精细指定的。

（3）储位上商品存放状况明确化：当商品存放于储位后，商品的数量、品种、位置、拣取等变化情况都必须正确记录，仓库管理系统对商品的存放情况明确清晰。

（二）储位管理要素

储位管理的基本要素主要包括储存空间的管理、商品的管理、人员的管理三个方面。

1. 储存空间

不同功能的仓库，对储存空间的重视程度不同，考虑的重点也不一样。对于侧重商品保管功能为主的仓库，主要考虑保管空间的储位分配，对于侧重流通转运为主的仓库，则主要考虑保管空间的储位如何能够提高拣货和出货的效率。在储位配制规划时，需先确定储位空间，而储位空间的确定必须综合考虑空间大小、珩柱排列、有效储存高度、通道、搬运机械的回旋半径等基本因素。

2. 商品

处于保管中的商品，由于不同的作业需求使其经常以不同的包装形态出现，包装单位不同，其设备和存放方式也不一样。此外对商品保管的影响因素还有：

（1）供应商。商品由谁以什么方式供应，有无行业特点。

（2）商品特性。商品的品种、规格、体积、重量、包装、周转速度、季节分布、理化性能等因素。

（3）商品的进货时间及数量。商品采购时间，进货到达时间，商品的产量、进货量、库存量等。

3. 人员

人员包括保管、搬运、拣货作业人员等。在储存管理中由保管人员负责商品管理及盘点作业；拣货人员负责拣货、补货作业；搬运人员负责入库、出库、翻堆作业。

储位管理的相关因素包括以下几个方面。

（1）设备。储位管理中的设备主要包括储存设备、搬运与运输设备两大类。设备的选用必须综合考虑商品特性、辅助工具、作业方式、设备成本等基本条件，例如，自动立体仓库的选用、高层货架、重力式货架的选用。此外，还必须注意其配套设施，例如，电子辅助标签、无线传输设备及相关软件的配置等。

（2）辅助物品。辅助物品主要包括包装材料与容器、转运托盘等。打贴标签、重新包装、组合包装等流通加工项目越多，对相应包装材料的需求就会增加。另外就是托盘、容器等运载工具的管理，随着流通设施通用性的增强，物流过程对托盘等运载工具的依赖性也就越强，因此，其管理也变得更加重要。其次是废旧包装物的回收利用，如果不统一进行管理将会影响到其他作业的顺利进行。对这些辅助物品的管理可以规划一些特定的储位，按照类似商品保管的要求来管理。

（三）储位规划

在存储作业中，为有效对商品进行科学管理，必须根据仓库、存储商品的具体情况，实行仓库分区、商品分类和定位保管。仓库分区就是根据库房、货场条件将仓库分为若干区域；分类就是根据商品的不同属性将存储商品划分为若干大类；定位就是在分区、分类的基础上固定每种商品在仓库中具体存放的位置。

1. 仓库分区

仓库分区是根据仓库建筑形式、面积大小、库房、货场和库内道路的分布情况，并结合考虑商品分类情况和各类商品的储存量，将仓库划分为若干区域，确定每类商品储存的区域。库区的划分一般在库房、货场的基础上进行，多层库房分区时也可按照楼层划分货区。

2. 储位确定

在进行储区规划时应充分考虑商品的特性、轻重、形状及周转率的情况，根据一定的分配原则确定商品在仓库中具体存放的位置。

（1）根据商品周转率确定储位。计算商品的周转率，将库存商品周转率进行排序，然后将排序结果分段或分列。将周转率大、出入库频繁的商品储存在接近出入口或专用线的位置，以加快作业速度和缩短搬运距离。周转率小的商品存放在远离出入口处，在同一段或同列内的商品则可以按照定位或分类储存法存放。

（2）根据商品相关性确定储位。有些库存的商品具有很强的相关性，相关性大的商品，通常被同时采购入库或同时出仓，对于这类商品应尽可能规划在同一储区或相近储区内，以缩短搬运路径和拣货时间。

（3）根据商品特性确定储位。为了避免商品在储存过程中相互影响，性质相同或所要求保管条件相近的商品应集中存放，并相应安排在条件适宜的库房或货场。即将同一种货物存在同一保管位置，产品性能类似或互补的商品放在相邻位置。将相容性低，特别是互相影响质量的商品分开存放。这样既提高作业效率，又能防止商品在保管期间受到损失。

（4）根据商品体积、重量特性确定储位。在仓库布局时，必须同时考虑商品体积、形状、重量单位的大小，以确定商品所需堆码的空间。通常，重而大的物品保管在地面上或货架上的下层位置。为了适应货架的安全并方便人工搬运，人的腰部以下的高度通常宜储放重物或大型商品。

（5）根据商品先进先出的原则确定储位。先进先出即指先入库的商品先安排出库，这一原则对于寿命周期短的商品尤其重要，如食品、化学品等。在运用这一原则时，必须注意在产品形式变化少，产品寿命周期长、质量稳定不易变质等情况下，要综合考虑先进先出所引起的管理费用的增加，而对于食品、化学品等易变质的商品，应考虑的原则是“先到期的先出货”。

除上述原则外，为了提高储存空间的利用率，还必须利用合适的积层架、托盘等工具，使商品储放向空间发展。

3. 储位编号

在根据一定的规则完成储位规划以后，接下来的任务就是对储位进行编号。储位编号就是对商品存放场所按照位置的排列，采用统一标记编上顺序号码，并作出明显标志。

（1）储位编号作用。科学合理的储位编号在整个仓储管理中具有重要的作用，在商品保管过程中，根据储位编号可以对库存商品进行科学合理的养护，有利于对商品采取相应的保管措施；在商品收发作业过程中，按照储位编号可以迅速、准确、方便地进行查找，不但提高了作业效率，而且减少差错。

（2）储位编号的方法。储位编号应按一定的规则和方法进行。首先确定编号的先后顺序规则，规定好库区、编排方向及顺序排列。其次是采用统一的方法进行编排，要求在编排过程中所用的代号、连接符号必须一致，每种代号的先后顺序必须固定，每一个代号必须代表特定的位置。

① 区段式编号（表 3－5）。把储存区分成几个区段，再对每个区段编号。这种方式是以区段为单位，每个号码代表的储区较大，区段式编号适用于单位化商品和大量商品而保管期短的商品。区域大小根据物流量大小而定。

表 3－5 储区的区段式编号

A_1	A_2	A_3	A_4
通道			
B_1	B_2	B_3	B_4

② 品项群式。把一些相关性强的商品经过集合后，分成几个品项群，再对每个品项群进行编号。这种方式适用于容易按商品群保管和品牌差异大的商品，如服饰群、五金群等。

③ 地址式。利用保管区仓库、区段、排、行、层、格等，进行编码。如在货架存放的仓库，可采用四组数字来表示商品存在的位置，四组数字代表库房的编号、货架的编号、货架层数的编号和每一层中各格的编号。对于如 1－11－1－3 的编号，可以知道编号的含义是：1 号库房，第 11 个货架，第 1 层中的第 3 格，根据储位编号就可以迅速地确定某种商品具体存放的位置。此外，为了方便管理，储位编号和储位规划可以绘制成平面布置图，这样不但可以全面反映库房和货场的商品储存分布情况，而且也可以及时掌握商品储存动态，便于仓库结合实际情况调整安排。

（四）商品储存方法

1. 定位储存

定位储存是指每一项商品都有固定的储位，商品在储存时不可互相窜位，在采用这一储存方法时，必须注意每一项货物的储位容量必须大于其可能的最大在库量。定位储存通常适应以下一些情况：不同物理、化学性质的货物须控制不同的保管储存条件，或防止不同性质的货物互相影响；重要物品须重点保管；多品种少批量货物的存储。

采用定位储存方式易于对在库商品管理，提高作业效率，减少搬运次数。但需要较多的储存空间。

2. 随机储存

随机储存是根据库存货物及储位使用情况，随机安排和使用储位，各种商品的储位是随机产生的。通过模拟实验，随机储存系统比定位储存节约35%的移动库存时间及增加30%的储存空间。随机储存适用于储存空间有限以及商品品种少而体积较大的情况。

随机储存的优点是由于共同使用储位，提高储区空间的利用率。

随机储存的缺点：

（1）增加货物出入库管理及盘点工作的难度；

（2）周转率高的货物可能被储放在离出入口较远的位置，可能增加出入库搬运的工作量；

（3）有些可能发生物理、化学影响的货物相临存放，可能造成货物的损坏或发生危险。

3. 分类储存

分类储存是指所有货物按一定特性加以分类，每一类货物固定其储存位置，同类货物不同品种又按一定的法则来安排储位。

分类储存通常按以下几个因素分类：

（1）商品相关性大小：商品相关性是指商品的配套性或由同一家顾客所订购等；

（2）商品周转率高低；

（3）商品体积、重量；

（4）商品特性：商品特性通常指商品的物理或化学、力学性能。

分类储放主要用于以下情况：

（1）商品相关性大，进出货比较集中；

（2）货物周转率差别大；

（3）商品体积相差大。

分类储存的优点：

（1）便于按周转率高低来安排存取，具有定位储放的各项优点。

（2）分类后各储存区域再根据货物的特性选择储存方式，有助于货物的储存管理。

分类储存的缺点是储位必须按各类货物的最大在库量设计，因此储区空间平均的使用率仍然低于随机存储。

4. 分类随机储存

分类随机储存是指每一类商品有固定的存放储区，但各储区内，每个储位的指定是随机的。其优点是既具有分类储存的部分优点，又可节省储位数量，提高储区利用率。因此，可以兼有定位储存和随机储存的特点。分类随机储存的缺点是货物出入库管理特别是盘点工作较困难。

5. 共同储存

共同储存是指在确定知道各货物进出仓库时间的前提下，不同货物共用相同的储位，这种储存方式在管理上较复杂，但储存空间及搬运时间却更经济。

（五）储位指派方式

在完成储位确定、储位编号等工作之后，需要考虑用什么方法把商品指派到合适的储位上。指派的方法有人工指派法、计算机辅助指派法和计算机指派法三种。

1. 人工指派法

人工指派法是指商品的存放位置由人工进行指定，其优点是计算机等设备投入费用少。

缺点是指派效率低、出错率高。人工指派管理要点是：要求仓管人员必须熟记储位指派原则，并能灵活应用；仓储人员必须按指派单证把商品放在指定储位上，并做好详细记录；实施动态管理，当补货或拣货作业时，仓储人员必须做好登记消除工作，保证账物相符。

2. 计算机辅助指派法

计算机辅助指派法是利用图形监控系统，收集储位信息，并显示储位的使用情况，把这作为人工指派储位依据进行储位指派作业。采用此法需要投入计算机、扫描仪等硬件设备和储位管理软件系统支持。

3. 计算机指派法

计算机指派法是利用图形监控储位管理系统和各种现代化信息技术，如条形码自动阅读机、无线电通信设备、网络技术、计算机系统等，收集储位有关信息，通过计算机分析后直接完成储位指派工作。

二、储存场所的布置

储存场所的布置就是根据库区场地条件、仓库的业务性质和规模、商品储存要求以及技术设备的性能和使用特点等因素，对储存空间、作业区域、站台及通道进行合理安排和配置。

（一）储区空间的划分与定义

进行储存场所布置前，必须首先对储存空间正确划分，明确各自作业区域及作业内容。

1. 物流空间

物流空间是指在仓库物流作业中能够满足物流功能的空间。包括商品保管、装卸搬运等作业空间。

2. 保管空间

在物流空间中以保管为主的空间。包括物理空间、作业空间、潜在利用空间和无用空间。

（1）物理空间。商品实际占用的空间。

（2）作业空间。保管空间内各种作业能够正常进行所需要的空间。

（3）潜在利用空间。在保管空间中可以争取利用的空间，一般有10%～30%的潜在利用空间可以利用。

（4）无用空间。在保管空间中除了物理空间、作业空间和潜在利用空间之外的无用空间。在满足保管作业需要的前提下，无用空间尽可能小。

三、储区空间计算

（一）影响储区空间计算的主要因素

货物尺寸、数量；

托盘尺寸，货架空间；

使用的机械设备（形式、尺寸、回转半径）；
通道宽度、位置及需求空间；
行列空间（柱与柱的距离）；
建筑尺寸与形式；
进出货及搬运位置；
补货服务设施位置。

（二）存货空间需求

仓库存货所需占用空间的大小，必须依据货物尺寸及数量、堆码方式、托盘尺寸、货架储位空间等因素来确定。

1. 地面平置堆码

如果仓库货物多为大批量出货，采用借助托盘在地面上平置堆码的储存方式（图3－1），则计算存货空间需考虑货物尺寸及数量、托盘尺寸。

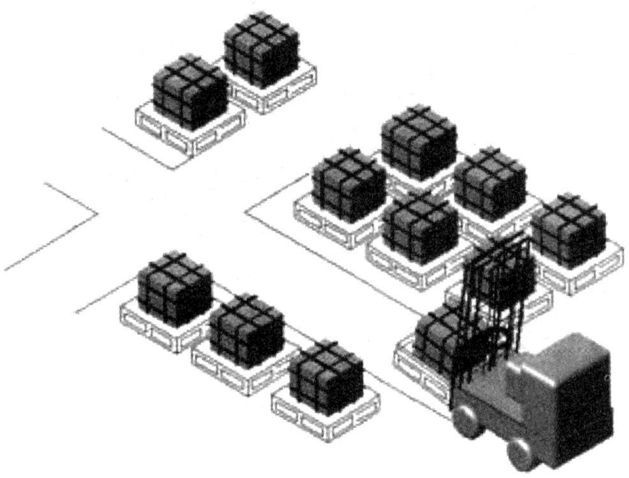

图3－1　托盘平置堆放示意图

设：托盘尺寸为 $A \times A$（m^2）；

则：由货物尺寸及托盘尺寸算出每托盘平均可堆码 N 箱货物，如果仓库平均存货量约为 Q，则存货空间需求 D 为

$$D = \frac{\text{平均存货量}}{\text{平均每托盘堆码货物箱数}} \times \text{托盘尺寸} = \frac{Q}{N}\ (A \times A)\ (m^2)$$

2. 使用托盘货架储放

如果仓库使用货架来储存货物，则计算存货空间需考虑货物尺寸、数量、托盘尺寸、货架形式及层数。图3－2为使用托盘货架或料箱堆放方式。

设：托盘尺寸为 $A \times A$（m^2），货架为 L 层；

则：配合货架负载能力及货物尺寸估计每托盘可堆码 N 箱货。如果仓库平均存货量约为 Q，则存货空间需求 D 为

$$D = (\text{平均存货量} \times \text{托盘尺寸}) / (\text{平均每托盘堆码箱数} \times \text{货架层数})$$

$$=\frac{Q}{L \times N}(A \times A)\ (m^2)$$

3. 使用中小型货架无托盘存放

如果库存货物尺寸不大，且属于少量多品种出货，则可以采用中小型货架，以箱为单位储存。此时需要考虑的因素有货物的尺寸及数量、货架形式及层数、货架储位空间大小。

设：选用货架高度为 n 层，而每一储位平面空间为 $a \times b\ (m^2)$；

则：配合货架负载能力及货物尺寸，估计每储位约可堆放 M 箱货物。如果仓库平均存货量约为 Q，则存货空间需求 D 为

D =（平均存货量 × 每储位尺寸）/（平均每储位堆放货物箱数 × 货架层数）

$$=\frac{Q}{n \times N}(a \times b)\ (m^2)$$

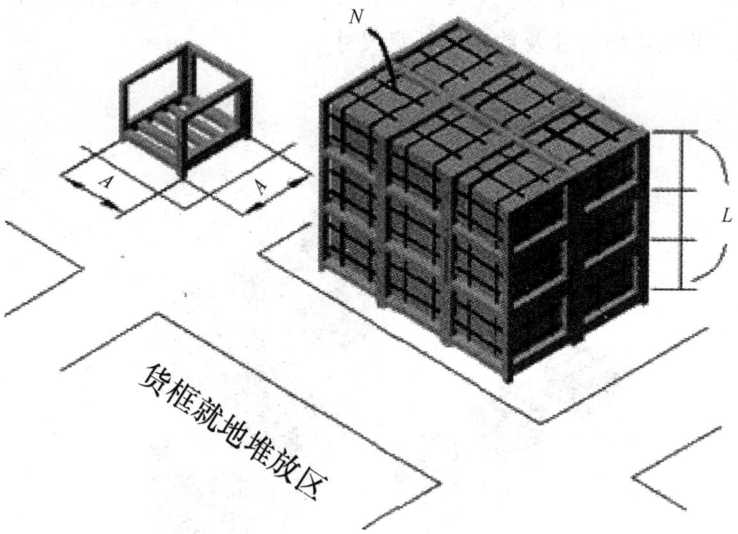

图 3－2　托盘或料箱堆放示意图

四、商品养护

商品经过一定的时间，则会发生质量变化，这种情况在运输和储存中都会出现。应在此过程中贯彻“以防为主、防重于治、防治结合”的方针，达到最大限度地保护商品质量、减少商品损失的目的。防是指不使商品发生质量上的降低和数量上的减损，治是指商品出现问题后采取救治的方法，防和治是商品养护不可缺少的两个方面。具体要做好以下几方面的工作。

（一）建立健全必要的规章制度

为做好商品的养护工作，应建立健全相应的规章制度。如岗位责任制，以便明确责任，更好地按照制度的要求，完成养护工作。

（二）加强商品的入库验收

商品入库验收时，一定要将商品的品种、规格和数量与货单核对是否相符；同时检查商品的包装是否完好，有无破损；检验商品温度与含水量是否符合入库要求；检验商品是否发生虫蛀、霉变、锈蚀、老化等质量变化。

（三）适当安排储存场所

应按照商品的不同特性，适当安排储存场所。易霉变及易生锈商品应储存在较干燥的库房；易挥发及易燃易爆商品应储存在低温干燥的地下或半地下库房；贵重商品要储存在楼上防潮条件优越的库房内，谈吐房要有空调与去湿机等设备。

（四）有效地苫垫堆码

据商品的性能、包装特点和气候条件做好苫垫堆码工作。应将商品的垛底垫高，有条件的可以用油毡纸或塑料薄膜垫隔潮层。堆放在露天货场的商品，货区四周应设有排水渠道，并将货物严密苫盖，防止积水与日晒雨淋。选择适当的堆码方式，如采用行列式、丁字形、井字形、围垛式等堆成通风垛，垛高一般不超过 12 层。

（五）加强仓库温湿度的管理

要想管理好温湿度，必须掌握气温变化规律，做好库内温湿度的测定工作，以便更好地对仓库的温湿度进行控制和调节。

（六）搞好环境卫生

为使商品安全储存，必须保持环境卫生。库区要铲除杂草，及时清理垃圾；库房的各个角落均应清扫干净，做好商品入库前的清仓消毒工作，将库房的清洁卫生工作持久化、制度化，尽量减小一切虫鼠生存的空间，做好有效的防治工作。

（七）做好在库商品的检验工作

对在库商品，应据其本身特性及质量变化规律，结合气候条件和储存环境，实行定期或不定期检查，及时掌握商品质量变化的动态，发现问题及时解决。

小知识

库存茶叶的保管保养措施

首先，茶叶必须储存在干燥、阴凉、通风良好，无日光照射，具备防潮、避光、隔热、防尘、防污染等防护措施的库房内，并要求进行密封。

其次，茶叶应专库储存，不得与其他物品混存，尤其严禁与药品、化妆品等有异味、有毒、有粉尘和含水量大的物品混存。库房周围也要求无异味。

最后，一般库房温度应保持在 15℃以下，相对湿度不超过 65%。

库存啤酒的质量控制措施

首先，啤酒入库验收时外包装要求完好无损、封口严密，商标清晰；啤酒的色泽清亮，不能有沉淀物；内瓶壁无附着物；抽样检查具有正常的酒花香气，无酸、霉等异味。

其次，鲜啤酒适宜储存温度为0℃～15℃，熟啤酒适宜储存温度为5℃～25℃，高级啤酒适宜储存温度为10℃～25℃，库房相对湿度要求在80%以下。

再次，瓶装酒堆码高度为5～7层，不同出厂日期的啤酒不能混合堆码，严禁倒置。

最后，严禁阳光曝晒，冬季还应采取相应的防冻措施。

五、盘点作业

在仓储作业过程中，商品处于不断地进库和出库，在作业过程中产生的误差经过一段时间的积累会使库存资料反映的数据与实际数量不相符。有些商品因长期存放，使品质下降，不能满足用户需要。为了对库存商品的数量进行有效控制，并查清商品在库房中的质量状况，必须定期对各储存场所进行清点作业，这一过程称为盘点作业。

（一）盘点作业的目的和内容

1. 盘点作业的目的

（1）确定现存量。盘点可以确定现有库存商品的实际库存数量，并通过盈亏调整使库存账面数量与实际库存数量一致。由于多记、误记、漏记，使库存资料记录不实。此外，由于商品损坏、丢失、验收与出货时清点有误；有时盘点方法不当，产生误盘、重盘、漏盘等。为此，必须定期盘点确定库存数量，发现问题并查明原因，及时调整。

（2）确认企业资产的损益。库存商品总金额直接反映企业流动资产的使用情况，库存量过高，流动资金的正常运转将受到威胁，而库存金额又与库存量及其单价成正比，因此为了能准确地计算出企业实际损益，必须通过盘点。

（3）核实商品管理成效。通过盘点可以发现作业与管理中存在的问题，并通过解决问题来改善作业流程和作业方式，提高人员素质和企业的管理水平。

2. 盘点作业的内容

（1）查数量。通过点数计算查明商品在库的实际数量，核对库存账面资料与实际库存数量是否一致。

（2）查质量。检查在库商品质量有无变化、有无超过有效期和保质期、有无长期积压等现象，必要时还必须对商品进行技术检查。

（3）查保管条件。检查保管条件是否与各种商品的保管要求相符合，如堆码是否合理稳固、库内温湿度是否符合要求、各类计量器具是否准确等。

（4）查安全。检查各种安全措施和消防设备、器材是否符合安全要求，建筑物和设备是否处于安全状态。

（二）盘点作业的程序

盘点作业的程序如图3－3所示。

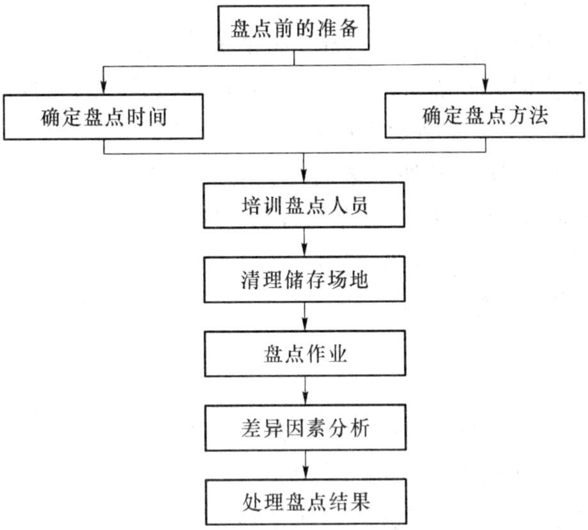

图 3－3　盘点作业的程序

1. 盘点前的准备

盘点前的准备工作是否充分，直接关系到盘点作业能否顺利进行，甚至盘点是否成功。盘点的基本要求是必须做到快速准确，为了达到这一基本要求，盘点前的充分准备十分必要，应做的准备工作如下。

（1）确定盘点的具体方法和作业程序；

（2）配合财务会计作好准备；

（3）设计印制盘点用表单——“盘存单”（表 3－6）；

（4）准备盘点用基本工具。

表 3－6　盘存单

盘点日期：　　　编号：

商品编号	商品名称	存放位置	盘点数量	复查数量	盘点人	复查人
⋮	⋮	⋮	⋮	⋮	⋮	⋮

2. 确定盘点时间

为了保证账物相符，盘点次数越多越好，但盘点需投入的人力、物力、财力都很大，有时大型全面盘点还可能引起生产的暂时停顿。为此，合理地确定盘点时间非常重要。在确定盘点时间时，要根据仓库的周转速度来确定。对于商品流动速度不快的仓库，可以半年至一年进行一次盘点。对于商品流动速度较快的仓库，既要防止长期不盘点造成重大经济损失，又要防止盘点频繁造成同样的经济损失。

在实际运行中可以根据商品的不同特性、价值大小、流动速度、重要程度来分别确定不同商品的盘点时间，盘点时间间隔可以从每天、每周、每月、每年盘点一次不等。例如，对于A、B、C等级的商品，A类商品就需每天或每周盘点一次，B类商品每两周或三周盘点一次，C类一般每月盘点一次。另外，必须注意的问题是，每次盘点持续的时间应尽可能短，全面盘点以2～6天内完成为佳，盘点的日期一般会选择在：

（1）财务决算前夕。通过盘点决算损益，以查清财务状况。

（2）淡季进行。因淡季储货较少，业务不太频繁，盘点较为容易，投入资源较少，且人力调动也较为方便。

3. 确定盘点方法

盘点分为账面盘点及现货盘点两种。账面盘点又称为“永续盘点”，就是把每天出入库商品的数量及单价记录在电脑或账簿的“存货账卡”上，并连续地计算汇总出账面上的库存结余数量及库存金额；现货盘点又称为“实地盘点”或“实盘”，也就是实际去库内查清数量，再依商品单价计算出实际库存金额的方法。

（1）账面盘点法。账面盘点法是将每一种商品分别设立“存货账卡”，然后将每一种商品的出入库数量及有关信息记录在账面上，逐笔汇总出账面库存结余数量，这样随时可以从电脑或账册上查悉商品的出入库信息及库存结余量。

（2）现货盘点法。现货盘点法按盘点时间频率的不同又可分为“期末盘点”及“循环盘点”。期末盘点是指在会计计算期末统一清点所有商品数量的方法；循环盘点是指在每天、每周清点一小部分商品，一个循环周期将每种商品至少清点一次的方法。

① 期末盘点法。由于期末盘点是将所有商品一次点完，因此工作量大，要求严格。通常采取分区、分组的方式进行，其目的是为了明确责任，防止重复盘点和漏盘。分区即将整个储存区域划分成多个责任区，不同的区由专门的小组负责点数、复核和监督，因此，一个小组通常至少需要三人分别负责清点数量并填写盘存单，复查数量并登记复查结果，第三人核对前两次盘点数量是否一致，对不一致的结果进行检查。等所有盘点结束后，再与电脑或账册上反映的账面数核对。

② 循环盘点法。循环盘点通常对价值高或重要的商品检查的次数多，而且监督也严密一些，而对价值低或不太重要的商品盘点的次数可以尽量少，循环盘点一次只对少量商品盘点，所以通常只需保管人员自行对照库存资料进行点数检查，发现问题按盘点程序进行复核，并查明原因，然后调整。也可以采用专门的循环盘点单登记盘点情况。

4. 培训盘点人员

大规模的全面盘点必须增派人员协助进行，这些人员通常来自管理部门，主要对盘点过程进行监督，并复核盘点结果，因此必须对他们进行熟悉盘点现场及盘点商品的训练；培训的另一个方面是针对所有盘点人员进行盘点方法及盘点作业流程的训练，必须让盘点作业人员对盘点的基本要领、表格、单据的填写十分清楚，盘点工作才能顺利进行。

5. 清理储存场地

盘点现场即储位管理包括的区域。盘点作业开始之前必须对其进行整理，以提高盘点作业的效率和盘点结果的准确性，清理工作主要包括以下几个方面的内容：

（1）盘点前对已验收入库的商品进行整理归入储位，对未验收入库属于供应商的商品，应区分清楚，避免混淆。

（2）盘点场所关闭前，应提前通知，将需要出库的商品提前做好准备。

（3）账卡、单据、资料均应整理后统一结清。

（4）预先鉴别变质、损坏商品。对储存场所堆码的货物进行整理，特别是对散乱货物进行收集与整理，以方便盘点时计数。在此基础上，由商品保管人员进行预盘，以提前发现问题并加以预防。

6. 盘点作业

盘点时可以采用人工抄表计数，也可以用电子盘点计数器。盘点工作不仅工作量大，而且非常烦琐，易疲劳。因此，为保证盘点正确性，除了加强盘点前的培训工作外，盘点作业时的指导与监督也非常重要。

7. 查清盘点差异的原因

盘点会将一段时间以来积累的作业误差，及其他原因引起的账物不符暴露出来，发现账物不符，而且差异超过容许误差时，应立即追查产生差异的原因，这些原因通常可能来自以下一些方面：

（1）记账员素质不高，登记数据时发生错登、漏登等情况；

（2）账物处理系统管理制度和流程的不完善，导致数据出错；

（3）盘点时发生漏盘、重盘、错盘现象，导致盘点结果出现错误；

（4）盘点前数据资料未结清，使账面数不准确；

（5）出入库作业时产生误差；

（6）货物损坏、丢失等原因。

（三）盘点结果的处理

盘点的主要目的是希望通过盘点来检查目前仓库中商品的出入库及保管状况，并由此发现和解决管理及作业中存在的问题，需要通过盘点了解的问题主要有：

① 通过盘点，实际库存量与账面库存量的差异有多大？

② 这些差异主要集中在哪些品种？

③ 这些差异对公司的损益造成多大影响？

④ 平均每个品种的商品发生误差的次数情况如何？

通过对上述问题的分析和总结，找出在管理流程、管理方式、作业程序、人员素质等方面需要改进的地方，进而改善商品管理的现状，降低商品损耗，提高经营管理水平。

任务三　出 库 业 务

任务导入：

商品出库作业，是仓库根据业务部门或存货单位开出的商品出库凭证（提货单、调拨单），按其所列商品名称、规格、型号、数量等项目，组织商品出库一系列工作的总称。商品出库是商品储存阶段的终止，也是仓库作业的最后一个环节，它使仓库工作直接与运输单位和商品使用单位发生联系。因此，做好出库工作对改善仓库经营管理，降低作业成本，提高服务质量具有重要作用。

知识解析：

一、商品出库业务

（一）商品出库的依据、要求和方式

1. 商品出库的依据

商品出库依据货主开的“商品调拨通知单”进行。不论在任何情况下，仓库都不得擅自动用、变相动用或外借货主的库存商品。

“商品调拨通知单”的格式不尽相同，不论采用何种形式，都必须是符合财务制度要求的有法律效力的凭证。应避免凭信誉或无正式手续的发货。

2. 商品出库的要求

商品出库要求做到“三不、三核、五检查”。“三不”，即未接单据不翻账，未经审核不备货，未经复核不出库；“三核”，即在发货时，要核实凭证、核对账卡、核对实物；“五检查”，即对单据和实物要进行品名检查、规格检查、包装检查、件数检查、重量检查。

3. 商品出库形式

（1）送货。仓库根据货主单位的“商品调拨通知单”，把商品交由运输部门或提供配送服务的机构送达收货单位。

（2）自提。由收货人或其代理人持“商品调拨通知单”直接到库提取，仓库凭单发货。自提具有“提单到库，随到随发”的特点。

（3）过户。过户是一种就地划拨的形式，商品虽未出库，但是所有权已从原库存货户转移到新存货户。仓库必须根据原存货单位开出的正式过户凭证，才予办理过户手续。

（4）取样。货主单位出于对商品质量检验、样品陈列等需要，到仓库提取货样。仓库根据正式取样凭证才予发给样品，并做好账务记载。

（5）转仓。货主单位为了业务方便或改变储存条件，需要将某批库存商品自甲库转移到乙库。仓库也必须根据货主单位开出的正式转仓单，才予办理转仓手续。

（二）商品出库业务流程

根据商品在库内的流向，或出库单的流转而构成各业务环节的衔接，商品出库业务的流程如图 3－4 所示。

图 3－4　商品出库业务流程

1. 核单备货

商品发放需有正式的出库凭证，仓库保管员必须认真核对出库凭证，首先要审核凭证的真实性，然后核对商品的品名、型号、规格、单价、数量、收货单位等，再次审核出库凭证的有效期等。

审核凭证之后，按照单证所列项目开始备货工作。备货时应本着“先进先出、易霉易坏先出、接近有效期先出”原则，备货完毕后要及时变动料卡余额数量，填写实发数量和日期。

2. 复核

为防止差错，备货后应立即进行复核。出库的复核形式主要有专职复核、交叉复核和环环复核三种。此外，在发货作业的各个环节上，都贯穿着复核工作。

3. 包装

出库的商品如果包装不能满足运输部门或用户的要求，应进行包装。

4. 点交

商品经复核后，需要办理交接手续，当面将商品交接清楚。交清后，提货人员应在出库凭证上签章。

5. 登账

点交后，仓管人员应在出库单上填写实发数、发货日期等内容，并签章。

6. 现场和档案的清理

现场清理包括清理库存商品、库房、场地、设备等。档案清理是指对收发、保养、盈亏数量等情况进行整理。

二、出库单证的流转

出库单证主要是指提货单，它是向仓库提取商品的正式凭证。在仓储企业中，商品出库的主要方式有用户自提和送货两种。现将仓储企业基本的出库单证流转情况做一些介绍。

（一）提货方式下的出库单证流转

自提是提货人持提货单来仓库提货的出库形式。账务人员在收到提货单后，经审核无误，向提货人开具商品出门证，出门证上列有每张提货单的编号。出门证的一联交给提货人，账务人员将根据出门证的另一联和提货单在商品明细账出库记录栏内登账，并在提货单上签名，批注出仓吨数和结存吨数，将提货单转给仓管员发货。提货人凭出门证向发货员领取所提商品，待货付讫，仓管员应盖付讫章和签名，并将提货单返回账务人员。提货人凭出门证提货出门，并将出门证交给门卫。门卫在每天下班前应将出门证交给账务人员，账务人员凭此与已经回笼的提货单号码和所编代号逐一核对。如果发现提货单或出门证短少，应该立即追查，不得拖延。

（二）送货方式下的出库单证流转

在送货方式下，一般是采用先发货后记账的形式。提货单随同送货单经内部流转送达仓库后，一般是直接送给理货员，而不先经过账务人员。理货员接单后，经过理单、编写储区代号，分送仓管员发货，待货发讫后再交给账务人员记账。

对于其他的几种出库方式，其单证的流转与账务的处理过程也基本相同。取样和移库对于货主单位而言并不是商品的销售和调拨，但对仓库来说却是一笔出库业务。货主单位签发的取样单和移库单也是仓库发货的正式凭证，它们的流转和账务处理程序与提货单基本相同。商品的过户，对于仓库来说，商品并不移动，只是所有权在货主单位之间转移。所以，过户单可以代替入库通知单，开给过入单位储存凭证，并另建新账务，即作入库处理；对过出单位来说，等于所有商品出库。

三、发货作业

根据出库业务流程，审核出库凭证的工作之后，即开始按照出库单证所列项目将所拣取的商品按运输路线、自提或配送路线进行分类，再进行严格的出货检查，装入合适的容器或进行捆包，做好相应的标志，然后按车辆趟次或行车路线将商品运至发货区，最后装车发运，这一过程称为发货作业。其作业流程如图 3－5 所示。

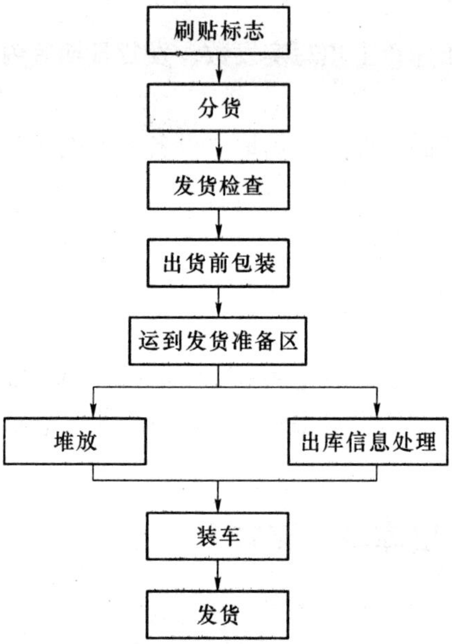

图 3－5　发货作业流程

（一）分货作业

分货即拣货作业完成后，将所拣货物根据不同的货主或运输路线进行分类，也有一些需经过流通加工的商品，拣取货物集中后，先按流通加工方式分类，分别进行加工处理，加工完毕，再按送货要求分类出货。分货作业方式可分为人工分货和利用自动分类机分货两种主要方式。

1. 人工分货

人工分货是通过人工目视进行处理，所有分货作业过程全部由人工根据单证或其他传递过来的信息进行拣取商品。拣货作业完成后由人工将各客户订购的商品放入已标示好的各区域或容器中，等待出货。

2. 利用自动分类机分货

自动分类机利用计算机的识别系统完成对商品分类。这种方式不仅快速省力，而且准确，尤其适应于多品种业务繁忙的流转型仓库。

利用自动分类机分货的主要过程如下：首先必须将有关货物及分类信息通过自动分类机的信息输入装置，输入自动控制系统；当货物通过移栽装置移动至输送机上时，由输送系统运送至分类系统；分类系统是自动分类机的主体，这部分的工作过程为先由自动识别装置识别货物，再由分类道口排出装置，按预先设置的分类要求将货物推出分类机。分类排出方式有推出式、浮出送出式、倾斜滑下式、皮带送出式等，同时为尽早使各货物脱离自动分类机，避免发生碰撞而设有缓冲装置。

（二）发货检查

发货检查是根据用户信息和车次对拣取商品进行商品号码的核实，以及根据有关信息对商品质量和数量进行核对，并对产品状态及质量进行检查。

出货检查是保证单、货相符，避免差错，提高服务质量的关键，是进一步确认拣取作业是否有误的处理工作，因此，必须认真查对，找出产生错误的原因，采取措施防止错误的再次产生。检查方法有人工检查法、条码检查法和重量计算检查法三种。

1. 人工检查法

人工检查法是由人工将货物逐个点数，查对条码、货号、品名，并逐一核对出货单，进而检验出货质量及出货状况的方法。

2. 条码检查法

条码检查法首先必须导入条码，让条码始终与货物同行。在出货检查时，只需将所拣货物进行条码扫描，电脑便自动将拣货资料输出进行对比，查对是否有数量和号码上的差异，然后在出货前再由人工进行整理和检查。

3. 重量计算检查法

重量计算检查法是把货单上的商品重量自动相加求和，之后，称出发货品的总重量。把两种重量相对比，可以检查发货是否正确。

四、货物出库中的常见问题与处理方法

仓储公司由于储存的货物量大，品种多，而且是来自若干不同的客户，因此，货物在出库的过程中存在很多问题，正确处理这些问题可以挽回企业和客户的损失。针对各种不同的问题应该采取不同的方法进行处理。

（一）提货数与实际数不符及其处理

当遇到提货数量大于货物实际库存数量时，无论是何种原因造成的，都需要和仓库主管部门以及货主单位及时取得联系后再处理。具体处理方式如下：

（1）如属于入库时记错账，则可以采用“报出报入”方法进行调整。报出报入法是指先按库存账面数开具货物出库单销账，然后再按照实际库存数重新入库登账，并在入库单上签明情况。

(2) 如属于仓库保管员串发、错发而引起的问题，应由仓库方面负责解决库存数与提单数间的差数。

(3) 如属于货主单位漏记账而多开出库数，应由货主单位出具新的提货单，重新组织提货和发货。

(4) 如果是仓储过程中的损耗，需考虑该损耗数量是否在合理的范围内，并与货主单位协商解决。合理范围内的损耗，应由货主单位承担；超过合理范围之外的损耗，则由仓储部门负责赔偿。

(二) 串发货与错发货及其处理

所谓的串发和错发，主要是指发货人员对商品种类规格不很熟悉的情况下，或者由于工作中的疏漏，把一定规格、数量的商品错发出库的情况。

在这种情况下，如果货物尚未离库，应立即组织人力，重新发货。如果货物已经提出仓库，保管人员要根据实际库存情况，会同货主单位和运输单位共同协商解决。一般在无经济损失的情况下由货主单位重新按实际发货数冲单解决。如果形成了直接的经济损失，应按赔偿损失单据冲转调整保管账。

(三) 退货处理

货物出库后，因出库时发生的差错造成货物退货，这时要对这部分货物进行妥善处理，才能树立企业形象，最大限度地挽回损失。退货一般按照以下程序进行：

(1) 用户填写"退货申请表"，在收到同意退货的通知后，须按规定的运输方式办理运输。

(2) 仓库在收到客户的退货时，应尽快清点完毕，如有异议，必须以书面形式提出。

(3) 退回的货品与退货申请表是否相符，以仓库清点为准。

(4) 仓库应将退入仓库的货品，根据其货物原因，分别存放、标识。对属于供应商造成的不合格品，应与采购部门联系，催促供应商及时提回。

(5) 登记入账：对于已发放的货品和退回的货品，要及时入账，并按时向其他部门报送有关材料。

案例分析：

某外贸仓库作业基本环节

仓储管理工作的基本环节，就是商品的入库验收、在库管理、出库复核。这三个环节叫做"三关"，做好这三个环节的工作叫做"把好三关"。

一、入库验收

商品入库验收是仓储工作的起点，是分清仓库与货主或运输部门责任的界线，并为保管养护打下基础。

商品入库必须有存货单位的正式入库凭证（入库单或通知书），没有凭证的商品不能入库。存货单位应提前将凭证送交仓库，以便安排仓位和必要的准备工作。

商品交接，要按入库凭证，验收商品的品名、规格、数量、包装、质量等方面。一般说，品名、规格、数量、包装验收容易，质量验收比较麻烦。《外贸仓储管理制度》规定：商品的内在质量和包装内的数量验收，由存货单位负责，仓库要给予积极协助。如果仓库有条件进行质量验收，经存货单位正式委托后，要认真负责地搞好质量验收，并作出验收记录。国务院批准的《仓储保管合同实施细则》规定：保管方的正常验收项目为：货物的品名、规格数量、外包装状况以及无须开箱拆捆直观可见可辨的质量情况，包装内的货物品名、规格、数量、以外包装或货物上的标记为准；外包装或货物上无标记的，以供货方提供的验收资料为准。散装货物按国家有关规定或合同规定验收。质量验收牵涉到责任和赔偿的问题。由存货单位负责验收，仓库没有多大责任，不负责赔偿；如由保管方负责，那么按《仓储保管合同实施细则》规定，保管方未按合同或本细则规定的项目、方法和期限验收或验收不准确，由此造成的经济损失，由保管方负责。合同规定按比例抽验的货物，保管方仅对抽验的那一部分货物的验收准确性以及由此造成所代表的那一批货物的实际经济损失负责，合同另有规定者除外。因此，仓库在与存货单位签订合同时，一定要明确质量验收问题。

在货物、商品验收过程中，如果发现品种、规格不符、件数或重量溢短、包装破损、潮霉、污染或其他问题时，应按《外贸仓储管理制度》规定，要详细作出书面记录，由仓库收货人员和承运单位有关人员共同签字，并及时报告主管领导和存货单位，以便研究处理。《仓储保管合同实施细则》是这样规定的：交接中发现问题，供货方在同一城镇的，保管方可以拒收；外埠或本埠港、站、机场或邮局到货，保管方应予接货，妥善暂存，并在有效的验收期内（国内到货不超过 10 天，国外到货不超过 30 天）通知存货方和供货方处理；运输等有关方面应提供证明。暂存期间所发生的一切损失和费用由责任方负责。

二、在库管理

这是仓储工作的第二个环节。商品验收入库以后，仓库就要对库存的商品承担起保管养护的责任。如果丢失或在合理储存期内由于保管不善，商品霉烂变质，仓库应负责赔偿。

在库管理，要做好以下几项工作：

第一，必须记账登卡，做到账、货、卡相符。商品验收无误后，要及时记账、登卡、填写储存凭证，详细记明商品名称、等级、规格、批次、包装、件数、重量、运输工具及号码、单证号码、验收情况、存放地点、入库日期、存货单位等，做到账、卡齐全，账、货、卡相符。

第二，合理安排货位，商品分类存放。入库商品验收以后，仓库要根据商品的性能、特点和保管要求，安排适宜的储存场所，做到分区、分库、分类存放和管理。在同一仓间内存放的商品，必须性能互不抵触，养护措施一致，灭火方法相同。严禁互相抵触、污染、串味的商品、养护措施和灭火方法不同的商品存放在一起。贵重商品，要指定专人保管，专库存放。普通仓库不能存放危险品、毒品和放射性商品。

第三，商品堆码要科学、标准，符合安全第一、进出方便、节约仓容的原则。仓间面积的利用要合理规划，干道、支道要画线，垛位标志要明显，要编顺序号。

关于商品在库保管期间的责任问题，《仓储保管合同实施细则》有两条具体规定：第一，保管方履行了合同规定的保管要求，由于不可抗力的原因、自然因素或货物（含包装）本身的性质所发生的损失，由存货方负责。第二，货物在储存保管和运输过程中的损耗、磅差标准，有国家或专业标准的，按国家或专业标准规定执行。无国家或专业标准规定的，按合同规定执行。货物发生盘盈盘亏均由保管方负责。

三、出库复核

商品出库是仓储工作的最后环节，把好商品出库关，就可以避免差错事故的发生。

库品出库，首先，要根据存货单位的备货通知，及时认真地搞好备货工作，如发现一票入库商品没有全部到齐的，入库商品验收时发现有问题尚未处理的，商品质量有异状的，要立即与存货单位联系，双方取得一致意见以后才能出库，如发现包装破损，要及时修补或更换。其次，认真做好出库凭证和商品复核工作。做到手续完备，交接清楚，不错发、错运。再次，要分清仓库和承运单位的责任，办清交接手续，仓库要开出库商品清单或出门证，写明承运单位的名称，商品名称、数量、运输工具和编号，并会同承运人或司机签字。最后，商品出库以后，保管人员要在当日根据正式出库凭证销卡、销账，清点货垛结余数，与账、卡核对，做到账、货、卡数量相符。并将有关的凭证、单据交账务人员登账复核。

商品出库，必须先进先出，易坏先出，否则由此造成的实际损失，要由保管方负责。另外，根据《外贸仓储管理制度》的规定，出库商品，严禁口头提货、电话提货、白条提货。如果遇到紧急装车、装船情况，必须出库时，需经仓库领导批准才能发货，但要第二天补办正式手续。

请分析以下几个问题：

（1）结合案例分析入库验收的作用。

（2）如何做好存库管理？

复习思考题

1. 进货作业流程包括哪些环节？
2. 商品验收的作用有哪些？
3. 商品出库业务流程包括哪些环节？
4. 盘点作业的内容有哪些？

项目实训

一、实训题目

仓储物流公司入库作业操作

二、实训目的

通过模拟真实的仓库入库作业环境，使学生学会仓库入库作业流程，懂得仓库入库作业操作，掌握仓库入库的单证缮制、审核。

三、实训要求

（1）了解仓库入库作业相关知识。

（2）准备相关的入库单证，如送货单、入库单、货卡等。

（3）将全班学生分成若干组，每组按照岗位设置 5 人（货主企业代表 1 名、运输企业代表 1 名、库管员 1 名、制单员 1 名、检验员 1 名）。

四、实训内容

A 仓储企业 2017 年 8 月 25 日收到美乐高有限公司的入库通知单，其中包括有 800 台长虹电视机、300 台 242L 海尔电冰箱、500 箱饼干、1 000 箱快食面、600 箱可口可乐、400 箱矿泉水、500 袋洗衣粉等商品，需入库存放。预计货物 2017 年 10 月 10 日入库，储存期间为 3 个月。

B 公司通过铁路部门发货到广州火车站，货物包装单位为托盘货物，其中：长虹电视机 100T、海尔电冰箱 150T、饼干 50T、快食面 100T、可口可乐 60T、矿泉水 40T、洗衣粉 5T。（1“T”为 1 托盘）

（1）针对产品特点，制定合理入库流程；

（2）入库前准备工作，做好入库指令收集传递、编制好入库计划表、入库前的资源准备等工作；

（3）完成货物接运工作；

（4）入库验收与检查；

（5）入库交接与入库信息登记，要求制作入库单、货卡及物资库存日报表。

五、实训报告的完成

针对以上项目任务要求，以小组为单位，完成 B 公司物资入库完整过程的策划方案书，内容涵盖工作任务要求中（1）~（5）项。

项目四

库存控制

知识目标：

了解仓储成本分析的意义、构成和降低仓储成本的措施
理解定期订货法和定量订货法
掌握 ABC 管理法的内涵
理解 MRP 技术的概念和原理图

技能目标：

通过实地调研或案例分析，形成对库存控制及其相关知识的正确认识

任务一　仓储成本分析

任务导入：

物流管理的整体目标是以最低的成本费用提供满足市场需求的物流服务产品，并因此获得经济效益。仓储是物流管理系统中的重要环节，仓储管理应充分利用仓储的各种经济资源，向市场提供各种优质优价的仓储服务产品，并通过加强仓储成本管理，降低仓储保管过程中的物化劳动和活劳动消耗，加快商品物质实体的流通速度和仓储资金的周转速度，提高仓储经营效益，最大限度地实现仓储企业资本的有效增值。

知识解析：

一、仓储成本分析的意义

仓储成本是指仓储企业在开展仓储业务活动中各种要素的投入以货币计算的总和。仓储成本是物流成本的重要组成部分，对物流成本的高低有直接影响。仓储成本分析对于物流企业来说，意义重大。

仓储成本分析为企业制定仓储经营管理计划提供依据。仓储经营管理计划是仓储企业为适应经营环境变化，通过决策程序和方案选择，对仓储经营活动的内容、方法和步骤明确化、具体化的设想和安排。在制定经营管理计划时，必须考虑自身的经营能力，仓储成本正

是仓储经营能力的重要指标，因此通过仓储成本的分析，能帮助企业对不同经营方案进行比较，选择成本最低、收益最大的方案来制订经营计划，开展经营。

仓储成本分析为仓储产品定价提供依据。仓储企业的根本目的依然是追求利润最大化。仓储企业在为社会提供仓储产品（服务）时，需要有明确的产品价格，即仓储费。从长远看，必须保证仓储费高于仓储成本，才能保证仓储企业的生存与发展。因此仓储成本是仓储费制定的主要依据。

仓储成本分析有利于加速仓储企业的现代化建设。仓储成本分析有利于推动仓储技术革新，充分挖掘仓库的潜力，为仓储设施设备改造提供依据。仓储企业要提高仓储能力和仓储效率必然要进行技术革新，改造设施和设备，但是设施设备的投入必须获得相应的产出回报，这必须在准确的成本核算和预测的基础上才能提供保证。

仓储成本分析为仓储企业的劳动管理提供依据。劳动力成本本身就是仓储成本的重要组成部分，但是劳动力成本与其他成本之间可能存在替代关系，也可能存在互补关系，因而确定劳动量的使用的决定性因素是收益，以能够获得总成本最低或总收入增加为原则确定劳动力的使用量。同时，成本因素也是劳动考核、岗位设置的依据和决定劳动报酬的参考依据。

总之，通过仓储成本分析，有利于提高仓储企业的经济效益，降低仓储生产经营中的各种浪费，同时也可以将企业的经济利益与职工的经济利益紧密地联系起来，提高企业经营者的自觉性，从而提高企业仓储经营管理水平和经济效益。

二、仓储成本的构成

与库存成本不同，货物的仓储成本主要是指货物保管的各种支出，其中一部分为仓储设施和设备的投资，另一部分则为仓储保管作业中的活劳动或物化劳动的消耗，主要包括工资和能源消耗等。根据货物在保管过程中的支出，可以将仓储成本分成以下几类：

（一）保管费

为存储货物所开支的货物养护、保管等费用，它包括：用于货物保管的货架、货柜的费用开支，仓库场地的房地产税等。

（二）仓库管理人员的工资和福利费

仓库管理人员的工资一般包括固定工资、奖金和各种生活补贴。福利费可按标准提取，一般包括住房基金、医疗以及退休养老支出等。

（三）折旧费或租赁费

仓储企业有的是以自己拥有所有权的仓库以及设备对外承接仓储业务，有的是以向社会承包租赁的仓库及设备对外承接业务。自营仓库的固定资产每年需要提取折旧费，对外承包租赁的固定资产每年需要支付租赁费。仓储费或租赁费是仓储企业的一项重要的固定成本，构成仓储企业的成本之一。对仓库固定资产的折旧费按折旧期分年提取，主要包括：库房、堆场等基础设施的折旧和机械设备的折旧等。

（四）修理费

修理费主要用于设备、设施和运输工具的定期大修理，每年可以按设备、设施和运输工具投资额的一定比例提取。

（五）装卸搬运费

装卸搬运费是指货物入库、堆码和出库等环节发生的装卸搬运费用，包括搬运设备的运行费用和搬运工人的成本。

（六）管理费用

管理费用指仓储企业或部门为管理仓储活动或开展仓储业务而发生的各种间接费用，主要包括仓库设备的保险费、办公费、人员培训费、差旅费、招待费、营销费、水电费等。

（七）仓储损失费

仓储损失费指保管过程中货物损坏而需要仓储企业赔付的费用。造成货物损失的原因一般包括仓库本身的保管条件，管理人员的人为因素，货物本身的物理、化学性能，搬运过程中的机械损坏等，实际中，应根据具体情况，按照企业的制度标准，分清责任合理计入成本。

三、降低仓储成本的措施

仓储成本管理是仓储企业管理的基础，对提高整体管理水平，提高经济效益有重大影响，但是由于仓储成本与物流成本的其他构成要素有关，如运输成本、配送成本以及服务质量和水平之间存在二律背反的现象，因此，降低仓储成本要在保证物流总成本最低和不降低企业的总体服务质量和目标水平的前提下进行，常见的措施有：

（一）采用“先进先出”方式，减少仓储物的保管风险

“先进先出”是储存管理的准则之一，它能保证每个被储物的储存期不致过长，减少仓储物的保管风险。先进先出有效的方式主要有：

1. 贯通式（重力式）货架系统

利用货架的每层形成贯通的通道，从一端存入物品，另一端取出物品，物品在通道中自行按先后顺序排队，不会出现越位等现象。贯通式（重力式）货架系统能非常有效地保证先进先出。

2. “双仓法”储存

给每种被储物都准备两个仓位或货位，轮换进行存取，再配以必须在一个货位中出清后才可以补充的规定，则可以保证实现“先进先出”。

3. 计算机存取系统

采用计算机管理，在存货时向计算机输入时间记录，编入一个简单地按时间顺序输出的程序，取货时计算机就能按时间给予指示，以保证“先进先出”。这种计算机存取系统还能

将“先进先出”保证不做超长时间的储存和快进快出结合起来，即在保证一定先进先出的前提下，将周转快的物资随机存放在便于存取之处，以加快周转，减少劳动消耗。

（二）提高储存密度，提高仓容利用率

这样做的主要目的是减少储存设施的投资，提高单位存储面积的利用率，以降低成本、减少土地占用。具体有下列三种方法：

1. 采取高垛的方法，增加储存的高度

具体方法有采用高层货架仓库、集装箱等都比一般堆存方法大大增加了储存高度。

2. 缩小库内通道宽度以增加有效储存面积

具体方法有采用窄巷道式通道，配以轨道式装卸车辆，以减少车辆运行宽度要求，采用侧叉车、推拉式叉车，以减少叉车转弯所需的宽度。

3. 减少库内通道数量以增加有效储存面积

具体方法有采用密集型货架、采用不依靠通道可进车的可卸式货架、采用各种贯通式货架、采用不依靠通道的桥式起重机装卸技术等。

（三）采用有效的储存定位系统，提高仓储作业效率

储存定位的含义是被储存物位置的确定。如果定位系统有效，能大大节约寻找、存放、取出的时间，节约不少物化劳动及活劳动，而且能防止差错，便于清点及实行订货点等的管理方式。储存定位系统可采取先进的计算机管理，也可采取一般人工管理。行之有效的方式主要有：

1. “四号定位”方式

“四号定位”是用一组四位数字来确定存取位置的固定货位方法，是我国手工管理中采用的科学方法。这四个号码是：库号、架号、层号、位号。这就使每一个货位都有一个组号，在物资入库时，按规划要求，对物资编号，记录在账卡上，提货时按四位数字的指示，很容易将货物拣选出来。这种定位方式可对仓库存货区事先做出规划，并能很快地存取货物，有利于提高速度，减少差错。

2. 电子计算机定位系统

电子计算机定位系统是利用电子计算机储存容量大、检索迅速的优势，在入库时，将存放货位输入计算机；出库时向计算机发出指令，并按计算机的指示人工或自动寻址，找到存放货，拣选取货的方式。一般采取自由货位方式，计算机指示入库货物存放在就近易于存取之处，或根据入库货物的存放时间和特点，指示合适的货位，取货时也可就近就便。这种方式可以充分利用每一个货位，而不需要专位待货，有利于提高仓库的储存能力，当吞吐量相同时，可比一般仓库减少建筑面积。

（四）采用有效的监测清点方式，提高仓储作业的准确程度

对储存物资数量和质量的监测有利于掌握仓储的基本情况，也有利于科学控制库存。在实际工作中稍有差错，就会使账物不符，所以，必须及时且准确地掌握实际储存情况，经常与账卡核对，确保仓储物资的完好无损，这是人工管理或计算机管理必不可少的。此外，经常的监测也是掌握被存物资数量状况的重要工作。监测清点的有

效方式主要有：

1.“五五化”堆码

“五五化”堆码是我国手工管理中采用的一种科学方法。储存物堆垛时，以“五”为基本计数单位，堆成总量为“五”的倍数的垛形，如梅花五、重叠五等。堆码后，有经验者可过目成数，大大加快了人工点数的速度，而且很少出现差错。

2. 光电识别系统

在货位上设置光电识别装置，通过该装置对被存物的条形码或其他识别装置（如芯片等）扫描，并将准确数目自动显示出来。这种方式不需人工清点就能准确掌握库存的实有数量。

3. 电子计算机监控系统

用电子计算机指示存取，可以避免人工存取容易出现差错的弊端，如果在储存物上采用条形码技术，使识别计数和计算机连接，每次存、取一件物品时，识别装置自动将条形码识别并将其输入计算机，计算机会自动做出存取记录。这样只需向计算机查询，就可了解所存物品的准确数目情况，因而无须再建立一套对仓储物实有数的监测系统，减少查货、清点工作。

（五）加速周转，提高单位仓容产出

储存现代化的重要课题是将静态储存变为动态储存，周转速度一快，会带来一系列的好处：资金周转快，资本效益高，货损货差小、仓库吞吐能力增加、成本下降等。具体做法诸如采用单元集装存储，建立快速分拣系统，都有利于实现快进快出，大进大出。

（六）采取多种经营，盘活资产

仓储设施和设备的巨大投入，只有在充分利用的情况下才能获得收益，如果不能投入使用或只是低效率使用，只会造成成本的加大。仓储企业应及时决策，采取出租、借用、出售等多种经营方式盘活这些资产，提高资产设备的利用率。

（七）加强劳动管理

工资是仓储成本的重要组成部分，劳动力的合理使用，是控制人员工资的基本原则。我国是具有劳动力优势的国家，工资较为低廉，较多使用劳动力是合理的选择。但是对劳动进行有效管理，避免人浮于事，出工不出力或效率低下也是成本管理的重要方面。

（八）降低经营管理成本

经营管理成本是企业经营活动和管理活动的费用和成本支出，包括管理费、业务费、交易成本等。加强该类成本管理，减少不必要支出，也能实现成本降低。当然，经营管理成本费用的支出时常不能产生直接的收益和回报，但也不能完全取消，所以加强管理是很有必要的。

案例分析：

李宁案例分析

传统服装行业对库存的控制要求比较高。在当前电子商务环境下，服装行业线上线下业务同时运行，许多传统服装行业会遇到仓储配送混乱、库存冗余等问题，李宁作为知名度较高的传统服装品牌之一，也同样面临这些问题。

一、李宁仓储配送方式存在的问题

1. 李宁品牌发展

李宁作为知名度较高的传统服装品牌之一，自公司成立以来，营业额一直维持增长状态，尤其借助2008年北京奥运会对品牌的推广，使其2010年营业额达到94.78亿元，离100亿仅仅是一步之遥。而正是这看似销量持续走高、品牌发展态势良好的李宁公司，却在2011年开始暴露出库存积压的问题，在2012年、2013年、2014年，李宁公司分别亏损约19.8亿元、3.9亿元、7.81亿元，巨额库存是李宁亏损的一座大山。然而，李宁的亏损绝非偶然，其中仓储配送模式太过复杂是其亏损的一个重要方面。

2. 李宁的仓储配送模式

李宁原有的仓储配送体系十分复杂，线上与线下各自有独立的仓库和配送体系。线下部分由产地仓、销地仓、当地门店和生产工厂组成。生产工厂将商品运输到产地仓，由产地仓分拨到各销地仓，之后再小批量、多批次地运输到当地门店。线上部分则是将工厂产出的商品运往单独的电商仓库。由此可见，李宁物流的线上与线下是完全割裂而相互独立的，完全不利于库存的共享和调拨，同时也使整个仓储配送体系杂乱无章、效率低下，如同一盘散沙。

二、李宁优化仓储配送方案，探索解决库存积压新思路

传统服装行业面对库存积压，如何解决库存难题？近年来，李宁与京东合作探索出一条适合李宁线上线下同步发展的仓储配送方案，以此解决库存积压问题。

1. 李宁优化仓储配送方案

李宁传统的服装产销模式，是从生产工厂发往存储仓库，再通过不同线路发往各地分销渠道，到达分销商以及门店，最后到消费者手中。这个过程需要各个环节相互配合，这种背景下，仓库之间职能划分非常明确，产地仓中存储的大部分是经销商的积货，而销地仓主要用于分销商的货物存放。这种明确的分工，导致彼此之间库存无法打通，从而导致仓库产生大量的产品积压。而且在传统的配送模式下，物流配套体系需要不同的几家物流公司来完成，他们中有的擅长适配、有的擅长配送、有的擅长末端运输，很少存在一家公司能够完成整个物流链条所需要的服务。这就产生了一个运营效率问题，而效率在网络化时代是个至关重要的问题。

在这种背景下，2014年李宁与京东展开合作，京东依照自身优势结合李宁现状为其设计新的仓储配送方案。该方案实现了各仓职能的集中，各仓之间的库存也相互打通，然后同一个仓可依照不同的分销渠道进行供货，这些货物最终将到达经销商和门店以及终端客户。李宁借力该种方案将产地仓和销地仓进行整合，各渠道中库存也得到了共享，缩短了到货时间。同时，京东为李宁搭建一个京津冀一体仓，原本李宁在华北地区有三个仓，分别为北京仓、天津仓和一个产地仓，京东将三个仓整合为一个仓，仓储用地减少，从3万多平方米降低到了2万多平方米。通过这个仓，李宁发往华北地区门店的小批量B2B商品、网上各平台的C端消费者订单的物流服务全部由京东负责。

2015年10月，为了重构面向B2B的经销商和门店供应链管理体系，李宁入驻了京东北京仓，实现了经销商与门店商品库存的打通，B2B模式下实现了库存共享和成本集约，大幅降低了管理成本。2016年4月，京东物流帮助李宁完成B2C与B2B业务在供应链端的融合，并切换更多的NDC仓（产地仓）。不管是经销商、门店还是B2C的零售渠道，都能实现库存共享、仓内调拨，而且过去不同模式下调仓和补货带来的高运输成本也能得以解决，整个物流体系将会变得更加灵活。

2. 仓储开放

物流数据分析能够为商家提供销售建议，从而提升消费者体验。目前京东物流的沧海系统可以接入商家的外部订单数据，智能分析出商家的订单分布、销售数据、消费行为、周转数据等核心价值数据，并评估商家的销售目标体系，为其提供库存优化报告。在京东物流系统背景下，商家可以实现门店与门店之间商品的流转，比如客户在逛街时，看中一件衣服，但该门店没货，此时可以查看附近门店库存情况，调货至该门店。同时消费者对商品的订单量能直接指导前端设计，当某类商品订单量极少，说明该类商品受欢迎程度较低，此时就可以减少其生产并优化商品设计。这种模式不仅可以降低库存，而且可以提高产品的周转率，最大限度地节约成本。

李宁借力合作，实现扭亏为盈。自2014年李宁与京东合作之后，在2015年李宁实现扭亏为盈1 400万元。2016年年初至2016年9月，李宁品牌在中国的销售点净增114个，销售点总数达到6 247个。

请回答：

通过上述案例分析，对传统服装行业解决库存问题带来哪些启示？

任务二 订货方法

任务导入：

库存管理方式是指用于控制库存量的检查和订货的方式，也就是说什么时候应当发出订货单和订货数量。常用的订货方式有定量订货法和定期订货法。

知识解析：

一、定量订货法

（一）定量订货法的基本原理

所谓定量订货法，就是预先确定一个订货点和订货批量，随时检查库存，当库存下降到订货点时就发出订货，订货批量取经济订货批量。定量订货库存控制方法的订货点和订货量都是事先确定的，而且检查时刻是连续的，需求量是可变的。

当库存量下降到订货点 R 时，即按预先确定的订货量 Q 发出订货单，经过交纳周期（订货至到货间隔时间）LT，库存量继续下降，到达安全库存量 S 时，收到订货量 Q，库存水平上升。

该方法主要靠控制订货点 R 和订货量 Q 两个参数来控制订货，达到既最好地满足库存需求，又能使总费用最低的目的。在需要为固定、均匀和订货交纳周期不变的条件下，订货点 R 由下式确定：

$$R = LT \times (D/365) + S$$

式中 D——每年的需要量；

LT——交纳周期；

S——安全库存量。

订货量的确定依据条件不同，可以有多种确定的方法。

（二）基本经济订货批量

基本经济订货批量（Economic Order Quantity，EOQ）是简单、理想状态的一种。通常订货点的确定主要取决于需要量和订货交纳周期这两个因素。在需要是固定、均匀、订货交纳周期不变的情况下，不需要设安全库存，这时订货点计算如下：

$$R = LT \times (D/365)$$

式中 R——订货点的库存量；

LT——交纳周期，即从发出订单至该批货物入库间隔的时间；

D——该商品的年需求量。

但在实际工作中，常常会遇到各种波动的情况，如需要量发生变化，交纳周期因某种原因而延长等，这时必须设置安全库存量 S，这时订货点则应用下式确定：

$$R = LT \times (D/365) + S$$

式中 S——安全库存量。

订货量 Q 依据经济订货批量（EOQ）的方法来确定，即总库存成本最小时的每次订货数量。通常，年总库存成本的计算公式为

$$\text{年总库存成本} = \text{年购置成本} + \text{年订货成本} + \text{年保管成本} + \text{缺货成本}$$

假设不允许缺货的条件下：

$$\text{年总库存成本} = \text{年购置成本} + \text{年订货成本} + \text{年保管成本}$$

即

$$TC = DP + DC/Q + QH/2$$

式中 TC——年总库存成本；

D——年需求总量；

P——单位商品的购置成本；

C——每次订货成本，元/次；

H——单位商品年保管成本，元/年（$H=PF$，F 为年仓储保管费用率）；

Q——批量或订货量。

经济订货批量就是使库存总成本达到最低的订货数量，它是通过平衡订货成本和保管成本两方面得到。其计算公式为

$$经济订货批量\ EOQ = \sqrt{2CD/H} = \sqrt{2CD/PF}$$

此时的最低年总库存成本为

$$TC = DP + H$$

年订货次数为

$$N = D/EOQ = \sqrt{DH/2C}$$

平均订货间隔周期为

$$T = 365/N = 365EOQ/D$$

【例 4-1】 甲仓库 A 商品年需求量为 30 000 个，单位商品的购买价格为 20 元，每次订货成本为 240 元，单位商品的年保管费为 10 元，求该商品的经济订购批量、最低年总库存成本、每年的订货次数及平均订货间隔周期。

解：经济批量 $EOQ = \sqrt{2 \times 240 \times 30\ 000/10} = 1\ 200$（个）

每年总库存成本 $TC = 30\ 000 \times 20 + 10 \times 1\ 200 = 612\ 000$（元）

每年的订货次数 $N = 30\ 000/1\ 200 = 25$（次）

平均订货间隔周期 $T = 365/25 = 14.6$（天）

（三）定量订货法的实施步骤

如图 4-1 所示，定量订货法的实施步骤如下：

（1）确定订货点和订货批量；

（2）每天检查库存；

（3）当库存量下降到订货点发货，订货量取一个经济订货批量。

（四）定量订货法的优缺点

定量订货方式的优点是：由于每次订货之前都要详细检查和盘点库存（看是否降低到订货点），能及时了解和掌握库存的动态。因每次订货数量固定，且是预先确定好的经济批量，方法简便。

这种订货方式的缺点是：经常对库存进行详细检查和盘点，工作量大且需花费大量时间，从而增加了库存保管维持成本。该方式需对每个品种单独进行订货作业，从而会增加订货成本和运输成本。

（五）定量订货法的适用范围

因为定量订货法订货数量固定，所以在具有管理方便、便于采用经济订货批量进行订货等优点的同时，也具有不便于严格管理、事前计划比较复杂、工作量大等缺点，通常适用于以下几种情况。

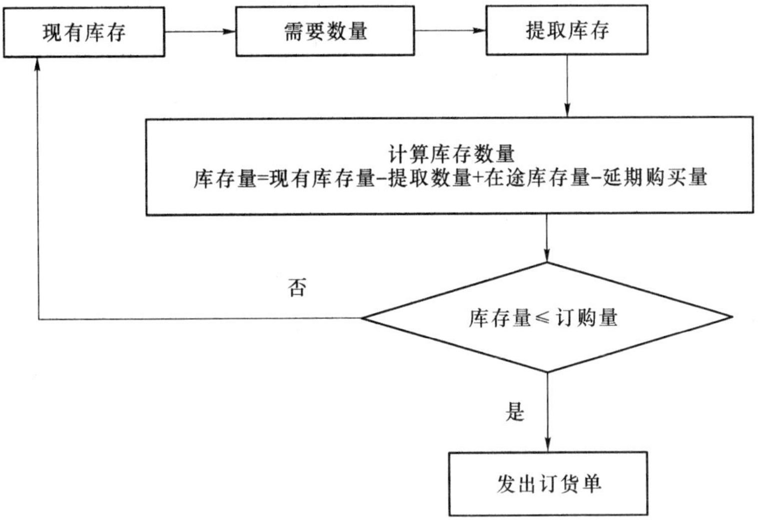

图 4－1　定量订货法的实施步骤

(1) 单价比较便宜，不便于少量订货的商品，如螺栓、螺母等。

(2) 需求预测比较困难的维修材料。

(3) 品种数量繁多、仓库管理实务量大的物品。

(4) 消费量计算复杂的物品。

(5) 通用性强、需求比较稳定的产品。

二、定期订货法

(一) 定期订货法的基本原理

定期订货法是按预先确定的订货时间间隔按期进行订货，以补充库存的一种库存控制方法。其决策思路是：每隔一个固定的时间周期检查库存项目的储备量。根据盘点结果与预定的目标库存水平的差额确定每次订购批量。这里假设需求为随机变化，因此，每次盘点时的储备量都是不相等的，为达到目标库存水平（Q_0）而需要补充的数量也随着变化。这样，这类系统的决策变量应是检查时间周期 T 和目标库存水平 Q_0。

定期订货法的原理：预先确定一个订货周期和最高库存量，周期性地检查库存，根据最高库存量、实际库存量、在途订货量和待出库商品数量，计算出每次订货批量，发出订货指令，组织订货。

(二) 定期订货模型

1. 订货周期的确定

订货周期一般根据经验确定，主要考虑制定生产计划的周期时间，常取月或季度作为库存检查周期，但也可以借用经济订货批量的计算公式确定并使库存成本最有利的订货周期。

$$订货周期=1/订货次数=Q/D$$

2. 目标库存水平的确定

目标库存水平是满足订货期加上提前期的时间内的需求量。它包括两部分：一部分是订货周期加提前期内的平均需求量，另一部分是根据服务水平保证供货概率的储备量。

$$Q_0 = (T+L)r + ZS_2$$

式中 T——订货周期；

L——订货提前期；

r——平均日需求量；

Z——服务水平保证的供货概率查正态分布表对应的 t 值；

S——订货期加提前期内的变动标准差。

若给出需求的日变动标准差 S_0，则

$$S_2 = S_0\sqrt{T+L}$$

依据目标库存水平可得到每次检查库存后提出的订购批量：

$$Q = Q_0 - Q_t$$

式中 Q_t——第 t 期检查时的实有库存量。

【例 4-2】 某货品的需求率服从正态分布，其日均需求量为 200 件，标准差为 25 件，订购的提前期为 5 天，要求的服务水平为 95%，每次订购成本为 450 元，年保管费率为 20%，货品单价为 1 元，企业全年工作 250 天，本次盘存量为 500 件，经济订货周期为 24 天。计算目标库存水平与本次订购批量。

解：

$(T+L)$ 期内的平均需求量 = (24+5) ×200 =5 800（件）

$(T+L)$ 期内的需求变动标准差 =135（件）

目标库存水平 Q_0 =5 800 +1.96 ×135 =6 065（件）

订购批量 Q =6 065 -500 =5 565（件）

从计算结果可以看出，在同样的服务水平下，固定订货期限系统的保险储备量和订购批量都要比固定订货量系统的保险储备量和订购批量大得多。这是由于在固定订货期系统中需满足订货周期加提前期内需求量和防止在上述期间发生缺货所需的安全库存量。这就是为什么一些关键物品、价格高的物品（即 ABC 分类中的 A 类物料）不用固定订货期法，而用固定订货量法的原因。

（三）定期订货法的实施步骤

定期订货法的实施步骤如图 4-2 所示。

（四）定期订货法的优缺点

定期订货方式的优点是：由于订货间隔期确定，因而多种货物可同时进行采购，这样不仅可以降低订单处理成本，而且可以降低运输成本。

另外，这种方式不需要经常检查和盘点库存，可节省这方面的费用。

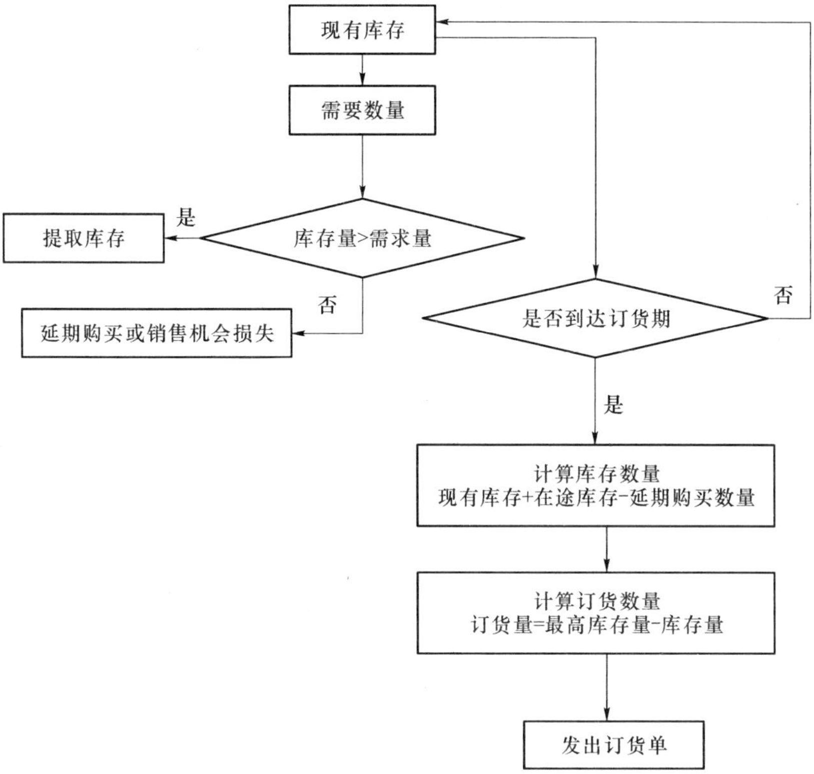

图 4－2　定期订货法的实施步骤

缺点是：由于不经常检查和盘点库存，对货物的库存动态不能及时掌握，遇到突发性的大量需要，容易造成缺货现象带来的损失，因而企业为了对应订货间隔期内需要的突然变动，往往保持较高的库存水平。

定期订货方式适用于品种数量大，占用资金较少的 B 类货物和 C 类货物。

（五）定期订货法的适用范围

由于定期订货法一般只在盘点期进行库存盘点，所以具有工作量较少、有计划、效率较高等优点。但定期订货法每次订购数量不同，所以其运作成本相对较高，此外，定期订货法需要较大的安全库存作为保证。因此，定期订货法适合在以下情况使用。

（1）消费金额高、需要实施严格管理的重点商品，如常见的 A 类商品。

（2）根据市场状况和经营方针经常调整生产或采购数量的商品。

（3）需求变动幅度大，但变动具有周期性，而且可以正确判断其周期的商品。

（4）建筑工程、出口等时间可以确定的商品。

（5）受交易习惯的影响，需要定期采购的商品。

（6）多种商品一起采购可以节省运输费用。

（7）同一品种商品分散保管、同一品种商品向多家供货商订货、批量订货分期入库等订货、保管和入库不规则的商品。

（8）取得时间很长的商品，定期生产的商品。

（9）制造之前需要人员和物料的准备、只能定期制造的商品等。

定量订货法和定期订货法的对比详见表4-1。

表4-1 两种库存订货方式的比较

订货方法名称	定量订货法	定期订货法
订货数量	每次订货数量保持不变	每次订货数量变化
订货时间	订货间隔期变化	订货间隔期不变
库存检查	随时进行货物库存状况检查和记录	在订货周期到来时检查库存
订货成本	较高	较低
订货种类	每个货物品种单独进行订货作业	多品种统一进行订货
订货对象	A类货物，有时B类货物也可采用	B类及C类货物
缺货	缺货情况只是发生在已经订货但货物还未收到的提前订货期间内	在整个订货间隔期内以及提前订货期间内均有可能发生缺货

任务三 ABC管理法

任务导入：

在仓储经营管理活动中，要面对几千、几万乃至几十万种商品的保管和养护，有重的，也有轻的；有体积大的，也有体积小的；有金额大的，也有金额小的；有批量多的，也有批量少的，尽管商品品种繁多，但对仓储经营活动起主导作用的只是其中少数的商品，因此，有必要对库存商品进行ABC重点管理。

知识解析：

仓库中保管的货物一般品种繁多，有些货物的价值较高，对于生产经营活动的影响较大，或对保管的要求较高；而另外一些品种的货物价值较低，保管要求不是很高。如果对每一种货物采用相同的保管方法，可能投入的人力、物力很多，而效果却是事倍功半。所以，在库存管理中采用ABC管理法，就是区别对待不同的货物，在管理中做到突出重点，以便有效地节约人力、物力和财力。

一、ABC管理法的思想与原理

ABC管理法又称为重点管理法。其基本点是：将企业的全部存货分为A、B、C三类，属于 A 类的是少数价值高的、最重要的项目，这些存货品种少，而单位价值却较大，实务中，这类存货的品种数只占全部存货总品种数的 10% 左右，而从一定期间出库的金额看，这类存货出库的金额要占到全部存货出库总金额的 70% 左右。属于 C 类的是为数众多的低值项目，其特点是，从品种数量来看，这类存货的品种数要占到全部存货总品种数的 70% 左右，而从一定期间出库的金额看，这类存货出库的金额只占全部存货出库总金额的 10% 左右。B 类存货则介于这两者之间，从品种数和出库金额看，都只占全部存货总数的 20% 左右。管理时，对金额高的 A 类物资，作为重点加强管理与控制；B 类物质按照通常的方法进行管理和控制；C 类物资品种数量繁多，但价值不大，可以采用最简便的方法加以管理和控制。

二、ABC 管理法的程序实施

ABC 管理法的程序可以分为以下几步。

第一，把各种库存物资全年平均耗用量分别乘以它的单价，计算出各种物资耗用总量以及总金额。

第二，按照各品种物资耗费金额的大小顺序重新排列，并分别计算出各种物资所占领用总数量和总金额的比重，即百分比。

第三，把耗费金额适当分段，计算各段中各项物资领用数占总领用数的百分比，分段累计耗费金额占总金额的百分比，并根据一定标准将它们划分为 ABC 三类。分类的标准见表 4－2。

表 4－2　ABC 分类标准

物资类别	占物资品种数的百分比/%	占物资金额数的百分比/%
A	5 ~ 10	70 ~ 80
B	20 ~ 30	15 ~ 20
C	50 ~ 70	5 ~ 10

三、ABC 分类控制方法

上述 ABC 三类存货中，由于各类存货的重要程度不同，一般可以采用下列控制方法。

（一）对 A 类存货的控制

要计算每个项目的经济订货量和订货点，尽可能适当增加订购次数，以减少存货积压，也就是减少其昂贵的存储费用和大量的资金占用；同时，还可以为该类存货分别设置永续盘存卡片，以加强日常控制。

（二）对 B 类存货的控制

也要事先为每个项目计算经济订货量和订货点，同时也可以分别设置永续盘存卡片来反映库存动态，但要求不必像 A 类那样严格，只要定期进行概括性的检查就可以了，以节省存储和管理成本。

（三）对 C 类存货的控制

由于它们为数众多，而且单价又很低，存货成本也较低，因此，可以适当增加每次订货数量，减少全年的订货次数。对这类物资日常的控制方法，一般可以采用一些较为简化的方法进行管理。常用的是“双箱法”。

所谓“双箱法”就是将某项库存物资分装两个货箱，第一箱的库存量是达到订货点的耗用量，当第一箱用完时，就意味着必须马上提出订货申请，以补充生产中已经领用和即将领用的部分。

ABC 三类货物管理重点见表 4－3。

表 4－3 ABC 三类货物管理重点

物料种类	管理核心
A 类	1. 尽可能使用料预测得准确，即使预测本身有一定的成本； 2. 尽可能采取保守策略，即与其库存，不如适当缺料； 3. 尽量采用物料需求规划方式，使库存为零； 4. 强化催料作业，压低前置时间； 5. 原则上每个月盘点一次，确保料账正确无误
B 类	1. 采取安全存量管理方式，容许有少量风险的无效库存； 2. 正常控制，强调良好的料账管理即可； 3. 每半年按照惯例进行实地盘点，最短三个月盘点一次； 4. 采取经济批量订购，允许一段时间（1～3 个月）的库存
C 类	1. 原则上采取定期订货进行管理； 2. 允许的情况下，可以交由生产现场保管； 3. 简化出入库手续，可采取大批量采购

因此，利用 ABC 管理法可以保证确定更好的预测、现场控制、供应商的信赖度以及减少安全库存和库存投资。

四、ABC 管理法在企业库存管理中的应用

在一个大型公司中，库存存货的种类通常会很多，动辄就可能是十几万种甚至几十万

种。那么管理可能出现混乱，进而造成重大损失，出现如下现象。

（1）盘点清查非常困难，而且难以确保准确性。对于非重要的材料，比如低值易耗品，可能影响还不大，但对于重要材料，如产品关键部件，如果计数错误，则可能导致缺料，生产自然也就不可避免地受到影响，进而不能满足市场需求，丧失市场机会，失去客户。

（2）存量控制困难。重要材料的存量应该作为重点监控，确保不断料又不积压，非重要材料由于其重要性不高和资金占用量小，则可以按一定的估计量备货。如果实行一把抓式的管理，就可能将目光集中在大量非重要材料上，而疏忽了对重要材料的控制。

ABC 管理法在一定程度上可压缩企业库存总量、节约资金占用、优化库存结构、节省管理精力。

任务四 MRP 技术

任务导入：

MRP 是一种工业制造企业内的物资计划管理模式，根据产品的结构层次、物品的从属关系和数量关系，以每个物品为计划对象，以完工日期为时间基准倒排计划，按提前期长短区别各个物品下达计划时间的先后次序，以此来减少存量，降低劳动成本，增加按时发货率。适用于生产中相关需求物品的管理。

知识解析：

一、MRP 系统

（一）MRP 简介

MRP 英文全称为 Material Requirement Planning，译为“物料需求计划”，它是 IBM 公司的约瑟夫·奥列基在库存管理的订货点法的基础上提出来的。MRP 是一种应用在工业制造企业的物资计划管理模式，根据产品结构层次、物品的从属和数量关系，以每个物品为计划对象，以完工日期为时间基准倒排计划，按提前期长短区别各个物品下达计划时间的先后顺序。通俗地说，MRP 是一种保证既不出现短缺，又不积压库存的方法，解决了制造企业所关心的缺件与超储的矛盾。

（二）MRP 的基本原理

MRP 始于最终产品的时间进度安排，再由它转换为特定时间生产产成品所需部件、组件以及原材料的时间进度安排。因此，设计 MRP 等于回答了三个问题：需要什么，需要多少以及何时需要。

MRP 的基本原理是，由主生产计划（Master Production Schedule，MPS）、主产品结构文件（Bill of Material，BOM）和产品库存文件（Product Inventory File，PIF）逐个地求出主产品所有零部件的生产时间和生产数量，这个计划叫做物料需求计划。其中，如果零部件在企业内部生产，需根据各自生产时间长短来提前安排投产时间，形成零部件投产计划；如果零部件需外购，则要根据各自的订货提前期发出各自订货的时间、订货数量，形成采购计划。按照这个投产计划进行生产或按照采购计划进行采购，就可以实现所有零部件的出产计划，从而不仅能够保证产品的交货期，而且还能够降低原材料的库存，减少流动资金的占用。MRP 系统的原理如图 4－3 所示。

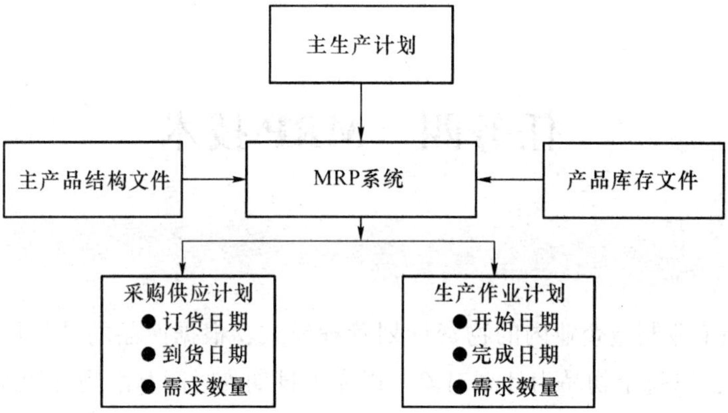

图 4－3 MRP 系统的原理

（三）MRP 系统的目标

MRP 系统的主要目标是控制库存水平，确定产品的生产优先顺序，满足交货期的要求，计划生产系统的负荷，并使其达到均衡。

（四）MRP 系统的输入

MRP 系统的主要输入项由主生产计划、主产品结构文件和产品库存文件组成。

1. 主生产计划

主生产计划是一个综合性计划，是 MRP 系统的主要输入，相当于产品生产进度计划，是 MRP 系统运行的驱动力量。MPS 确定了最终产品的出产时间和出产数量。产品的需求量可以通过客户订单、需求预测而得到。

2. 主产品结构文件

主产品结构文件也称物料清单，是生产某最终产品所需的零部件、辅助材料或材料的目录。

3. 产品库存文件

产品库存文件的功能就是保存每一种零部件的有关数据，如总需求量、现有量以及前置时间等，通过确定某一种零件的可用库存量能否满足计划期内的需求量，由 MRP 系统决定是否发出生产或订货指令。一般产品库存文件的主要参数包括以下几点。

(1) 总需求量：指部件或原材料在要求的时间内的需求数量。

(2) 预计入库量：指已经确定的，在规定时间内到达的采购货物的数量。

(3) 现有库存量：指企业仓库中可用的货物库存数量。

(4) 净需求量：指各具体的时间实际需求数量。

(5) 已分配量：指目前保存在企业仓库中，但已经分配计划了的货物数量。

(6) 计划订货量：指根据需求时间计算出的货物需要到达的数量。

(7) 计划下达量：指根据企业订货提前期应当发出订单的货物数量。

(五) MRP 系统的输出

MRP 系统根据产品结构，逐层将母项层的计划订货量与子项层的需求量联系在一起，又依据每一种零部件的生产提前期及其他有关数据，来提供多种不同内容和形式的输出，主要的输出报告一般包括以下三点。

1. 净需求量

指 MRP 系统需要外界在给定的时间内提供的给定物料数量，这是物资资源配置需要回答的主要问题。

2. 计划接受订货量

指为满足净需求量的需求，应计划从外界接受订货的数量和时间。

3. 计划发出订货量

指发出采购订单进行采购或发出生产任务单进行生产的数量和时间，它在数量上等于计划接受订货量，时间上比计划接受订货量提前一个提前期。

二、闭环 MRP

闭环 MRP 系统出现于 20 世纪 70 年代中期，是狭义 MRP 系统的推广。

闭环 MRP 是在 MRP 的基础上，增加对投入与产出的控制，也就是对企业的能力进行校检、执行和控制。闭环 MRP 理论认为，只有在考虑能力的约束，或对能力提出需求计划，在满足能力需求的前提下，MRP 才能保证物料需求的执行和实现。在这种思想要求下，企业必须对投入与产出进行控制，也就是对企业的能力进行校检和执行控制。在物料需求计划执行之前，要由能力需求计划核算企业工作中心的生产能力和需求负荷之间的平衡情况。

围绕物料需求计划而建立的系统，包括生产规划、主生产计划和能力需求计划与其他计划功能。进一步地，当计划阶段完成并且作为实际可行的计划被接受以后，执行阶段随之开始。这包括投入/产出控制、车间作业管理、派工单以及来自车间及供应商的拖期预报。不仅包括整个系统的这些组成部分，并且还包括来自执行部分的反馈信息，目的在于使计划在任何时候都保持有效。

闭式 MRP 将是一个集计划、执行、反馈为一体的综合性系统，它能对生产中的人力、机器和材料各项资源进行计划与控制，使生产管理的应变能力有所加强。这时 MRP 的实施，使未来的物料短缺不是等到短缺发生时才给予解决，而是事先进行计划，但是只有优先计划还远远不够，因为没有足够的生产能力，还是无法生产，MRP 所输出的生产和采购计划信息若没有传送至车间和供应商那里，这些计划一点价值也没有。所以必须增加生产能力计划，生产活动控制、采购和物料管理计划三方面的功能（如图 4－4 所示）。

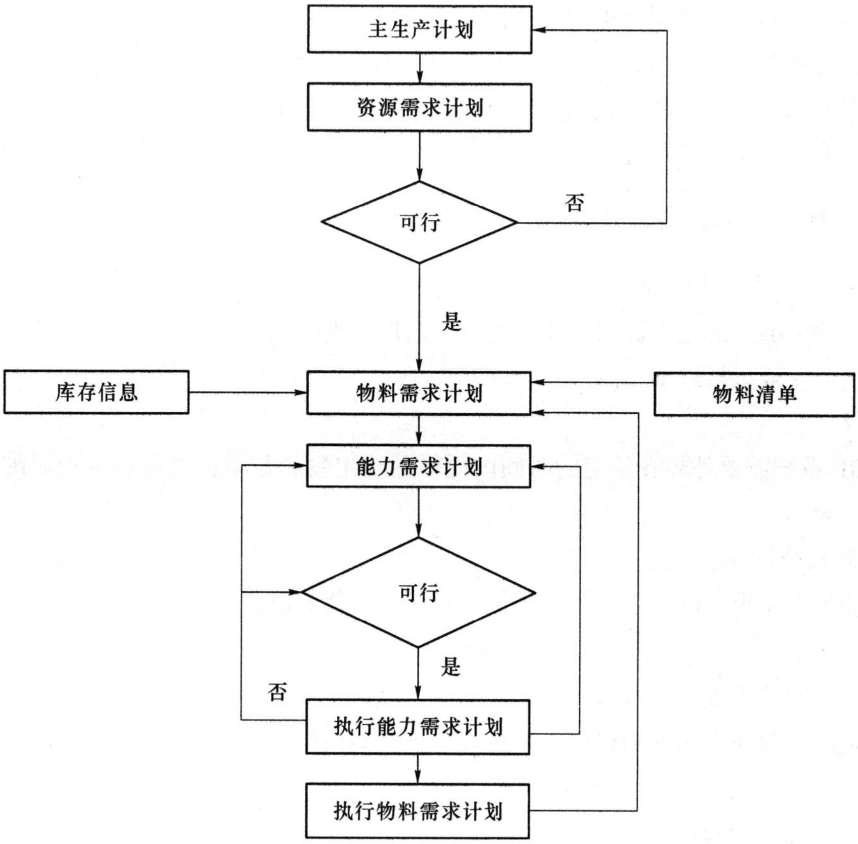

图 4－4　闭环 MRP 系统流程图

三、MRP Ⅱ

（一）MRP Ⅱ 的原理与逻辑

MRP Ⅱ 的基本思想就是把企业作为一个有机整体，从整体最优的角度出发，通过运用科学方法对企业各种制造资源和产、供、销、财等各个环节进行有效的计划、组织和控制，使它们得以协调发展，并充分地发挥作用。先进的现代企业管理模式的目的是合理配置企业的制造资源，包括财、物、产、供、销等因素，以使之充分发挥效能，使企业在激烈的市场竞争中赢得优势，从而取得最佳经济效益。企业资源计划 ERP 系统在 MRP Ⅱ 的基础上扩展了管理范围，提出了新的管理体系结构，把企业的内部和外部资源有机地结合在一起。ERP 充分贯彻了供应链的管理思想，将用户的需求和企业内部的制造活动以及外部供应商的制造资源全部包括进来，体现了完全按客户需求制造的思想。

MRP Ⅱ 是闭环 MRP 系统的直接结果和延伸。为了区别，人们将以前的 MRP 系统和闭环 MRP 系统统称为 MRP 系统，而将制造资源计划称为 MRP Ⅱ。MRP Ⅱ 并不是一种与 MRP 系统完全不同的新技术，而是在 MRP 系统的基础上发展起来的一种新的生产管理方式。MRP Ⅱ在内容和能力上有了很大扩充，涵盖了整个企业的生产经营活动，包括销售、生产、库存、生产作业、计划与控制等，能对所有的生产资料、库存、人力资源、设备、财务以及销售等进行综合计划和管理。

（二）MRP Ⅱ的结构及功能

目前已有上百种 MRP Ⅱ的软件版本，但其基本原理是相同的。MRP Ⅱ的结构如图 4－5 所示。

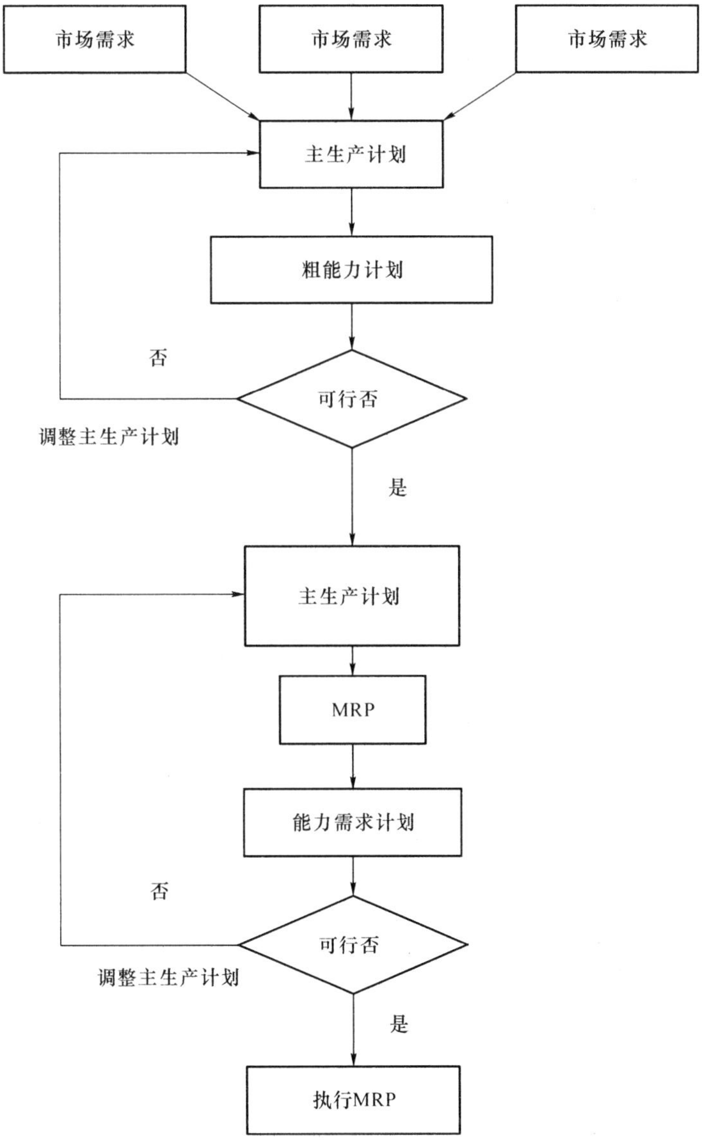

图 4－5 MRP Ⅱ的结构图

MRP Ⅱ的功能主要包括：

1. 基础数据管理

基础数据管理主要包括物料清单管理、工艺路线管理和资源数据管理。

2. 库存管理

库存管理指对生产过程中涉及的材料库、标准件库、电机库、毛坯库、半成品库等的管理。

3. 经营计划管理

经营计划管理子系统主要是销售与主生产计划管理的制订，一般分为若干个子系统。

4. 主生产计划

主生产计划规定了最终产品的出产数量和时间，一般而言，单位为“周”。

5. 物料计划

物料计划是 MRP Ⅱ 的核心部分，体现了 MRP Ⅱ 逻辑的主要部分。有三个子系统：物料需求计划子系统、能力平衡子系统及车间任务下达子系统。

6. 车间作业计划与控制

生产进度计划、物料需求计划的下达和执行，都是车间作业计划与控制系统完成的。

7. 物料采购供应

物料采购供应主要解决两个问题：一是产品合同确定后，马上能汇总出标准件与材料的需求量；二是当产品投产时，及时掌握其标准件与材料需求量的库存情况，并可以进行供应商管理。

8. 成本核算与财务管理

从 MRP Ⅱ 一体化来考虑，这两部分都是与前面的子系统相关联的。此外，MRP Ⅱ 还具有设备管理、人力资源管理、输入/输出控制等功能。

（三）MRP Ⅱ 管理模式的特点

MRP Ⅱ 的特点可以从以下几个方面来说明，每一项特点都含有管理模式的变革和人员素质或行为变革两方面，这些特点是相辅相成的。

1. 计划的一贯性与可行性

MRP Ⅱ 是一种计划主导型管理模式，计划层次从宏观到微观、从战略到技术、由粗到细逐层优化，但始终保证与企业经营战略目标一致。它把通常的三级计划管理统一起来，计划编制工作集中在厂级职能部门，车间班组只能执行计划、调度和反馈信息。计划下达前反复验证和平衡生产能力，并根据反馈信息及时调整，处理好供需矛盾，保证计划的一贯性、有效性和可执行性。

2. 管理的系统性

MRP Ⅱ 是一项系统工程，它把企业所有与生产经营直接相关部门的工作联结成一个整体，各部门都从系统整体出发做好本职工作，每个员工都知道自己的工作质量同其他职能的关系。这只有在“一个计划”下才能成为系统，条块分割、各行其是的局面应被团队精神所取代。

3. 数据的共享性

MRP Ⅱ 是一种制造企业管理信息系统，企业各部门都依据同一数据信息进行管理，任何一种数据变动都能及时地反映给所有部门，做到数据共享。在统一的数据库支持下，按照规范化的处理程序进行管理和决策，改变了过去那种信息不通、情况不明、盲目决策、相互矛盾的现象。

4. 动态的应变性

MRPⅡ是一个闭环系统，它要求跟踪、控制和反馈瞬息万变的实际情况，管理人员可随时根据企业内外环境条件的变化迅速做出响应，及时决策调整，保证生产正常进行。它可以及时掌握各种动态信息，保持较短的生产周期，因而有较强的应变能力。

5. 模拟的预见性

MRPⅡ具有模拟功能。它可以解决“如果怎样……将会怎样”的问题，可以预见在相当长的计划期内可能发生的问题，事先采取措施消除隐患，而不是等问题已经发生了再花几倍的精力去处理。这将使管理人员从忙碌的事务堆里解脱出来，致力于实质性的分析研究，提供多个可行方案供领导决策。

6. 物流、资金流的统一性

MRPⅡ包含了成本会计和财务功能，可以由生产活动直接产生财务数据，把实物形态的物料流动直接转换为价值形态的资金流动，保证生产和财务数据一致。财务部门及时得到资金信息用于控制成本，通过资金流动状况反映物料和经营情况，随时分析企业的经济效益，参与决策，指导和控制经营和生产活动。

以上几个方面的特点表明，MRPⅡ是一个比较完整的生产经营管理计划体系，是实现制造企业整体效益的有效管理模式。

四、MRP 的运行实例

【例 4－3】　生产木质百叶窗和书架的某厂商收到两份百叶窗订单：一份要 100 个，另一份要 150 个。在当前时间进度安排中，100 单位的订单应于第四周开始时运送，150 单位的订单则于第八周开始时运送。每个百叶窗包括 4 个木制板条部分和 2 个框架。木制板条部分是工厂自制的，制作过程耗时 1 周。框架需要订购，生产提前期是 2 周。组装百叶窗需要 1 周。第 1 周（即初始时）的已在途的订货数量是 70 个木制板条部分。为使送货满足如下条件，求解计划发出订货的订货规模与订货时间：

（1）配套批量订货（即订货批量等于净需求）；

（2）订货批量为 320 单位框架与 70 单位木制板条部分的进货批量订货。

解：（1）配套批量订货。

① 制作主生产进度计划，见表 4－4。

表 4－4　百叶窗进度安排

周数	1	2	3	4	5	6	7	8
数量				100				150

② 制作产品结构树，如图 4 –6 所示。

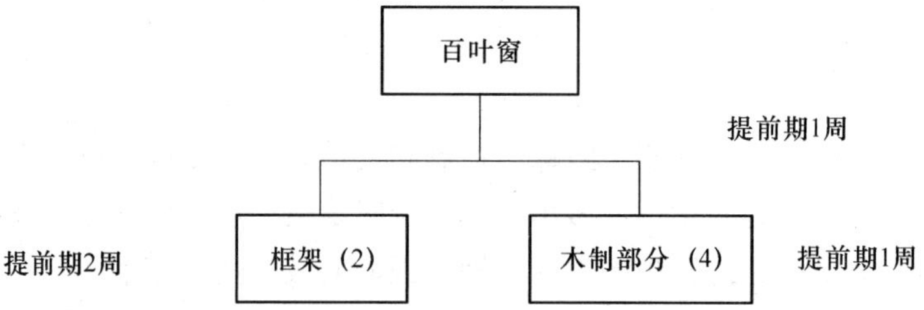

图 4 –6　百叶窗产品结构树

③ 利用主生产计划，求解百叶窗总需求，然后计算净需求。各层次净需求决定下一层的总需求。假设在配套批量订货条件下，求解满足主生产计划的时间安排、计划收到订货与计划发出订货数量，如图 4 –7 与图 4 –8 所示。

主生产计划显示需要运送 100 个百叶窗，在第 4 周开始时没有计划持有量，因此净需求也是 100 单位。于是第 4 周的计划接收数量等于 100 个百叶窗。由于装配百叶窗耗时 1 周，这就意味着计划发出订货是在第 3 周开始的。运用同样逻辑，150 个百叶窗必须在第 7 周组装，这样才能在第 8 周运送出去。

百叶窗的时间

周数	1	2	3	4	5	6	7	8
数量				100				150

百叶窗：LT=1周									
	总需求				100				150
	已在途订货								
	计划持有量								
	净需求				100				150
	计划收到订货				100				150
	计划发出订货			100				150	

2倍　　2倍

框架：LT=2周									
	总需求			200				300	
	已在途订货								
	计划持有量								
	净需求			200				300	
	计划收到订货			200				300	
	计划发出订货	200				300			

4倍　　4倍

木制板条部分：LT=1周									
	总需示			400				600	
	已在途订货	70							
	计划持有量	70	70	70					
	净需求			330				600	
	计划收到订货			330				600	
	计划发出订货		330				600		

图 4 –7　配套批量订货下的 MRP 时间进度安排

百叶窗的时间

周数	1	2	3	4	5	6	7	8
数量				100				150

		1	2	3	4	5	6	7	8
百叶窗：LT=1周 订货批量=配套批量订货	总需求				100				150
	已在途订货								
	计划持有量								
	净需求				100				150
	计划收到订货				100				150
	计划发出订货			100				150	

2倍　2倍

		1	2	3	4	5	6	7	8
框架：LT=2周 订货批量=320的倍数	总需求			200				300	
	已在途订货								
	计划持有量				120	120	120	120	140
	净需求			200				300	
	计划收到订货			320				300	
	计划发出订货	320				320			

4倍　4倍

		1	2	3	4	5	6	7	8
木制板条部分：LT=1周 订货批量=70的倍数	总需求			400				600	
	已在途订货	70							
	计划持有量	70	70	70	20	20	20	20	50
	净需求			330				580	
	计划收到订货			350				630	
	计划发出订货		350				630		

进货批量下各成分的时间进度安排

图 4-8　进货批量下 MRP 的时间进度安排

在第 3 周开始时 100 个百叶窗的计划发出订货，指的是那时必须得到 200 个框架（总需求）。因为没有预期持有量，净需求就是第 3 周开始时的 200 个框架，以及必备条件：200 个框架的计划收到订货。生产提前期为 2 周意味着厂商必须在第 1 周开始时订购了 200 个框架。同样，第 7 周时 150 个百叶窗的计划发出订货产生第 7 周的总需求与净需求：300 个框架以及当时的计划收到订货。2 周的生产提前期使得厂商必须在第 5 周开始时订购框架。

第 3 周开始时 100 个百叶窗的计划发出订货同时生成 400 单位木制板条部分的总需求。然而，由于计划的持有量为 70 个木制板条部分，净需求即为 400 - 70 = 330。这意味着第 3 周开始时的计划接收为 330 单位。制作过程历时 1 周，因此制作必须在第 2 周开始（计划发出订货）时进行。同样，第 7 周 150 个百叶窗的计划发出订货产生的总需求是 600 个木制板条部分。由于木质板条部分没有计划持有量，净需求也是 600 单位，计划收到订货是 600 单位。此外，一周的生产提前期意味着 600 个木制板条部分的制作安排是在第 6 周开始时进行。

（2）订货批量为 320 单位框架与 70 单位木制板条部分的进货批量订货。

在订货批量订货条件下，唯一不同点就是计划接收数量超过的净需求量的可能性。超过部分即为下一期计划存货。如表所示，框架的订货批量是 320 单位，第 3 周的净需求是 200，超过量为 320 - 200 = 120，成为下一周的计划存货量。类似地，框架净需求 180 单位比订货批量 320 少了 140 单位，又一次地，超过量变为第 8 周计划存货量。木制板条部分的计算也是如此，第 3 周与第 7 种计划接收量的超过部分加到了第 4 周和第 8 周。注意，订货批量必须是与批量规模的倍数，第 3 周是 5 × 70，第 7 周是 9 × 70。

MRP 为最终产品及其各组附件、部件做出了计划。从概念上说，它们的数值可以用图描述出来。但实际上，即便是比较简单的产品的部件数量，也足以生成宽度令人无法控制的表格。因而，如前例所示，计划是由个别部件堆砌起来的。正因为如此，产品树对于追踪各部件之间的关系来说显得极为重要。

案例分析：

别拿别人的库存不当钱

我们看到：很多从事“流通”的经销或零售企业并没有在“库存”上动太大的“脑筋”——是这个问题不重要吗？不是，有人认为库存管理是零售企业的三大核心能力之一(另两个是商品管理和顾客行为分析)。那为什么分销企业对此“漠然”呢？原因也很简单：他们不知道同样做到了 800 万元的销售额，但 A 企业是用 600 万元库存做到的，而 B 企业是用 1 000 万元库存做到的——B 企业可能到资金链断裂而倒闭的那一天都不知道：是库存出了问题。

具体如何实现降低库存，不同类型的企业有着不同的库存政策，像上述库存问题就可以利用好的商品管理方法来改善。但这样做得再好也只是“各家自扫门前雪”。更重要的是：当你为转移了自己的库存风险而得意时，你的上下游正通过其他“卑鄙”的手法把库存损失再转回来——供应链上没有“一枝独秀”的美事。因此，分销企业应该鼓励或联合供应商一起来降低库存，提高周转率——“别拿别人的库存不当钱”。

让我们看看上海通用是如何解决这个问题的。上海通用三种车型的零部件总量有 5 400 多种！这相当于一个中型超市的单品数。通用的这些零部件来自 180 家供应商，这也和一个大型卖场的供应商数量相近。我们来看看通用怎么提高供应链效率、帮助整个供应链降低库存。

通用的部分零件是本地供应商所生产的，这些供应商会根据通用的生产要求，在指定的时间直接送到生产线上。这样，因为不进入原材料库，所以保持了很低或接近于“零”的库存，省去大量的资金占用。但供应商并不愿意送那些用量很少的零部件。于是，以前的传统汽车制造商要么有自己的运输队，要么找运输公司把零件送到公司。这种方式的缺点是：

（1）有的零件根据体积或数量的不同，并不一定正好能装满一卡车。但为了节省物流成本，他们经常装满一卡车才给你，如果装不满，就要等待。这样不仅造成了库存高，占地面积大，而且也影响了对客户的服务速度。

（2）不同供应商的送货环节缺乏统一的标准化管理，在信息交流、运输安全等方面，都会带来各种各样的问题，如果想管好它，必须花费很多的时间和很大的人力资源。所以通用就改变了这种做法，使用了叫做“循环取货”的小技巧：他们聘请一家第三方物流供应商，由他们来设计配送路线，然后每天早晨依次到不同的供应商处取货，直到装上所有的材料，再直接送到上海通用。这样，通过循环取货，通用的零部件运输成本可以下降30%左右。这种做法省去了所有供应商空车返回的浪费，充分节约运输成本，而且体现了这样的基本理念：把所有增值空间不大的业务外包给第三方，他们会比通用更懂得怎样节省费用。

同样，如果一个大卖场有300个供应商，他们是否有必要每一家都包一辆车，把货物送到收货处呢？你认为供应商会白白地替你送货吗？而且你用考核指标要求他们不能断货，要及时送到，那么这就是在逼迫供应商在当地为你保有一定的库存量。这部分库存成本，供应商是白白为你付出吗？如果没有厂家愿意出，他们都是把费用打到了商品价格中。

在日本7－11店刚开始快速发展的时候，是让众多供应商非常头疼的一个客户，为什么？因为当时7－11的确发展很快，已经达到100家以上了，供应商不肯放弃或得罪这样一个有潜力的零售客户。但问题是，7－11在要求厂家直供门店时，供应商们发现：7－11都是便利店，由于定位针对年轻顾客，即食商品多，因此要求门店存货少。这样，供应商送货时要面对频繁的送货次数，复杂的送货路线，小批量的订单，大量的上下搬运作业——没有几个供应商愿意承担这样的成本。但如果采取大批量小频率送货，7－11就要承担大量库存的风险。于是，7－11建议自己的供应商联合起来送货，最初响应的人很少，但最终人们发现这样的确可以降低大量的成本。但问题出来了，为了保证7－11的低库存，为了能在7－11要货时就能备足各种品类，就要求供应商多准备很多库存，怎么办？

实际上上海通用也遇到了这种情况。上海通用采取的是“柔性化生产”，即一条生产流水线可以生产不同平台多个型号的产品。这种生产方式对供应商的要求极高，即供应商必须时常处于“时刻供货”的状态，这样就会给供应商带来很高的存货成本。但是，供应商一般不愿意独自承担这些成本，就会把部分成本打在给通用供货的价格中。同时，他们还会把另一部分成本“赶”到了其上游的供应商那里——于是上游就准备了更大的库存。

为了克服这个问题，上海通用与供应商时刻保持着信息沟通。通用有一年的生产预测，也有半年的生产预测，生产计划是滚动式的，基本上每个星期都有一次滚动，在滚动生产方式的前提下，通用的产量在作不断的调整。这个运行机制的核心是要让供应商也看到通用的计划，让其能根据通用的生产计划安排自己的存货和生产计划，减少对存货资金的占用。

实际上零售商一样可以做到这一点。问题就是，零售商要把销售数据和促销计划提前通知供应商。供应商至少在以下三个降低库存的方面非常需要零售商的POS数据：

① 销售预测：这决定了供应商的日常库存；

② 补货运作：这里终端数据决定了供应商的存货量和补货速度；

③ 促销计划：这决定了供应商的促销库存以及清理以往快过季的库存。

问题讨论：

（1）上海通用是如何有效降低库存的？

（2）零售商可以借鉴通用的哪些经验来降低库存？

复习思考题

1. 简述仓储成本分析的意义。
2. 定量订货方法的原理是什么？
3. 定期订货法的适用范围是什么？
4. 比较定量订货法和定期订货法。
5. 简述 ABC 管理法的思想与原理。
6. 举例说明 MRP 技术的应用。

项 目 实 训

一、实训题目

ABC 三类物资库存管理方案

二、实训目的

通过学习 ABC 管理法，使学生熟悉 ABC 管理法只是一种手段，其真正的目的是针对不同的分类采取不同的措施，控制程度、配置、管理要点、订货方式、记录检查方式、保管条件等方面给予不同的规划，使库存管理更加合理、更加优化。

三、实训基本要求

要求同学们实训课前做好 ABC 管理法内容的理论复习，实训过程中遵守实训要求，按老师指定的步骤进行，发现问题要及时修改，以在实训中不断地完善 ABC 管理法知识，达到实训的目的。

四、实训内容

以库存管理为例来说明 ABC 管理法的具体应用。如果对库存商品进行年销售额分析，那么：

第一，收集各个品目商品的年销售量、商品单价等数据。

第二，对原始数据进行整理并按要求进行计算，如计算销售额、品目数、累计品目数、累计品目百分数、累计销售额、累计销售额百分数等。

第三，作 ABC 分类表。在总品目数不太多的情况下，可以用大排队的方法将全部品目逐个列表。按销售额的大小，由高到低对所有品目顺序排列；将必要的原始数据和经过统计汇总的数据，如销售量、销售额、销售额百分数填入；计算累计品目数、累计品目百分数、累计销售额、累计销售额百分数；将累计销售额为60% ~80%的前若干品目定为A类；将销售额为20% ~30%的若干品目定为B类；将其余的品目定为C类。如果品目数很多，无法全部排列在表中或没有必要全部排列出来，可以采用分层的方法，即先按销售额进行分层，以减少品目栏内的项数，再根据分层的结果将关键的A类品目逐个列出来进行重点管理。

第四，以累计品目百分数为横坐标，累计销售额百分数为纵坐标，根据ABC分类表中的相关数据，绘制ABC分析图。

第五，根据ABC分析的结果，对ABC三类商品采取不同的管理策略。

五、实训报告的完成

以实训中绘制ABC分析图作为实训报告成果。

六、实训思考题

1. ABC管理法的思想与原理是什么？
2. ABC管理法的程序实施步骤是什么？
3. 论述ABC管理法在企业库存管理中的应用。

项目五

仓储安全控制

知识目标：

了解安全管理的重要性
掌握治安保卫、防火、防水、防虫鼠害的管理和方法
了解操作安全的管理方法
知道仓储质量的重要性
掌握质量管理的原则和方法

技能目标：

具有保障仓库安全的能力
具备仓储质量管理的能力

任务一　治安保卫及消防安全

任务导入：

仓库是物资储存基地，仓库安全管理十分重要。仓库安全系统是一个多因素、多环节、多专业的综合系统，包括人、物、环境诸因素，渗透于仓库的每一项工作中，但其中最基本的是治安保卫和仓库消防。

知识解析：

一、治安保卫

（一）治安保卫介绍

仓库的治安保卫是仓库为了防范、制止恶性侵权行为、意外事故对仓库及仓储财产的侵害和破坏，维护仓储环境的稳定，保证仓储生产经营的顺利开展所进行的管理性工作。治安保卫工作的具体内容就是执行国家治安保卫规章制度，防盗、防抢、防骗、防破坏、防火、

防止财产侵害、维持仓库内文通秩序和防止文通意外事故等仓库治安灾难事故，协调与外部的治安保卫关系，维持仓库内的安定局面和员工人身安全。

治安保卫管理是仓库管理的重要组成部分，不仅涉及财产安全、人身安全，执行国家的治安保卫管理法规和政策，同时也是仓库履行仓储合同义务的组成部分，降低和防止经营风险的手段。治安保卫工作良好的开展，才能确保企业的生产经营顺利进行，因而是仓库实现经营效益的保证，在生产效率和提高经营效益与安全保卫发生冲突时，要以治安保卫优先。仓库治安保卫管理的原则为：坚持预防为主、确保重点、严格管理、保障安全和谁主管谁负责。

（二）治安保卫组织

仓库的法定代表人或主要负责人为仓库的治安保卫责任人，为治安保卫管理工作的领导，同时还要由仓库最高层领导中的一员分管负责，由其领导建立起仓库治安保卫的完整组织。治安保卫的管理机构由仓库的整个管理机构组成，高层领导负责整个仓库的治安保卫管理工作；各部门、机构的领导是本部门的治安责任人，负责本部门的治安保卫管理工作，对本部门的治安保卫工作负责；治安保卫的职能机构协助领导的治安保卫管理工作，指导各部门的治安保卫管理，领导治安保卫执行机构。仓库治安保卫执行机构采用由专职保卫机构和兼职安全员相结合的组织方式。

专职保卫机构既是仓库治安保卫的执行机构，也是仓库治安保卫管理的职能机构。专职保卫机构根据仓库规模的大小、人员的多少、任务的繁重程度、仓库所在地的社会环境确定机构设置、人员配备。一般设置保卫部、保卫队、门卫队等。专职保卫机构协助仓库主管领导的工作，制定仓库治安保卫规章制度、工作计划，督促各部门领导的治安保卫工作，组织全员的治安保卫学习教育和宣传，协调对外的治安保卫工作，保持与当地公安部门的联系，协助公安部门在仓库内的治安管理活动，管理治安保卫的器具，管理专职保卫员工。

治安保卫的兼职制度是实行治安保卫群众管理制度的体现，选择部分责任心强、所从事的岗位对治安保卫敏感、具有一定的精力和体力的员工兼任安全员。兼职安全员主要承担所在部门和组织的治安保卫工作，协助部门领导的管理工作，督促部门执行仓库治安保卫管理的制度，组织治安保卫教育学习、检查和预防工作。

（三）治安保卫制度

治安保卫工作是仓储长期性的工作，需要采取制度性的管理措施。通过规章制度确定工作要求、工作行为规范、明确岗位责任，通过制度建立管理系统，及时畅顺地交流信息，随时堵塞保卫漏洞，确保及时、有效的保卫反应。

仓库需要依据国家法律、法规，结合仓库治安保卫的实际需要，以保证仓储生产高效率进行，实现安全仓储，防止治安事故的发生为目的，按照以人为本的思想，科学地制定治安保卫规章制度。仓库所订立的规章制度不得违反法律规定，不能侵害人身权或其他合法权益，避免或最低限度地减少妨碍社会秩序，有利于促进安全生产。

为了使治安保卫规章制度得以有效执行，规章制度需要有相对的稳定性，使每一位员工家喻户晓，以便按照执行、照章办事。但是随着形势的发展、技术的革新、环境的变化，规章制度也要适应新的需要进行相应修改，使之更符合新形势下的仓库治安保卫工作的需要。规章制度的修改，意味着新一轮的制度学习和宣贯的开始。

仓库治安保卫的规章制度既有独立的规章制度，如安全防火责任制度，安全设施设备保管使用制度，门卫值班制度，车辆、人员进出仓库管理制度，保卫人员值班巡查制度等，也有合并在其他制度之中的，如仓库管理员职责、办公室管理制度、车间作业制度、设备管理制度等规定的治安保卫事项。

（四）治安保卫工作的具体内容

仓库的治安保卫工作主要有防火、防盗、防破坏、防抢、防骗、员工人身安全保护、保密等工作。治安保卫工作不仅有专职保安员承担的工作，如门卫管理、治安巡查、安全值班等；还有大量的工作由相应岗位的员工承担，如办公室防火防盗、财务防骗、商务保密、仓库员防火、锁门关窗等。仓库主要的治安保卫工作及要求如下。

1. 守卫大门和要害部位

仓库需要通过围墙或其他物理设施隔离，设置一至两个大门。仓库大门是仓库与外界的连接点，是仓库地域范围的象征，也是仓储承担货物保管责任的分界线。大门守卫是维持仓库治安的第一道防线。大门守卫负责开关大门，限制无关人员、车辆进入，接待入库办事人员并实施身份核查和登记，禁止入库人员携带火源、易燃易爆物品入库，检查入库车辆的防火条件，指挥车辆安全行驶、停放，登记入库车辆，检查出库车辆，核对出库货物、物品放行条和实物，并收取放行条，查问和登记出库人员携带的物品，特殊情况下查扣物品、封闭大门。

对于危险品仓、贵重物品仓、特殊品储存仓等要害部位，需要安排专职守卫看守，限制人员接近、防止危害、防止破坏和失窃。

2. 巡逻检查

由专职保安员不定时、不定线、经常地巡视整个仓库区每一个位置的安全保卫工作。巡逻检查一般安排两名保安员同时进行，携带保安器械和强力手电筒，查问可疑人员，检查各部门的防卫工作，关闭确实无人的办公室、仓库门窗、电源，制止消防器材挪作他用，检查仓库内有无发生异常现象、停留在仓库内过夜的车辆是否符合规定等。巡逻检查中发现不符合治安保卫制度要求的情况，采取相应的措施处理或通知相应部门处理。

3. 防盗设施、设备使用

仓库的防盗设施大至围墙、大门，小到门锁、防盗门、窗，仓库根据法规规定和治安保管的需要设置和安装。仓库具有的防盗设施如果不加以有效使用，都不能实现防盗目的。承担安全设施操作的仓库员工应该按照制度要求，有效使用配置的防盗设施。

仓库使用的防盗设备除了专职保安员的警械外，主要还有视频监控设备、自动警报设备、报警设备，仓库应按照规定使用所配置的设备，专人负责操作和管理，确保设备的有效运作。

4. 治安检查

治安责任人应经常检查治安保卫工作，督促照章办事。治安检查实行定期检查与不定期检查相结合的制度，班组每日检查、部门每周检查、仓库每月检查，及时发现治安保卫漏洞、安全隐患，采取有效措施及时消除。

5. 治安应急

治安应急是仓库发生治安事件时，采取紧急措施，防止和减少事件所造成损失的制度。治安应急需要通过制定应急方案，明确确定应急人员的职责，发生事件时的信息（信号）发布和传递规定，以经常的演练来保证实施。

二、仓库消防

（一）仓库火灾知识

1. 火灾的危害

仓库火灾是仓库的灾难性事故，不仅造成仓储货物的损害，还损毁仓库设施、燃烧和燃烧产生的有毒气体直接危及人命安全。仓库储存大量的物质，物质存放密集，机械、电气设备大量使用，管理人员偏少，具有发生火灾的系统性缺陷。仓库的消防工作，是仓库安全管理的重中之重，也是长期的、细致的、不能疏忽的工作。

2. 燃烧三要素

火是燃烧的一种方式，一种剧烈的氧化反应，着火具有放热、发光和生成新物质三个特征。火的发生必须具备三要素：具有可燃物、助燃物以及着火源。

（1）可燃物是指在常温条件下能燃烧的物质，包括一般植物性物料、油脂、煤炭、腊、硫黄、大多数的有机合成物等。

（2）助燃物指支持燃烧的物质，包括空气中的氧气、释放氧离子的氧化剂等。

（3）着火源则是物质燃烧的热能源，无论是明火源还是其他火源，实质上就是引起易燃物燃烧的热能，该热能引起易燃物资的气化，形成易燃气体，易燃气体在火源的高温中燃烧。着火源是引起火灾的罪魁祸首，是仓库防火管理的核心。

仓库火灾的着火源主要有：

（1）明火与明火星。有生产、生活活动使用的炉火、灯火，与焊与割的乙炔火，火柴、打火机火焰，未熄灭的烟头、火柴梗的火星，车辆、内燃机械的排烟管火星，飘落的未熄灭烟花爆竹等。

（2）电火。由于电线短路、用电超负荷、漏电引起的电路电火花，电器设备的电火花、电器设备升温引起燃烧等。

（3）化学火和爆炸性火灾。由于一些化学反应会释放大量热能甚至直接发生火焰燃烧，而发生火灾，如活泼轻金属遇水的反应和燃烧，硫化亚铁氧化燃烧、高锰酸钾与甘油混合燃烧等；具有爆炸危险的货物在遇到冲击、撞击或热源，发生爆炸而引起火灾；一定浓度的易燃气体、易燃物的粉尘，遇到火源也会发生爆炸。

（4）自燃。是指物资自身的温度升高，达到自燃点时，无须外界火源，就发生燃烧的现象。容易发生自燃的物质有：粮食谷物、煤炭、棉花、化纤、干草、鱼粉、部分化肥、油污的棉纱等。

（5）雷电与静电。雷电是带有不同电荷的云团接近时瞬间放电而形成的电弧，电弧的高能量能引起可燃物资燃烧。静电则是因为摩擦、感应使物体表面电子大量集结，向外以电弧方式传导的现象，同样也能使易燃物燃烧。液体容器、传输液体的管道、工作的电器、运转的输送带、高压电与强无线电波等都会产生静电。

（6）聚光。太阳光的直接照射会使物体表面温度升高，如果将太阳光聚合，形成强烈的光束就会使易燃物升温而燃烧。玻璃的折射、镜面的反射光都可能出现聚光现象。

（7）撞击和摩擦。金属或其他坚硬的非金属，在撞击时会出现火花，引起接近的易燃物品的燃烧。物体长时间摩擦也会升温导致燃烧。

（8）人为破坏。人为恶意将火源引入仓库所造成的火灾。人为故意引火构成纵火罪，纵火人要受到刑事惩罚。

3. 仓库火灾的种类

火灾的分类是为了有效地防止火灾和灭火。防火工作重视着火源的分类，分为直接着火源和间接着火源，如明火源、电火源、化学火源、自燃等。从灭火的方法角度又要重视可燃物的不同，需要采用不同的灭火方法，而对火灾进行分类。

（1）普通火。普通可燃固体所发生的火灾，如木料、棉花、化纤、煤炭等。普通火虽然说燃烧扩散较慢，但燃烧较深入，货堆内部都在燃烧，灭火后重燃的可能性极高。普通火较适合用水扑灭。

（2）油类火。各种油类、油脂发生燃烧。油类属于易燃品，即易燃烧，且还具有流动性，着火的油的流动，会迅速扩大着火范围。油类轻于水，会漂浮在水面，随水流动，不能用水灭火，只能采用泡沫、干粉等灭火。矿油类储藏在专用的油库，在普通仓库中不得存放矿油类，但普通仓库中会存放合用油类。

（3）电与火。电器、供电系统漏电所引起的火灾以及具有供电的仓库发生火灾，其特征是在火场中还有供电存在，具有人员触电的危险；另外，由于供电系统的传导，还会在电路的其他地方产生电火源，因而发生火灾时，要迅速地切断供电，采用其他安全方式照明。

（4）爆炸性火灾。爆炸不仅会加剧火势，扩大燃烧范围，更危险的是直接对人命的伤害。具有爆炸性的货物发生火灾或火场内有爆炸性物品（如可发生化学爆炸的爆炸危险品、可发生物理爆炸的密闭容器等）时，首要的工作是保证人身安全，迅速撤离人员。

（二）防火与灭火方法

燃烧三要素中的可燃物、助燃物、着火源（温度）共同作用才能燃烧，缺少一个要素都不能形成火灾。防火工作就是使三者分离，不会互相发生作用。而灭火的方法也就是围绕着这个原理进行，将其中一种或两种要素分离。

1. 防火方法

（1）控制可燃物。通过减少或不使用可燃物、将可燃物质进行难燃处理来防止火灾。如仓库建筑采用不燃材料建设，使用难燃电气材料等；易燃货物使用难燃包装，用难燃材料苫盖可燃物等。通过通风的方式使可燃气体及时排除，洒水减少可燃物扬尘等。

（2）隔绝助燃物。对于易燃品采取封闭、抽真空、充惰性气体、浸泡的方式，表面油漆不燃漆、不燃涂料的方式使易燃物不与空气直接接触来防止燃烧。

（3）消除着火源。通过使得发生火灾的着火源不在仓库内出现来实现防火的目的。由于仓库不可避免储藏可燃物，隔绝空气的操作需要较高的成本，仓库防火的核心就是防止着火源。消除着火源也是灭火的基本方法。

2. 灭火方法

灭火是可燃物已发生燃烧时采取终止燃烧的措施。

（1）冷却法。将燃烧物的温度降低到燃点以下，使之不能气化，从而阻止燃烧。常用的冷却法有用大量冷水、干冰等降温。

（2）窒息法。使火附近的氧气含量减少，使燃烧不能继续。窒息法有封闭窒息法，如将燃烧间密闭；充注不燃气体窒息法，如二氧化碳、水蒸气等；不燃物遮盖窒息法，如用黄沙、惰性泡沫、湿棉被等覆盖着火物灭火。

（3）隔绝法。将可燃物减少、隔离的方法。当发生燃烧时，将未着火的货物搬离，从而避免火势扩大。隔绝法是灭火的基本原则，一方面减少受损货物，另一方面能起到控制火势的作用。当发生火灾时，首要的工作就是将火场附近的可燃物搬离或采用难燃材料隔离。

（4）化学抑制法。通过多种化学物质在燃烧物上的化学反应，产生降温、绝氧等效果消除燃烧。

（5）综合灭火法。火灾的危害性极大，而且当火势迅猛时，基本无法控制。发生火灾时要及时采取各种能够采用的灭火方式，不能依赖单一的方法。如采取封闭库房和库外喷水降温同时进行，货场搬离附近货物的隔绝法和释放灭火剂同时进行。

在共同使用多种灭火方式时，要注意避免所采用的手段互相干扰，从而降低灭火效果。如采用泡沫灭火时，不能用水冲，除非有大量的水源要代替不足的泡沫。酸性灭火剂不能与碱性灭火剂共同使用。

3. 消防设施和灭火器

（1）仓库建筑的防火规范。

仓库必须依据国家标准《建筑设计防火规范》和仓库的拟定用途确定合乎规范的耐火等级、层数和占地面积、库房容积和防火间距。在仓库建设后不得改变。

仓库应按国家有关防雷设计规范的规定设置防雷装置，并需要定期检查，防止损害，以保证有效。防雷装置接地电阻不大于 10 Ω，接闪器圆钢直径不小于8 mm,扁钢、角钢厚度不小于 4 mm。

仓库区内必须设置消防通道，消防通道不小于 4 m。

（2）消防水系统。

库房内应设室内消防给水，同一库房内应采用统一规格的消防栓、水枪和水带，水带长度不应超过 25 m。超过四层的库房应设置消防水泵接合器。对于面积超过 1 000 m^2 纤维及其制品的仓库，应设置闭式自动喷水灭火系统。消防水可以由水管网、消防水池、天然水源供给，但必须要有足够的压力和供水量。寒冷季节，要采取必要的防冻措施，防止消防水系统损坏。

（3）灭火器和灭火剂。

灭火器，是一些轻便的容器内装灭火剂。发生火灾时，使用灭火器内的灭火剂扑灭火源。灭火器布置在仓库的各个出入口附近位置，是应急灭火的最重要的器材。

灭火器根据容器内盛装的灭火剂命名，分为清水灭火器、泡沫灭火器、二氧化碳灭火器、干粉灭火器、1211 灭火器等。不同的灭火器要针对性地使用，才能起到有效灭火的目的。

水是最常用的灭火剂，能起着降温冷却、隔绝空气、冲击火焰的灭火作用。除了电与火灾、油和轻于水的不溶于水液体、碱金属外，其他火灾都可以用水扑灭。

泡沫，又分为化学泡沫和空气泡沫。由于泡沫较轻，覆盖在可燃物表面，起着阻隔空气的作用，从而使燃烧终止。泡沫主要用于油类火灾，也可以用于普通火灾的灭火。

二氧化碳，又称为干冰灭火器。利用液态的二氧化碳在气化时大量吸热，造成降温冷却以及二氧化碳本身的窒息作用灭火。二氧化碳最适用于电气设备、气体以及办公地点、封闭仓室的灭火。二氧化碳及时气化，不留痕迹，不会损坏未燃烧的物品。但二氧化碳对人体同样具有窒息作用，在使用时要注意防冻和防窒息。

干粉，如碳酸氢钠粉等干燥、易流动、不燃、不结块的粉末，主要起着覆盖窒息的作用，还能减少燃烧液体的流动。

1211，“1211”即二氟一氯一溴甲烷，一种无色透明的不燃绝缘液体。通过氮气高压存储在高压钢瓶内。灭火时对着着火物释放，通过降温、隔绝空气、形成不燃覆盖层灭火。其灭火效率极高，比二氧化碳高 3 ~4 倍，适合于油类火灾、电气火灾的扑灭。

沙土，对于小面积火灾，使用沙土覆盖灭火是一种有效的手段。由于沙土本身惰性、不燃，较为沉重，具有较好的覆盖镇压能力，适合于氧化剂、酸碱性物质、遇水燃烧物质的灭火，同时沙土能吸附液体，阻止液体流动，也是扑灭液体火灾的重要材料。

（三）仓库消防管理

仓库消防管理的方针是“预防为主、防消结合”，重视预防火灾的管理，以不存在火灾隐患为管理目标。

仓库的消防管理工作包括仓库建设时的消防规划、消防管理组织、岗位消防责任、消防工作计划、消防设备配置和管理、消防检查和监督、消防日常管理、消防应急、消防演习等。

严格按照《仓库防火安全管理规则》布置仓库建筑和配置消防设备，并通过当地消防管理部门的验收。在任何情况下仓库的消防场地和设施都不得改作其他使用。仓库要与当地消防管理部门商定仓库消防管理的责任区域，确定保持联系的方法。

仓库的消防管理是仓库安全管理的重要组成部分，由仓库的法定代表人或最高领导人承担管理责任人，各部门、各组织的主要领导人担任部门防火管理责任人，每一位员工都是其工作岗位的防火责任人，形成仓库领导、中层领导、基层员工的消防组织体系，实行专职和兼职相结合的消防制度，使消防管理工作覆盖到仓库的每一个角落。

仓库根据需要可以组织专职消防机构和消防队伍，承担仓库消防工作的管理支持、检查和督促，应急消防、员工消防培训、消防值班、公共场所的消防管理、仓库消防设备管理和维护。同时还可以组织兼职消防队伍，承办各工作部门的消防工作，检查所在部门的消防工作，及时发现消防隐患。

消防工作采用严格的责任制，采取“谁主管谁负责，谁在岗谁负责”的制度。每个岗位、每个员工的消防责任明确确定，并采取有效的措施督促执行。仓库需订立严格和科学的消防规章制度，制定电源、火源、易燃易爆物品的安全管理和值班巡逻制度，确保各项规章制度被严格执行。制定合适的奖惩制度，激励员工做好消防工作。

仓库内的工作人员需要经过消防培训，考核合格方可上岗。仓库还需要定期组织员工消防培训，并结合进行消防演习，确保每一位仓库员工熟悉岗位消防职责。经常性地开展防火宣传，保持员工的高度防火警惕性。

仓库的消防设备要有专人负责管理，坚决制止挪用或损坏消防设备。根据各类消防设备的特性，定期保养和检查、充装。定期检查防雷系统，保证处于有效状态。

（四）仓库防火

（1）严格把关、严禁火种带入仓库。库区内严禁吸烟、严禁用火炉取暖。存货仓库内严禁明火作业。库房内不准设置和使用移动式照明灯具。库房内不得使用电炉、电烙铁等电热器具和电视机、电冰箱等家用电器。库房内不得作为办公场所和休息室。

（2）严格管理库区明火。库房外使用明火作业，必须按章进行，在消除可能发生火灾的条件下，经主管批准，在专人监督下进行，明火作业后彻底消除明火残迹。库区内的取暖、烧水炉应设置在安全地点，并有专人看管。库区及周围 50 m 范围内，严禁燃放烟花爆竹。

（3）电与设备防火。库区内的供电系统和电器应经常检查，发现老化、损害、绝缘不良时，及时更换。每个库房应该在库房外单独安装开关箱，保管人员离库时，必须拉开电闸断电。使用低温照明的不能改为高温灯具，防爆灯具不得改用普通灯具。

（4）作业机械防火。进入库区的内燃机械必须安装防火罩，电动车要装设防火星溅出装置。蒸汽机车要关闭灰箱和送风器。车辆装卸货物后，不准在库区、库房、货场内停放，更不得在库内修理。作业设备会产生火花的部位要设置防护罩。

（5）入库作业防火。装卸搬运作业时，作业人员不得违章采用滚动、滑动、翻滚、撬动的方式作业，不使用容易产生火花的工具。避免跌落、撞击货物。对容易产生静电的作业，要采取消除静电措施。货物入库前，要专人负责检查，确定无火种隐患后，如无升温发热、燃烧痕迹、焦味等，方准入库。对已升温的货物，要采取降温措施后才能入库。

（6）安全选择货位。货物要合理进行分类、分垛储存。对于会发生化学反应的货物应远离对方，消防方法不同的货物不得同仓储存。根据货物的消防特性选择合适的货位，如低温位置、通风位置、光职位置、方便检查位置、干燥位置、少作业位置等。

（7）保留足够安全间距。货垛大小合适，间距符合要求。堆场、堆垛应当分类、分堆、分组和分垛，按照防火规范中防火距离的要求保留间距。库房内按类分垛，每垛占地面积不宜大于 100 m^2，垛与垛间距不少于 1 m，垛与墙间距不少于 0.5 m，垛与梁、柱的间距不小于 0.3 m，货垛与水暖取暖管道、散热器间距不小于 0.3 m，库内主要通道的宽度不小于 2 m。

在照明灯具下方不得堆放物品，其垂线下方与存货品间距不得小于0.5 m，电器设备周围间距保留1.5 m，架空线路下方严禁堆放货物。不得占用消防通道、疏散楼梯存放货物和其他物品，不得围堵消防器材。

（8）货物防火保管。对已入库货物的防火保管是仓库保管的重要工作，仓库管理人员应经常检查仓库内的防火情况，按防火规程实施防火作业。经常检查易自燃货物的温度，做好仓库通风，对货场存放较久的货物时常掀开部分苫盖通风除湿。气温高时对易燃液体、易燃气体洒水降温。烈日中苫盖好货物，阻止阳光直射入仓库或反射入仓库照射货物。经常查看电气设备工作状态，及时发现不良情况。仓库保管中发现不安全情况及时报告，迅速采取有效措施，消除隐患。

（9）及时处理易燃杂物。对于仓库作业中使用过的油污棉纱、油手套、油污垫料等的沾油纤维、可燃包装、残料等，应当存放在库外的安全地点，如封闭铁桶、铁箱内，并定期处理。

仓库作业完毕，应当对仓库、通道、作业线路、货垛边进行清理清扫，对库区、库房进行检查，确定安全后，方可离人。

（10）危险品仓对消防工作有更高的要求，严禁一切火源入库，汽车、拖拉机不得进入，仓库内使用防爆作业设备，使用防爆电器，特别危险的危险仓不接入电，人员穿戴防静电服装，且不得在库内停留。

此外，还应注意防台风、防雨汛。台风的强风直接对沿海地区造成损害，包括海啸对沿海岸的破坏，河流入海口倒灌和巨量降雨使河流下游出现水灾。由于台风并不是年年都在一个地区登陆，防台工作是一项防患未然、有备无患的工作。要对员工、特别是领导干部进行防台宣传和教育，促使保持警惕、不能麻痹。仓库要有足够的防水建筑和良好的排水能力，做好货垛衬垫，做好防潮除湿。无论天气怎样，怕水湿的货物都不能露天过夜。

任务二　作业及质量安全

任务导入：

仓储安全贯穿于仓储物资的接收、储存、养护、包装、装卸搬运、发放等环节，涉及诸多技术和管理问题，因此保障仓储作业安全是仓储安全的重要内容。仓储生产必须要高度重视质量管理，向社会提供合格质量的产品，做到用户满意，确保仓储经营能被社会广泛接受。

知识解析：

一、安全作业

（一）仓库操作与安全管理的重要性

仓库的作业包含对运输工具装卸货物、出入库搬运、堆垛上架、拆垛取货等操作过程。

仓库作业构成仓库生产的重要环节，且随着仓库功能的扩展，仓库作业的项目会更多、作业量更大。仓库货物作业的安全特性如下。

1. 作业对象的多样性

除了少数专业仓库从事单一的货物作业外，绝大多数仓库仓储的货物都是种类众多、规格繁多，仓库需面对多种多样的货物作业。为了降低物流成本，货物的包装都在向着大型化、成组化、托盘化、集装化方向发展。但由于我国的包装标准化普及程度较低，各种货物的包装尺度、单量差别很大。

2. 作业场地的多变性

仓库作业除了部分配送中心、危险品仓库在确定的收发货区进行装卸外，大多数仓库都是直接在库房门口或仓内、货场货位进行装卸作业，而搬运作业则延伸至整个仓库的每一个位置，因而仓库作业的环境极不确定。

3. 机械作业与人力作业并重

我国现代仓库的发展主要是普及机械化作业，实现机械化。但仓库作业的多样和多变使得人力作业不可缺少，而仓库的机械作业主要是采用通用机械设备，需要一定的人力协助。我国的国情也确定了人力作业仍会是仓库作业的重要方式。通用机械作业的稳定性较差，而人力作业容易直接造成人身伤害。

4. 突发性和不均衡

仓库作业因货物出入库而定。货物到库，仓库组织卸车搬运、堆垛作业，客户提货则进行拆垛、搬运装车作业。由于货物出入库的不均衡，仓库作业也就具有阶段性和突发性的特性，闲忙不均。

5. 任务紧迫性

为了缩短送提货运输工具的停库时间，迅速将货物归类储藏，仓库作业不能间断。每次作业都要完成阶段性作业，方可停止。

6. 不规范的货物

随着仓储开展提供增值服务热潮，越来越多的货物以未包装、内包装、散件、混件的形式入库，极易发生货物损害。

（二）安全作业管理

作业安全涉及货物的安全、作业人员人身安全、作业设备和仓库设施的安全等。这些安全事项都是仓库的责任范围，所造成的损失都是100%由仓库承担。因而说仓储作业安全管理就是经济效益管理的组成部分。仓库需要特别重视作业安全管理，特别是重视作业安全的预防管理，尽量避免发生作业安全事故。正确认识生产效率与安全作业的关系，将生产效率的提高建立在安全作业的基础上。作业安全管理从作业设备和场所、作业人员两方面进行管理：一方面消除安全隐患，减小不安全的系统风险；另一方面提高人员的安全责任心和安全防范意识。

1. 安全操作管理制度化

安全作业管理应成为仓库日常管理的重要项目，通过制度化的管理保证管理的效果，制定科学合理的各种作业安全制度、操作规程和安全责任制度，并通过严格的监督，确保管理制度得以有效和充分地执行。

2. 加强劳动安全保护

劳动安全保护包括直接和间接施行于员工人身的保护措施。仓库要遵守《劳动法》的劳动时间和休息规定，每日 8 h、每周不超过 44 h 的工时制，依法安排加班，保证员工有足够的休息时间，包括合适的工间休息。提供合适和足够的劳动防护用品，如高强度工作鞋、安全帽、手套、工作服等，并督促作业人员使用和穿戴。

采用具有较高安全系数的作业设备、作业机械，作业工具应适合作业要求，作业场地必须具有合适的通风、照明、防滑、保暖等适合作业的条件。不进行冒险作业和不安全环境的作业，在大风、雨雪影响作业时暂缓作业。避免人员带伤病作业。

3. 重视作业人员资质管理和业务培训、安全教育

新参加仓库工作和转岗的员工，应进行仓库安全作业教育，对所从事的作业进行安全作业和操作培训，确保熟练掌握岗位的安全作业技能和规范。从事特种作业的员工必须经过专门培训并取得特种作业资格，方可进行作业，且仅能从事其资格证书限定的作业项目操作，不能混岗作业。

安全作业宣传和教育是仓库的长期性工作，作业安全检查是仓库安全作业管理的日常性工作，通过不断的宣传、严格的检查，严厉地对违章和忽视安全行为的惩罚，强化作业人员的安全责任心。

（三）安全操作基本要求

1. 人力操作

（1）人力作业仅限制在轻负荷的作业。男工人力搬举货物每件不超过 80 kg，距离不大于 60 m；集体搬运时每个人负荷不超过 40 kg；女工不超过 25 kg。

（2）尽可能采用人力机械作业。人力机械承重也应在限定的范围，如人力绞车、滑车、拖车、手推车等不超过 500 kg。

（3）只在适合作业的安全环境内进行作业。作业前应使作业员工清楚明白作业要求，让员工了解作业环境，指明危险因素和危险位置。

（4）作业人员按要求穿戴相应的安全防护用具，使用合适的作业工具进行作业。采用安全的作业方法，不采用自然滑动和滚动、推倒垛、挖角、挖井、超高等不安全作业，人员在滚动货物的侧面作业。注意人员与操作机械的配合，在机械移动作业时人员需避开。

（5）合适安排工间休息。每作业 2 h 至少有 10 min 休息时间，每 4 h 有 1 h 休息时间，并合理安排生理需要时间。

（6）必须有专人在现场指挥和安全指导，严格按照安全规范进行作业指挥。人员避开不稳定货垛的正面，塌陷、散落的位置，运行设备的下方等不安全位置作业；在作业设备调位时暂停作业；发现安全隐患及时停止作业，消除安全隐患后方可恢复作业。

2. 机械安全作业

（1）使用合适的机械、设备进行作业。尽可能采用专用设备作业或使用专用工属具。

使用通用设备，必须满足作业需要，并进行必要的防护，如货物绑扎、限位等。

（2）所使用的设备具有良好的工况。设备不得带“病”作业，特别是设备的承重机件，更应无损坏，应符合使用的要求。应在设备的承重负荷范围内进行作业，决不超负荷运行。危险品作业时还需减低负荷25%作业。

（3）设备作业要有专人进行指挥。采用规定的指挥信号，按作业规范进行作业指挥。

（4）汽车装卸时，注意保持安全间距。汽车与堆物距离不小于2 m，与滚动物品距离不得小于3 m。多辆汽车同时进行装卸时，直线停放的前后车距不得小于2 m，并排停放的两车侧板距离不得小于1.5 m。汽车装载应固定妥当、绑扎牢固。

（5）移动吊车必须在停放稳定后方可作业。叉车不得直接叉运压力容器和未包装货物。移动设备在载货时需控制行驶速度，不高速行驶。货物不能超出车辆两侧0.2 m，禁止两车共载一物。

（6）载货移动设备上不得载人运行。除了连续运转设备外如自动输送线，其他设备需停止稳定后方可作业，不得在运行中作业。

二、仓储质量管理

（一）仓储质量管理的意义与内容

质量是企业的生命，没有生产的质量、没有产品的质量，企业的生产和经营将不仅毫无意义，而且需要承担违约的责任、赔偿的责任。由于质量的低劣，致使企业倒闭现象时常发生。仓储生产必须要高度重视质量管理，向社会提供合格质量的产品，做到用户满意，确保仓储经营能被社会广泛接受。通过高质量的服务提高产品的竞争能力，形成竞争的质量优势。良好的质量管理，防止和减少发生违约和损害赔偿的责任，降低风险成本，形成价格竞争的潜在优势，实现市场占有率的提高，最终保证经营效益的提高和社会效益的提高。

仓储产品的质量，笼统来说就是产品的使用价值，仓储产品能被社会接受的品质质量特征，包括功能性、经济性、安全性、时间性、舒适性等，使仓储安全、及时、完整、经济、优质服务的质量特征得以充分表现。具体来说，仓储的质量是包括严格按仓储合同的合同履行、仓储物的妥善保管、仓储风险的防范、对客户要求的及时反应、与客户的友好合作和细致周到地提供服务、满足客户的质量要求等，实现及时、圆满、准确和友好的质量标准。

仓储质量管理就是为了实现仓储产品的质量特征所开展的计划、组织、控制和协调。包括制定产品的质量标准、实现质量标准的实施方案，组织力量实施质量的保证方案，在实施过程中开展严格的控制、监督和约束，在实施过程中做好人员和人员、部门与部门、企业内外的协调和信息沟通，质量标准在实施中的调整和优化等。

仓储质量管理既是独立的企业管理项目，又是贯穿在生产、经营中的管理职能。仓储质量管理表现在独立的质量管理机构开展的质量管理和其他部门在生产、经营、服务中围绕仓储质量目标所进行的管理，包括仓储商务质量管理、经营质量管理、装卸搬运质量管理、保管质量管理、交接质量管理、财务质量管理、机械设备质量管理、安全保卫质量管理、后勤保障质量管理和服务质量管理等。

（二）仓储质量特征和内容

仓储质量是仓储经营、作业、保管和服务等一系列活动的良好状态的反映。具体来说其质量特征表现为：

1. 储存多

充分利用仓库、货场，增加仓库的有效利用面积，提高仓库场地的利用率，尽可能利用立体空间，合理安排减少场地空置，使仓库能容纳最多的货物。

2. 进出快

进出快有两方面的意思：一方面为货物进出库迅速，作业效率高、时间短，减少运输工具停库时间，货物出入仓库畅通无阻；另一方面，要求货物周转快，缩短货物滞库时间，提高物资流通速度。

3. 保管好

仓库具有适合货物保管的条件，具有科学合理的保管方案和管理制度，有针对性的保管措施，员工认真进行保管作业，货物在仓库内堆垛稳固，摆放整齐，查询方便，账、卡、证、物一致，货物能以良好的状态出库。

4. 耗损少

没有发生货物残损、变质等各类保管、作业事故。货物自然耗损控制在最低的程度，意外事故和不可抗力所造成的损失最小，整体货损、货差率达到最低。散落货物能及时良好回收，受损货物能及时得到维护。

5. 费用省

通过节省开支、消除无效作业、充分利用生产要素、开展规模化经营，使仓储成本降低，客户所要支付的费用减少。避免发生不合理的、损害社会效益的费用。

6. 风险低

仓储风险包含两个方面：一是仓储保管人承担的风险，如仓储物损害的赔偿；另一个是存货委托人承担的风险，如不可抗力造成的仓储物损害。仓储风险质量目标就是实现彻底消灭仓储保管操作风险，尽力减少委托人承担风险所造成的仓储物损失。

7. 服务优

服务质量是仓储的生命力，是客户接受仓储服务的前提条件，也是其他质量特征在客户面前的综合体现。服务水平是一项软指标，不同的服务消费者都有不同的服务要求，服务具有相对性。要保证仓储的服务水平，必须建立服务标准，对内标准化，以便所有员工按章遵守，保证服务水平。对外需采取协议化进行明确，对外协议化是为了保证客户明确所能享受到服务的水平，让客户知道物有所值；更重要的是针对消费者对服务需求的无止境，通过协议有明确的限定，防止发生服务纠纷。

（三）仓库质量管理的基本方法

1. 实施全面的质量管理

现代企业的质量管理最基本的方法就是开展全面的质量管理。仓储的全面质量管理则是以仓储产品的质量为中心，以最优的质量、最低的消耗、最佳的服务，使客户满意为目标，运用一定的组织体系和科学的管理方法，动员、组织各部门或全体员工共同努力，在仓储的各个环节上对影响仓储质量的因素进行综合处理的行为。全面质量管理包括四个方面：

（1）质量管理的对象是全面的。包括仓库设计规划、仓储计划、仓储作业、仓储管理、商务、财务、人力资源、设备管理等各方面。

（2）质量管理是全过程的管理。从市场宣传、商务磋商到仓储安排、接收货物、作业、包装、交付、客户保持的全过程都实施全面质量管理。

（3）仓储全面质量管理是一种全员的管理。包括直接参与仓储活动的所有部门及人员，支持部门及人员，从企业的高层起点直到底层的员工的参与，使全体员工具有高度的质量意识，充分发挥主动性和创造性，确保产品质量。

（4）质量管理的方法是系统的。对于整个仓储活动的质量管理，需要依据统一的质量标准和质量体系，对所有部门、人员有相同的质量责任要求。

2. 以防为主

质量管理的基本要求是仓储的一切活动都为了客户的需要，以预防为主。质量管理需要建立有效的质量管理体系，采取严格的质量责任制，通过事先控制、以防为主来保证质量，形成质量管理和保证的系统。以事先的检查、事先的要求、事先的防范进行管理，因而需要充分利用质量控制和管理的现代技术和手段，预先发现问题，提前进行控制，确保达到质量标准。

3. 小处着手

虽然说质量管理是一项系统的工作，要有规划、有系统地进行，从大处着眼。但是在质量管理中更要重视对细节的质量管理，从仓储、服务的现场工作入手，通过一系列小改革、小变革，改变小瑕疵，解决小问题，不断进行质量改进的良性循环，促使整体质量的不断提高，且不至于花费极高的质量管理成本。

（四）仓储质量指标

质量指标是用于反映质量现状的数据，用于判定质量水平的标准，是制订质量改进措施的依据，也是全面质量管理用数据说话的表现。

（1）库存量：库存量是指在统计期内平均存货数量，反映了仓库平均库存水平和库容利用程度，反映了仓库的经营情况。

$$\text{月平均库存量}=\frac{\text{月初库存量}+\text{月末库存量}}{2}$$

$$\text{年平均库存量}=\frac{\text{各月平均库存量之和}}{12}$$

（2）收发正确率：收发正确率表示仓库在某一段时期内正确收发货物的程度。从反向看，则表示了收发误差程度。

$$\text{物资收发正确率}=\frac{\text{期内吞吐量}-\text{发生收发差错的物资总量}}{\text{同期吞吐量}}\times100\%$$

（3）完好率：表示在统计期内货物发生丢失、损坏、变质等质量事故的整体程度。

$$物资完好率=\frac{期内平均库存量-期内丢失、损坏、变质等的物资总量}{同期平均库存量}\times 100\%$$

（4）验收时间：表示仓库对货物入库的验收所花费的时间（天/批）。

$$平均验收时间=\frac{期内各批验收天数之和}{同期验收批次数}$$

（5）业务赔偿率：仓库事故造成毁损的损失赔偿和违反行政管理制度的罚款总额占经营收入的比例，表示仓储经营的风险成本。

$$业务赔偿率=\frac{期内业务赔偿、罚款总额}{同期业务总收入}\times 100\%$$

案例分析：

危险有害因素辨识及事故防范措施

A家具生产公司，随着市场份额的不断增大，原有生产规模不能满足目前市场的需要。为填补市场家具供应不足的缺陷，公司决定选择新址建造新的家具加工基地。考虑到城市规划、企业生产、销售及成本方面的需要，公司决定选择既方便运输又方便物料存放的一开阔地作为新厂址。公司的具体论证方案如下：

（1）公司地址。A公司地处某市开发区，与某精细涂料有限公司相邻，A公司以东10 km的地方有一家生产甲醇的化工公司，该公司生产的甲醇主要通过A公司西侧相邻码头进行外运，之间通过铁路专线运输。为节省资金，A公司与精细涂料有限公司共同租赁了M公司的仓库，A公司租用3 000 m^2，用于储存材料和产品，精细涂料有限公司租用500m^2，租赁仓库归使用方管理。A公司生产的家具远销全国各地，全部通过汽车运输，由公司选定的通过OSHMS认证的运输商承运。

（2）公司的主要机械包括电刨、电钻、电锯、小型轮式起重机、叉车、运输车辆等。

（3）主要的生产过程包括材料运输和装卸、木材烘干、型材加工、组装、喷漆等。

综合案例分析：

如果让你对该论证方案的危险有害因素进行辨识，指出主要的危险因素及产生部位。

复习思考题

1. 仓库治安管理有什么内容？仓库如何组织治安管理工作？
2. 什么是火灾的三要素？仓库有哪些主要的着火源？
3. 仓库火灾有哪些类别？
4. 仓库如何防火和灭火？常用消防灭火设备有哪些？
5. 仓库须遵循怎样的消防管理方针？采取怎样的组织和管理原则？
6. 仓储作业有怎样的安全特性？如何开展仓库安全作业管理？

7. 怎样做到仓库安全作业？
8. 仓储质量管理有什么意义？仓储质量特征表现在哪些方面？
9. 如何做好仓储质量管理？

项 目 实 训

一、实训题目

制定保障仓库安全措施

二、实训内容及要求

到某仓库了解仓库地理位置、内部结构、储存货物种类特点、仓库操作流程等内容，根据仓库安全要求，制定保障仓库安全的措施。

三、实训报告完成

为该仓库建立安全保障措施。

项目六

特殊货物仓储

知识目标：

了解包括危险品、冷藏货物、粮仓等特殊货物仓储的基本知识

掌握仓库特殊货物管理的思想

技能目标：

具有危险品、冷藏货物、粮仓等特殊货物仓储管理的能力

任务一　认识特殊货物

任务导入：

在仓储作业中，危险品、冷藏货物、粮仓等特殊货物的作业、管理与普通货物有诸多不同点，管理人员必须了解这些特殊货物的基本知识。

知识解析：

一、危险品

1. 危险品的概念和种类

危险品又称为危险化学品、危险货物，是指具有爆炸、易燃、毒害、腐蚀、放射性等特性，在运输、装卸和储存过程中，容易造成人身伤亡和财产毁损而需要特别防护的货物。

危险化学品特征就是危害性，但各种危险品的危害具有不同的表现，根据危险品的首要危险特性共分为9大类，分别是：

（1）爆炸品；

（2）压缩气体和液化气体；

（3）易燃液体；

（4）易燃固体；

（5）自燃物品和遇湿易燃物品；

（6）氧化剂和有机过氧化剂；

（7）有毒品；

（8）腐蚀品；

（9）杂类。

具体包括列入国家标准《危险货物品名表》（GB 12268—2012）和国务院经济贸易综合管理部门公布（会同公布）的剧毒化学品目录和其他危险化学品。

危险品还包括未经彻底清洗的盛装过危险品的空容器、包装物。危险品除了具有分类的主要危险特性外，还可能具有其他的危害特性，如爆炸品大都具有毒性、易燃性等。

2. 危险品管理制度与法规

国家对危险品实现严格的管理，采取相应管理部门审批、发证、监督、检查等系列管理制度。包括经济贸易管理部门的经营审批，公安部门的通行证发证，质检部门的包装检验发证，环境保护部门的监督管理，铁路、民航、文通部门的运输管理，卫生行政部门的卫生监督，工商管理的经营管理等。对于政府部门的依法实施的监督检查，危险化学品单位不得拒绝、阻挠。

危险品管理采取依法管理的原则，严格根据法规的规定和国家标准实施管理。涉及危险品仓储和运输的管理法规有：《危险化学品安全管理条例》《危险货物分类和品名编号》（GB 6944—2012）、《危险货物品名表》（GB 12268—2012），各种运输方式的“危险货物运输规则”，以及环境保护法、消防法的相关规范和其他安全生产的法律和行政法规，涉及国际运输的危险货物还需要执行《国际海运危险货物规则》。

3. 危险品的编号与分级

国家标准《危险货物分类和品名编号》（GB 6944—2012）规定，危险货物品名编号由五位阿拉伯数字组成，分别表示危险货物的所属类别、项号和顺序号。如品名编号为43025，该危险品属于第四类、第4.3项的遇湿易燃物品，顺序号为025。此外国际贸易和运输的危险品，还需要有符合《国际海运危险货物规则》的联合国编号UN NO。

根据危险货物的危险程度，各类危险品划分为一级和二级危险品。危险性大的为一级危险品，危险性小的为二级危险品。危险品的分级在品名编号中由后3位数字的顺序号表示，顺序号小于500的为一级危险品，顺序号大于500的为二级危险品。前例中的43025则为一级危险品。其中爆炸品、压缩气体、液化气体、感染性物品和放射性物品均为一级危险品；其他可能为一级也可能为二级危险品。

4. 危险品包装和标志

危险品的包装是危险品安全的保障，包括保护危险品不受损害和外界的直接影响，保持危险品的使用价值；防止危险品对外界造成损害，避免发生重大危害事故；形状规则的包装方便作业和便于堆放储存；固定标准的包装确保危险品的单元数量的限定。危险品的包装完全根据法规和标准进行，如《危险货物运输包装通用技术条件》（GB 12463—2009）等。

危险品的包装要经过规定的性能试验和具有检验标志，具有足够的强度，没有损坏和变形、封口严密等。包装使用与危险品不相忌的材料，按包装容器所注明的使用类别盛装危险品。

危险品的外包装上需要有明确、完整的标志和标识，包括危险品的包装标志、储运图示标志、收发货标志，具体有包装容器的等级、编号，危险品的品名、收发货人、重量尺度、运输地点、操作指示，危险品的危险性质、等级的图示等。图 6－1 为联合国危险货物运输标志。

爆炸品
UN Transport symbol for explosives

不产生重大危害的爆炸品
UN Transport symbol for Class 1.4 Explosive subs tances which present no significant hazard

具有大规模爆炸性，但极不敏感的物品
UN Transport symbol for Class 1.5 Very insensitive substances which have a mass explosion hazard

不燃气体
UN Transport symbol for non-inflammable gases

易燃气体
UN Transport symbol for in flammable gases

有毒物品（第2类和第6.1类）
UN Transport symbol for poisonous substances (gases Class 2, other poisonous substances Class 6.1)

易燃气体（第2类）或易燃液体（第3类）
UN Transport symbol for inflammable gases (Class 2) or liquids (Class 3)

易燃固体（第4类）
UN Transport symbol for inflammable solids (Class 4)

易自燃物品
UN Transport symbol for substances liable to spontaneous combustion

图 6－1 联合国危险货物运输标志

遇水释放出易燃气体的物品
UN Transport symbol for substances which, in contact with water, emit inflammable gases

氧化剂和有机过氧化物
UN Transport symbol for oxidizing substances and for organic peroxides

感染性物品
UN Transport symbol for infectious substances

放射性物品（第Ⅰ级）
UN Transport symbol for radioactive substances, Category Ⅰ

放射性物品（第Ⅱ级）
UN Transport symbol for radioactive substances, Category Ⅱ

放射性物品（第Ⅲ级）
UN Transport symbol for radioactive substances, Category Ⅲ

放射性物品
UN Transport symbol for radioactive substances

腐蚀性物品
UN Transport symbol for corrosive substances

危险性类别编号的位置：**
Location of serial number: **

图 6－1　联合国危险货物运输标志（续）

第一类：爆炸物质和物品

(NO.1)
第1.1，1.2和1.3类
符号（爆炸的炸弹）：黑色；底色：橙黄色；数字“1”写在底角

(NO.1.4)
第1.4类

(NO.1.5)
第1.5类

(NO.1.6)
第1.6类

底色：橙黄色；数字：黑色；数字高大约为30mm，字体笔画的宽度约5mm
（对于100mm×100mm的标志）；数字“1”写在底角
** 属于危险类别的位置—如果属于副危险性则留空
* 属于配装组的位置—如果属于副危险性则留空

图6-1 联合国危险货物运输标志（续）

第二类：气体

(NO.2.1)
第**2.1**类 易燃气体
符号（火焰）：黑色或白色；底色：红色；数字“2”写在底角

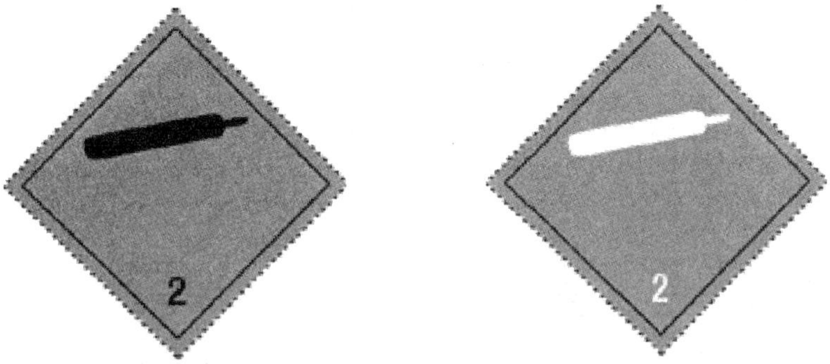

(NO.2.2)
第**2.2**类 非易燃，无毒气体
符号（气瓶）：黑色或白色；底色：绿色；数字“2”写在底角

第**2.3**类 有毒气体
符号（骷髅和交叉的骨头棒）：黑色；底色：白色；数字“2”写在底角

图 6－1　联合国危险货物运输标志（续）

第三类：有毒气体

(NO.3)
第3类 易燃液体
符号（火焰）：黑色或白色；底色：红色；数字“3”写在底角

图6－1 联合国危险货物运输标志（续）

第四类：易燃或自燃的固体和物质

(NO.4.1)
第**4.1**类 易燃固体
符号（火焰）：黑色；
底色：白色加上七条竖直红色条带；
数字“4”写在底角

(NO.4.2)
第**4.2**类 易自燃物质
符号（火焰）：黑色；
底色：上半部为白色，下半部为红色；
数字“4”写在底角

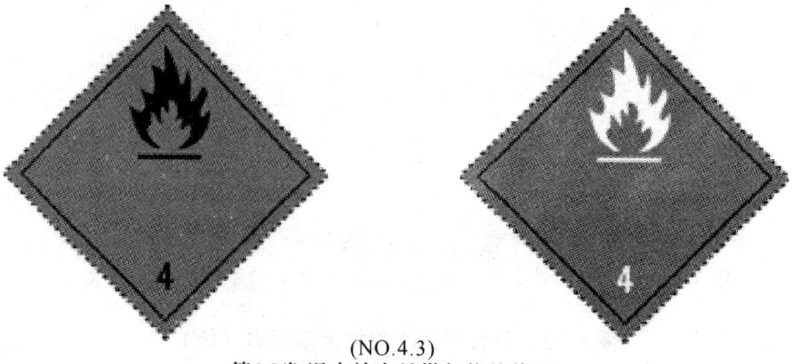

(NO.4.3)
第**4.3**类 遇水放出易燃气体的物质
符号（火焰）：黑色或白色；
底色：蓝色；
数字“4”写在底角

图6－1 联合国危险货物运输标志（续）

第五类：化合物

(NO.5.1)
第**5.1**类 氧化剂（物质）

(NO.5.2)
第**5.2**类 有机过氧化物

符号（圆圈上带有火焰）：黑色；底色：黄色；

数字“5.1”写在底角　　数字“5.2”写在底角

图 6-1 联合国危险货物运输标志（续）

第六类：有毒和感染性物质

(NO.6.1)
第**6.1**类 有毒物质
符号（骷髅和交叉的骨头棒）：黑色；
底色：白色；数字“6”写在底角

(NO.6.2)
第**6.2**类 感染性物质
标志的下半部可以标上“INFECTIOUS SUBSTANCE”（感染性物质）以及
“In the case of damage of leakage immediatey notify Public Health Authority”
（“如发生损伤或泄漏立即通知公共卫生机关”）的字样
符号（三个新月性符号沿一个圆圈重叠在一起）和文字：黑色；底色：白色；
数字“6”写在底角

图 6-1 联合国危险货物运输标志（续）

第七类：放射性物质

(NO.7A)
Ⅰ级—白色
符号（三叶型）：黑色；底色：白色；
文字：（强制性要求），在标志的下半部分用黑体标出：
RADIOACTIVE（放射性）CONTENTS...（内容物名称）ACTIVITY...（强度为……）
紧跟“放射性”字样的后面标上一条垂直的红色短杠；数字“7”写在底角

(NO.7B)
Ⅱ级—黄色

(NO.7C)
Ⅲ级—黄色

符号（三叶型）：黑色；底色：上半部黄色加白边，下半部白色；
文字：（强制性要求），在标志的下半部分用黑体标出：
RADIOACTIVE（放射性）CONTENTS...（内容物名称）ACTIVITY...（强度为……）
在一个黑框里标出：TRANSPORT INDEX...（运输指数）

紧跟“放射性”字样的后面标上两条垂直的红色短杠

紧跟“放射性”字样的后面标上三条垂直的红色短杠

数字“7”写在底角

图6-1 联合国危险货物运输标志（续）

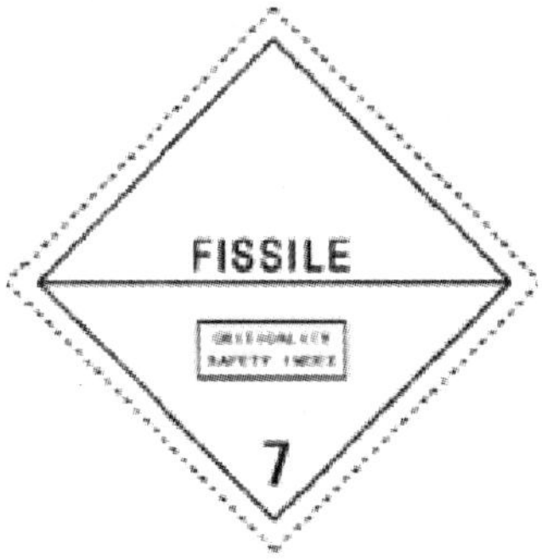

(NO.7E)
第7类裂变性物质
底色：白色；文字（强制性要求），在标志的上半部用黑体标出：
FISSILE（裂变性）字样：
在一个黑框内标出：Criticality Safety index...（临界安全指数）
数字“7”写在底角

图6-1　联合国危险货物运输标志（续）

第八类：腐蚀性物质

(NO.8)
符号（液体，从两个玻璃容器流出来侵蚀到手和金属上）：黑色；
底色：上半部白色，下半部黑色带白边；数字“8”写在底角

图6-1　联合国危险货物运输标志（续）

第九类：杂类危险物质和物品

(NO.9)
符号（在上半部有七条竖直条带）：黑色；底色：白色；数字“9”写在底角

图6-1　联合国危险货物运输标志（续）

二、冷藏货物

1. 冻畜禽肉类

畜禽肉类主要包括牛、羊、猪、鸡、鸭、鹅肉等，其主要营养成分有蛋白质、脂肪、糖类、无机盐和维生素等，由肌肉组织、脂肪组织、结缔组织和骨骼组织组成。

畜禽经屠宰后即成为无生命体，对外界的微生物侵害失去抗御能力，同时进行一系列的降解等生化反应，出现僵直、软化成熟、自溶和酸败四个阶段。其中自溶阶段始于成熟后期，是质量开始下降的阶段。特点是蛋白质和氨基酸分解、腐败微生物大量繁殖，使质量变差。肉类的贮藏即尽量推迟进入自溶阶段。冷冻贮藏是一种古老的、传统的保存易腐败货物的方法。货物由于酶的分解、氧化和微生物生长繁殖而失去使用价值，冷冻可以钝化酶的分解、减缓氧化、抑制微生物生长繁殖，使货物处于休眠状态，在产品生产数周甚至数月后仍保持原始质量消费。

通常肉类在－18℃以下即达到休眠状态，但－23℃以下的低温比－18℃的低温可成倍延长冷藏期，在－30℃下的冷藏期比在－18℃下冻藏期长一倍以上，其中猪肉最明显。许多国家明确规定，冷冻食品、制成品和水产品必须在－18℃或更低的温度下储存。

（1）冻畜肉。畜肉类一般按客户要求或进口国习惯进行分割，再用水密的复合材料包装，避免水分散失造成脱水干耗，然后装入纸箱。纸箱必须施封、绑扎，并附识别标签。在冷冻过程中应避免纸箱变形，这既影响外观又损失冷箱内有效堆装空间。

（2）冻禽类。禽肉类肌肉组织比畜肉类肌肉组织更丰富，更易出现质量下降。因此，禽肉类应使用气密的复合材料包装，并在温度－18℃以下运输，以避免脂肪氧化、脱水干耗和腐败菌繁殖。

2. 冻鱼和水产品

鱼类和水产品主要含有水分、蛋白质、脂肪、矿物质、酶和维生素等。其中蛋白质含量较高，它有人体必需的八种氨基酸。鱼类和水产品与畜禽肉比较，其肌肉组织松软，不饱和脂肪酶含量高，且酶含量也高。

鱼类和水产品死后不但出现僵直、成熟、自溶和酸败四个阶段，而且在僵直前还有一个表面黏液分泌过程，这种黏液是腐败菌的良好培养基。上述四个阶段持续时间较短，尤其是软化成熟阶段极短，这是因为多种酶和微生物在较低的温度下仍有很强的活性。在自溶阶段，蛋白质和氨基酸分解，腐败微生物大量繁殖，使质量变差。

鱼类和水产品的贮藏时间与温度密切相关。在正常情况下，温度每降低10℃，冻藏期增加3倍。多脂鱼类比低脂鱼类冻藏期短，红色肌肉鱼类冻藏期更短。一般冻藏温度是：少脂鱼和水产品在－23℃～－18℃；多脂鱼在－29℃以下，部分红色肌肉鱼可能要求达到－60℃的低温。在冻藏期间应使用尽可能低的温度，并应避免任何温度波动。包装和操作方法对冻藏期也有影响，应避免货物暴露在空气中造成脂肪氧化和脱水干耗，装、拆箱作业应快速进行，避免温度波动影响质量。

“镀冰衣”鱼和水产品，即在鱼和水产品表面覆盖上一层薄冰，可避免水分散失保证质量。经“镀冰衣”的鱼和水产品的总重量会增加，托运人应特别注意货物的总重量，禁止超过冷箱的安全载重量。

3. 冻水果和蔬菜

水果和蔬菜是人类必需的副食品，其营养价值因品种、生长、成熟、贮藏条件等的不同而有较大的差异，主要含有水分、糖类、有机酸、酶、纤维素、色素和维生素等。水果和蔬菜采摘后，果实组织中仍进行着活跃的新陈代谢过程，在很大程度上是母体发生过程的继续，未成熟的可继续成熟，已成熟的可发展至老化腐烂的最后阶段。多数水果和蔬菜经过冻结和冻藏后将失去生命的正常新陈代谢过程，由有生命体变为无生命体。应特别注意货物的特殊要求以免造成货损。一般规律是冻藏温度越低，货物品保持越好。

（1）冻蔬菜。冷冻蔬菜在冻结前通常用热水或蒸气烫洗，以杀灭大量的细菌和减缓酶的作用。用水密的复合材料包装，且贮藏在低于 -18℃的温度，在没有温度升高波动的情况下能延长蔬菜的冻藏期。

（2）冻水果。冻水果通常不用烫洗，而采用糖处理或酸处理。因此，选择适当成熟度和高质量的水果进行冷冻处理非常重要，因为再好的包装和低温也不能避免低水平的酶化作用。

4. 冰淇淋

冰淇淋是人们用于清凉解暑、充饥解渴的营养价值很高的食品，含有脂肪、蛋白质、碳水化合物、矿物质和维生素等。生产中经低温灭菌操作、清洁的运输、适当的温度设置和完整的包装，保证冰淇淋在市场上是最安全的食品之一。

冰淇淋组织细腻是感官评价的一个重要标准，它主要取决于其冰晶的尺度、形状及分布。冰晶越小，分布越均匀，口感越好。除加工外，在冻藏过程中低温的控制冰晶尺度、保证质量的有效方法。

冰淇淋包装材料有涂蜡纸、纸箱和塑料桶等。外包装对避免冰淇淋损坏和热袭起重要的保护作用。冰淇淋通常使用 20 英尺①的冷箱运输，温度应设置在低于 -25℃，并应避免任何温度波动。

5. 奶制品

冷冻奶油通常是大宗货物。习惯做法是将奶油装在纸箱内，纸箱装在货盘上，然后再装入冷库。大部分奶油在低于 -8℃温度下没有微生物损坏，并且保持良好的质量。其他奶酪通常用冷箱在 0℃ ~13℃温度下保存。

6. 保鲜水果和蔬菜

水果和蔬菜采摘后仍为有生命体，果实组织中仍进行着活跃的新陈代谢过程，对微生物的侵入有抗御能力。但当这种生命体发展到后期即过熟阶段，新陈代谢变慢甚至停止，果实成分与组织均发生了不可逆转的变化，使其失去营养价值和特有风味，在微生物作用下开始腐烂。

水果和蔬菜的呼吸实质上是果实内有机物缓慢地氧化。在有氧条件下，果实内作为基质的糖、有机酸以及复杂的碳水化合物被完全氧化分解为二氧化碳、水和热量，维持正常的生

---

① 1 英尺 =0.304 8 米。

命活动。在缺氧条件下，果实内的基质不能完全氧化分解，只能产生结构比较简单的化合物如乙醇、乙醛等和少量的热量。缺氧呼吸果实为获得与有氧呼吸同样多的能量，就必须氧化更多的呼吸基质，即消耗更多的贮藏物质，使果实质量变差，缩短贮藏期。

水果和蔬菜呼吸还产生少量乙烯和其他微量气体。乙烯诱发果实呼吸强度升高，从成熟进入完熟。乙烯是果实成熟的启动物质，是一种催熟剂，不仅加快成熟速度，而且均匀改变成熟过程。但乙烯也有许多不利影响，如在储存期间不希望的加速成熟；加速某些未成熟的果实（黄瓜、南瓜等）和多叶蔬菜枯黄、失去绿色；在莴苣上产生黄褐色斑点；刺激或抑制土豆发芽，这取决于乙烯的浓度和时间；芦笋变硬。

保证水果和蔬菜新鲜的高质量运输不仅要控制乙烯，还要控制二氧化碳、水汽和呼吸发出热量造成的损坏。

一般情况下低温可降低水果和蔬菜的呼吸强度，但也使它们由于生理失调而造成冻害，因此应正确设置温度。

为保证水果和蔬菜正常的呼吸活动，需供应适量的氧所。应正确设置冷箱新鲜空气换气窗开度比率，但应特别注意换气窗要远离乙烯源，如柴油机排气管等。

为避免由于水汽使霉菌和真菌繁殖过快造成腐烂及水汽凝结造成的其他损坏，应正确地设置相对湿度，降低箱内的湿度以达到最佳贮藏环境。

控制二氧化碳、乙烯、氧气影响有许多方法，例如：

① 一次气调法（MA）。指利用气密材料，使果实与周围的气体不与外界进行交换，保持充入气体结构或靠自身呼吸作用达到适合的贮藏环境。

② 连续气调法（CA）。指对贮藏环境不断地进行检测与调整，保证在最适合的气体成分比例下贮藏。连续气调法包括人式降氧法和硅窗自动气调法。

③ 使用高锰酸钾也可吸收乙烯，有助于改善贮藏环境。

水果和蔬菜应使用合适的包装，且在冷箱内正确堆装，使箱内气体循环良好，氧气均匀分布和减少有害气体、水汽及热量的聚集，保证良好的贮藏环境。不同的季节运输不同的水果和蔬菜，均应详细计划。在许多国家还有必须遵守的特殊规定，如产品质量、药水清洗、包装上的标签和果蝇在运输期间已被杀灭的证明等。

水果和蔬菜高质量的运输始于采摘。首先应在理想的时间和成熟状态下采摘，然后对果实细心地拣选、整理和清洗，再是降温减缓果实成熟过程到最慢，最后是正确地使用包装材料对果实迅速进行包装，使水果和蔬菜处于低温状态，在正确的温度、湿度、气体成分环境下运输。

7. 温度敏感货物

温度敏感货物指在运输期间温度必须保证在其冰点或损害点 1℃之内。这类货物主要是保鲜肉类、根茎蔬菜（像胡萝卜）、水果（像橙、香蕉）和一些活植物等。

8. 一般冷藏货物

（1）巧克力。巧克力要用非常清洁、无味的冷箱装载，并在适宜的温度下保存。低温有利于保证质量。托运人常常要求查对湿度设置在 65%。根据不同品种的巧克力，温度通常设置在 8℃～18℃。运输期间可能造成巧克力表面出现极小“花纹”的风险，颜色看起来有改变，并且影响质量。

(2) 温控货物。温控货物指这些货物在运输期间要求保持稳定的温度，像电影胶片、药品和食品，要避免结块和变质，其温度设置在 -2℃ ~30℃。

各类冷藏货物的储藏要求可参见表 6 -1。

表 6 -1　冷库中各类原料冷藏温度、湿度标准

食品原料	温度/℃	相对湿度/%
新鲜肉类、禽类	0 ~2	75 ~85
新鲜鱼、水产类	-1 ~1	75 ~85
蔬菜、水果类	2 ~7	85 ~95
奶制品类	3 ~8	75 ~85
厨房一般冷藏	1 ~4	75 ~85
自然解冻	-3 ~3	60

三、粮食仓储

粮食存储是仓储最古老的项目，“仓”在古代就是表示粮食的储藏场所。粮食包括小麦、玉米、燕麦、大麦、大米、豆类和种子等。粮食仓储是实现粮食集中收成、分散消耗的手段，同时也是国家战略物资储备的主要物资。粮食作为大宗货运输，需要较大规模地集中和仓储。为了降低粮食的储藏成本、运输成本、提高作业效率，粮食主要以散装的形式运输和仓储，进入消费市场流通的粮食才采用袋装包装。

粮食的仓储特性主要包括：

1. 呼吸性和自热性

作为有生植物，粮食仍然还处于具有新陈代谢的状态，能够吸收氧气和释放二氧化碳。通过呼吸作用，能产生和散发热量。当大量的粮食堆积时，释放的二氧化碳就会使空气中的氧气含量减少，造成人体的窒息；大量堆积的粮食，所产生的热量不能散发，致使粮堆内部温度升高。另外，粮食中含有的微生物也具有呼吸和发热的能力。粮食的自热不能散发，在大量积聚后，还会发生自燃。粮食的呼吸性和自热性与含水量有关，含水量越高，自热能力越强。

2. 吸湿性和散湿性

粮食本身含有一定的水分，空气干燥时，水分会向外散发；当外界湿度大时，粮食又会吸收水分。在水分足够时还会发芽，芽胚被损害的粮食颗粒就会发霉。因吸湿性粮食在吸收水分后不容易干燥，而储存在干燥环境中的粮食也会因为散湿而形成水分的局部集结而致霉。

3. 吸附性

粮食的吸收水分、呼吸的性能，能将外界环境中的气味、有害气体、液体等吸附在内部，不能去除。粮食受异味玷污，就会无法去除异味而损毁。

4. 易受虫害

粮食本身就是众多昆虫幼虫、老鼠的食物。未经杀虫的粮食中含有大量的昆虫和虫卵、细菌，在温度、湿度合适时就会大量繁殖，形成虫害。虽经杀虫的粮食，也会因为吸引虫鼠造成危害。

5. 散落流动性

散装粮食因为颗粒小，颗粒之间不会粘连，在外力（重力）作用下，具有自动松散流动的散落特性，当倾斜角足够大时就会出现流动性。粮食的散落流动性可以采用流动作业的工艺方式。

6. 扬尘爆炸性

干燥粮食的麸壳、粉碎的粮食粉末等在流动、作业时会扬尘，伤害人的呼吸系统；能燃烧的有机质粮食扬尘在一定的浓度时，一般为 50～65g/ m^3，遇火源会发生爆炸。

任务二　特殊货物仓储管理

任务导入：

仓储特殊货物在管理中有其特殊的要求，仓库管理人员必须掌握危险品、冷库和粮食仓库等基本管理要求。

知识解析：

一、危险品仓储管理

（一）危险品仓储的基本要求

1. 危险品仓库选址

危险品仓库需要根据危险品的危害特性，依据政府的市政总体规划，选择合适的地点建设。危险品仓库一般设置在郊区较为空旷的地区，远离居民区、供水源、主要交通干线、农业保护区、河流、湖泊等，在当地常年主导风向的下风处。建设危险品仓库必须获得政府经济贸易管理部门审批。

2. 危险品仓库建筑和设施

危险品仓库的建筑结构需要根据危险品的危险特性和发生危害的性质，采用妥善的建筑形式，并取得相应的许可。建筑和场所需根据危险化学品的种类、特性，设置相应的监测、通风、防晒、调温、防火、灭火、防爆、泄压、防毒、消毒、中和、防潮、防雷、防静电、防腐、防渗漏、防护围堤或隔离操作等安全设施、设备。仓库和设施要符合安全、消防国家标准的要求，并设置明显标志。

3. 设备管理

危险化学品的仓库实行专用仓库的使用制度，设施和设备不能用作其他用途。各种设施和设备要按照国家相应标准和有关规定进行维护、保养，进行定期检测，保证符合安全运行要求。对于储存使用剧毒化学品的装置和设施要每年进行一次安全评价；仓储和使用其他危险品的，储存装置每两年进行一次安全评价。对评价不符合要求的设施和设备应停止使用，立即更换或维修。

4. 库场使用

危险化学品必须储藏在专用仓库、专用场地或专用储藏室内。危险品仓库专用的要求，不仅包括不能仓储普通货的危险品专区专用，还包括不同危险品种类的专用仓库分类存放，各仓库的存放确定危险品的种类。与危险品仓储需经管理部门批准一样，危险品仓改变用途，或改存放其他危险品，也需要相应的管理部门审批。

危险品的危害程度还与存放的危险品的数量有关，仓库需要根据危险品的特性和仓库的条件，确定各仓库的存量。例如，黄埔港务公司：第 12 仓楼下堆存限额 1 078t，不能堆放一级易燃液体和一级有机过氧化物。

5. 危险化学品从业人员的要求

从事危险化学品生产、经营、储存、运输、使用或处置废弃危险化学品活动的人员，必须接受有关法律、法规、规章和安全知识、专业技术、职业卫生防护和应急救援知识的培训，并经考核合格，方可上岗作业。

（二）危险品的保管

1. 严格和完善的管理制度

为了保证危险货物仓储的安全，仓库需要依据危险品管理的法律和法规的规定，根据仓库的具体实际和危险品的特性，制定严格的危险品仓储管理各类安全制度、责任制度，安全操作规程，并在实践中不断完善。仓库需要制定的管理制度主要有“危险货物管理规则”“岗位责任”“安全防护措施”“安全操作规程”“装卸搬运方案”“保管检查要求”“垛型和堆积标准”“验收标准”“残损溢漏处理程序”和“应急措施”等。

保管单位还要根据法规规定和管理部门的要求，履行登记、备案、报告的法律和行政义务。

2. 出入库管理

危险货物进入仓库，仓库管理人员要严格把关，认真核查品名标志，检查包装，清点数量，细致地做好核查登记。对于品名、性质不明或包装、标志不符，包装不良的危险品，仓库员有权拒收，或者依据残损处理程序进行处理，未经处理的包装破损危险品不得进入仓库。剧毒化学品实行双人收发制度。送、提货车辆和人员不得进入存货区，由仓库在收发货区接收和交付危险货物。

危险货物出库时，仓库员需认真核对危险货物的品名、标志和数量，协同提货人、承运司机查验货物，确保按单发货，并做好出库登记，详细记录危险货物的流向、流量。

3. 货位选择和堆垛

危险品的储存方式、方法与储存数量必须符合国家标准。仓库管理人员要根据国家标准、危险特性、包装，根据所制定的管理制度，合适选择存放位置，根据危险货物对保管的要求，妥善安排相应的通风、遮阳、防水、湿度、控温条件的仓库或堆场货位。根据危险品的性质和包装确定合适的堆放垛型和货垛大小，其中桶装危险货不得超过 3 个桶高，袋装危险货不得超过 4 m。库场内的危险货物之间以及和其他设备需保持必要的间距，其中：货垛顶距离灯具不小于 1.5 m；货垛距墙不小于 0.5 m；货垛之间不小于 1 m；消防器村、配电箱周围 1.5 m 范围内禁止堆货或放置其他物品；仓库内消防通道不小于 4 m，货场内的消防主通道不小于 6 m。

危险货物堆叠时要整齐，堆垛稳固，标志朝外，不得倒置。货堆头悬挂标有危险品编号、品名、性质、类别、级别、消防方法的标志牌。

4. 安全作业

危险品装卸作业前应详细了解所装卸危险货物的性质、危险程度、安全和医疗急救等措施，并严格按照有关操作规程和工艺方案作业。根据货物性质选用合适的装卸机械。装卸易爆货物时，装卸机械应安置火星熄灭装置，禁止使用非防爆型电子设备。作业前应对装卸机械进行检查，装卸搬运爆炸品、有机过氧化物、一级毒害品、放射性物品，装卸搬运机械应按额定负荷降低 25% 使用。作业人员应穿戴相应的防护用品。夜间装卸作业危险货物，应有良好的照明，装卸易燃、易爆货物应使用防爆型的安全照明设备。作业现场需准备必要的安全和应急设备或用具。

危险品包装破损或包装不符合要求的暂停作业，待采取妥善处理措施后方可作业。

化学危险品只能委托有危险化学品运输资质的运输企业承运。对不符合条件的运输工具不予作业。

5. 妥善保管

危险品仓库实行专人管理。剧毒化学品实行双人保管制度。仓库存放剧毒化学品时需向当地公安部门登记备案。

仓库管理人员应遵守库场制度，坚守岗位，根据制度规定定时、定线、定项目、定量地进行安全检查和测查，相应地采取通风、降温、排水、排气、增湿等保管措施。

严格限制闲杂人员入库。接待委托人抽样时，详细查验证件和认真监督，严格按操作规程操作。

危险货物提离时，及时清扫库场，将货底、地脚货、垃圾集中于指定的地点且妥善处理，并进行必要的清洗、消毒处理。

6. 妥善处置

对于废弃的危险品、危险品废弃物、货底、地脚货、垃圾、仓储停业时的存货、容器等，仓库要采取妥善的处置措施，如随货同行、移交、封存、销毁、中和、掩埋等无害处理措施，不得留有事故隐患。且将处置方案在相应管理部门备案，并接受管理部门的监督。剧毒危险品发生被盗、丢失、误用，立即向当地公安部门报告。

（三）危险品应急处理

应急处理是指发生危险品事故时的处理安排。危险品仓储必须根据库存危险品的特性、仓库的条件以及法规规定和国家管理机关的要求，制定仓储危险品应急措施。

应急措施包括发生危害时的措施安排和人员的应急职责，具体包括危险判定、危险事故信号、汇报程序、现场紧急处理、人员撤离、封锁现场、人员分工等。

应急措施要作为仓库工作人员的专业知识，务必使每一位员工熟悉，且熟练掌握其分工的职责行为和操作技能。

仓库应该定期组织员工开展应急措施演习。当人员有一定变动时也要进行演习。

案例分析：

编制重大事故应急预案

某厂工人在新扩建的库房内安装消防设施，安装过程中，不慎造成电线短路，引起库内棉堆突然冒烟起火。由于现场工人不会使用灭火器，火势迅速蔓延。辖区消防中队接到报警后迅速出动，然而厂区无消防栓，消防车要到几千米以外取水，加上风大，火势迅速猛烈蔓延至楼上各层。当地政府紧急调集多个消防中队增援，经过近 10 小时的奋勇扑救，大火基本扑灭。其后留下一个消防中队继续扑灭余火，其他消防队相继撤离。由于棉包仍在阴燃，为彻底消灭火种，火场指挥部先后调来多台挖掘机和推土机进入厂房，将阴燃的棉包铲出，并让该厂派出几十名工人协助消防人员清理火种。随后，厂方又组织数百名工人进入火场清理火种、搬运残存的棉包。不久，厂房突然发生倒塌，造成大量人员伤亡。

事后，厂长为加强应急管理工作，将企业重大事故应急预案编制纳入了工作计划，并将该任务指派给安全科。安全科科长受命后，立刻召集本部门人员成立了预案编制小组，进行了分工，并特意派出小组成员参加了预案编制培训班。编制小组在编制预案过程中，在档案室找到了 5 年前的企业预案，发现该预案中的厂区平面及人员变化等与现在的实际情况有一些差异，内容略显单薄，但基本结构尚可。编制小组便在原预案的基础上进行修改，系统分析了该厂潜在的重大事故隐患和应急能力，并参考有关书目及其他企业的预案等，进行了大量的完善和补充，按期向厂长提交了预案初稿。此后，编制小组根据厂长的审阅意见，再次修订完善，形成了预案的最终版本。预案经厂长批准签字后下发至全厂有关部门。

综合案例分析：

指出该厂在预案编制过程中正确的做法和存在的显著缺陷。

二、冷库仓储管理

（一）冷库的结构

冷库可以分为生产性冷库和周转性冷库。生产性冷库是指进行冷冻品生产的冷库，是生产的配套设施；周转性冷库则是维持冷货低温的流通仓库。冷库按控制的温度和制冷方式不同分为冷冻仓库、冷藏仓库、气调冷库和流动的冷藏车、冷藏集装箱等。固定的冷库由冷藏库房、冷冻库房、分发间、制冷设备机房等组成。库房采用可封闭式的隔热保冷结构，内装有冷却排管或冷风装置与制冷设备相接。库内装有温度、湿度测量设备，湿度控制设备，通风换气设备等，以及货位、货架、货物传输、作业设备等。

1. 冷却和结冻间

冷却和结冻间也称为预冷加工库间。货物在进入冷藏或冷冻库房前，先在冷却或结冻间进行冷处理，将货物均匀地降温到预定的温度。对于冷藏货物，降温至2℃～4℃；冷冻货物则迅速地降至－20℃使货物冻结，因而冷却和结冻间具有较强的制冷能力。货物在冷却和结冻间采用较为分散的状态存放，以便均匀降温。

由于预冷作业只是短期的作业，货物不堆垛，一般处于较高的搬运活性状态，多数直接放置在搬运设备之上，如放置在推车之上或托盆上。

2. 冷冻库房

经预冷达到冷冻保存温度的冷冻货物较长期间地保存的库房。货物经预冷后，转入冷库堆垛存放。冷冻货物的货垛一般较小，以便降低内部温度，货垛底部采用货板或托盘垫高，货物不直接与地面接触，避免温度波动时水分再冻结后造成货物与地面粘连。库内采用叉车作业为主，因而大都采用成组垛。冷冻库房具有冷冻温度的保持能力，长期将温度控制在需要的保存温度范围内。

3. 冷藏库房

冷藏库房是对冷藏货物存储的场所。货物在预冷后，达到均匀的保藏温度时，送入冷藏库房码垛存放或少量货物直接存入冷藏间冷藏。冷藏货物仍具有新陈代谢和微生物恬动，还会出现自升温现象，因而冷藏库还需要进行持续的冷处理。冷藏库一般采用风冷式制冷，用冷风机降温。为了防止货垛内升温，保持货物的呼吸所需的新鲜空气流通，冷藏库一般采用行列垛的方式码垛存放，垛形较窄、较长或使用货架存放。

4. 分发间

由于冷库的低温不便于货物分拣、成组、计量、检验等人工作业，另外为了冷冻库和冷藏库保冷、湿度控制，减少冷量耗损，需要尽量缩短开门时间和次数，以免造成库内温度波动太大。因而货物出库时采取迅速地将冷货从冷藏或冷冻库移到分发间，在分发间进行作业，从分发间装运。分发间也进行降温，但直接向库外作业，温度波动较大，因而货物不能在分发间存放。

（二）冷库仓储管理

作为一种专业化的仓库，冷库具有较为特殊的布局和结构、用具，货物也较为特殊。冷库的管理技术、专业水平要求较高。冷库存放的大多数为食品，管理不善不仅造成货损事故，还会发生食物不安全事故，影响人民身体健康。

1. 冷库使用

冷库分为冷冻库、冷藏库，应按库房的设计用途使用，两者不能混用。库房改变用途时，必须按照所改变的用途进行制冷能力、保冷材料、设施设备改造，完全满足新的用途。

冷库要保持清洁、干燥，经常清洁、清除残留物和结冰，库内不得出现积水。冷库在投入使用后，除非进行空仓维修保养，必须保持制冷状态。即使没有存货，冷冻库保持在－5℃，冷藏库控温在露点以下。

要按照货物的类别和保管温度不同分类使用库房。食品库不得存放其他货品，食品也不能存放在非食品库房。控制温度不同的货物不能存放在同一库房内。

2. 货物出入库

货物入库时，除了通常仓储所进行的查验、点数外，要对送达货物的温度进行测定、查验货物内部状态，并进行详细的记录，对于已霉变的货物不接收入库。货物入库前要进行预冷，保证货物均匀地降到需要的温度。未经预冷冻结的货物不得直接进入冷冻库，以免高温货物大量吸冷造成库内温度升高，影响库内其他冻货。

货物出库时应认真核对，由于冷库内大都储存相同的货物，要核对货物的标志、编号、所有人、批次等区别项目，防止错取、错发。对于出库时需要升温处理的货物，应按照作业规程进行加热升温，不得采用自然升温。

3. 冷货作业

为了减少冷耗，货物出入库作业应选择在气温较低的时间段进行，如早晨、傍晚、夜间。出入库作业时集中仓库内的作业力量，尽可能缩短作业时间。要使装运车辆离库门距离最近，缩短货物露天搬运距离；防止隔车搬运。在货物出入库中出现库温升温较高时，应停止作业，封库降温。出入库搬运应采用推车、叉车、输送带等机械搬运，采取托盘等成组作业，提高作业速度。作业中不得将货物散放在地坪，避免货物、货盘冲击地坪、内墙、冷管等，吊机悬挂重量不得超过设计负荷。

库内堆码严格按照仓库规章进行。选择合适货位，将存期长的存放在库里端，存期短的货物存放在库门附近，易升温的货物接近冷风口或排管附近。根据货物或包装形状合理采用垂直叠垛或交叉叠垛，如冻光猪采用肉皮向下、头尾交错、腹背相连、长短对弯、码平码紧等方式堆码。货垛要求堆码整齐，货垛稳固，间距合适。货垛不能堵塞或影响冷风的流动，避免出现冷风短路。堆垛完毕在垛头上悬挂货垛牌。

堆垛间距要求：低温冷冻库货垛距顶棚 0.2 m；高温冷藏库货垛距顶棚0.3 m；距顶排水管下侧 0.3 m；距顶排水管横侧 0.3 m；距未装设墙冷排管的墙壁 0.2 m；距冷风机周围 1.5 m。

拆垛作业时应从上往下取货，禁止在垛中抽取。取货时要注意防止因货物冻结粘连强行取货而扯坏包装。

4. 冷货保管

冷库内要保持清洁干净，地面、墙、顶棚、门框上无积水、结霜、挂冰，随有随扫除，特别是在作业以后，应及时清洁。制冷设备、管系上的结霜、结冰及时清除，以提高制冷功能。

定时和经常测试库内温湿度，严格按照货物保存所需的温度控制仓库内温度，尽可能减少温度波动，防止货物变质或解冻变软发生倒垛。

按照货物所需要的通风要求，进行通风换气。通风换气的目的是为了保持库内有合适的氧分和湿度，冷库一般采用机械通风的方式进行通风换气，要根据货物保管的需要控制通风次数和通风时间，如冷藏库每天 2 ~4 次，每次换气量为冷藏间体积的 1 ~2 倍，或使库内二氧化碳含量达到适合的范围（表 6 -2）。库藏通风意味着外部的空气进入库内，也将空气中的热量、湿度带入库内，因而要选择合适的时机通风换气。

表 6-2 冷藏货物二氧化碳含量控制表

品名	梨	青香蕉	柑橘	苹果	柿子	西红柿
二氧化碳容积百分比/%	0.2~2.0	1.6	2~3	8~10	5~10	5~10

当货物存期届满、接近保存期到期、出现性质变化、变质等时，应及时通知存货人处理。

（三）冷库安全

冷库虽然说不会发生爆炸、燃烧等恶性危险事故，但冷库的低温、封闭的库房对人员还是会产生伤害，低温会造成设备的材料强度、性能降低，需引起足够的重视。

1. 防止冻伤

进入库房的人员，必须做好保温防护，穿戴手套、工作鞋。身体裸露部位不得接触冷冻库内的物品，包括货物、排管、货架、作业工具等。

2. 防止人员缺氧窒息

由于冷库特别是冷藏库内的植物和微生物的呼吸作用使二氧化碳浓度增加或冷媒泄漏入库内，会使得库房内氧气不足，造成人员窒息。人员在进入库房前，尤其是长期封闭的库房，需进行通风，排除可能的氧气不足。

3. 避免人员被封闭库内

库门应设专人开关，限制无关人员进库。人员入库，应在门外悬挂告示牌。作业工班需明确核查人数的责任承担人，在确定人员都出库后，才能摘除告示牌。

4. 妥善使用设备

库内作业应使用抗冷设备，且进行必要的保温防护。不使用会发生低温损害的设备和用具。

三、粮仓管理

（一）粮食的质量指标

粮食的质量可以通过感官鉴定和实验分析的方法确定，通过感官鉴定粮食的颜色、气味和滋味来判定质量；通过实验测定容重、水分、感染度确定质量。

1. 颜色

各种粮食都有自身的颜色特点，如玉米的金黄色、大米的透明白色等。当粮食变质、陈旧时，颜色会变得灰暗、混浊。确定颜色的方法是将粮食样品铺在一层黑色的纸上，在太阳的散射光线下，加以观察确定。

2. 气味和滋味

新鲜的粮食具有特有的清香和滋味，一般储粮的气味清淡或具有一定熏蒸气味。变质的粮食具有恶臭味或其他特殊气味和滋味发苦。鉴别气味除了直接嗅感粮仓气味外，还可以用手捧一把粮食，通过气息温热，即可感受其气味；粮食在一只手向另一只手翻转几次，并加以吹风后，如果气味很快减轻或消失，则认为粮食品质近于标准；或者采取样品加热嗅味，确定气味。如果有异味的粮食在热水中浸泡2～3 min，异味仍未消失，表明粮食质量不佳。

3. 容重

通过一定容积（如1L）的粮食重量判定粮食的质量的方法。容重是一项综合指标，水分、细度、形状、表面、温度、杂质含量、颗粒完好程度都会影响容重。测定的容重要与标准容重进行比较确定优劣。

4. 湿度

对通过标准取样程序所取得粮食的样品测定水分含量确定质量。水分含量包括粮食、杂质和其他水分在内。水分含量（表6－3）是粮食仓储保管的最重要的指标之一，防止霉变、自热、干燥粉碎都需要对湿度进行控制。

表6－3 粮食含水量标准

粮食种类	含水量	粮食种类	含水量
大米	15%以下	赤豆	16%以下
小麦	14%以下	蚕豆	15%以下
玉米	16%以下	花生	8.5%以下
大豆	15%以下	花生果	10%以下

5. 感染度

表示粮食被昆虫、霉菌感染的程度。其中虫害感染度根据1kg粮食中含有的害虫（壁虱目和象鼻虫）个数来确定。壁虱目或象鼻虫在1～20个或1～5个为第一等感染；在20个以上或6～10个为第二等感染；壁虱目显现毡状或象鼻虫10个以上为第三等感染。出现一等以上壁虱目感染、一等象鼻虫感染，就需要采用熏蒸的方式灭虫。

（二）粮仓安全管理

1. 干净无污染

粮仓必须保持清洁干净。首先仓库所建设的粮仓需要达到仓储粮食的清洁卫生条件，尽可能采用专用的粮筒仓；通用仓库拟用于粮食仓储应是能封闭的，仓内地面、墙面进行硬化处理，不起灰扬尘，不脱落剥离，必要时使用木板、防火合成板固定铺垫和镶衬；作业通道进行防尘铺垫。金属筒仓应进行除锈防锈处理，如采用电镀、喷漆、喷塑、内层衬垫等，确保无污染物、无异味时方可使用。

在粮食入库前，应对粮仓进行彻底清洁，清除异物、异味，待仓库内干燥、无异味时，粮食才能入库。地面条件不满足要求的，应采用合适的衬垫，如用帆布、胶合板严密铺垫。兼用粮仓储藏粮食时，同仓内不能储存非粮食的其他货物。

2. 保持干燥、控制水分

保持干燥是粮食仓储的基本要求，粮仓内不得安装日用水源，消防水源应妥善关闭，洗仓水源应离仓库有一定的距离，并在排水下方。仓库旁的排水沟应保持畅通，决无堵塞，特别是在粮仓作业后，彻底清除撒漏入沟的粮食，哪怕是极少量。

对粮仓内随时监控湿度，严格控制湿度在合适的范围之内。仓内湿度升高时，要检查粮食的含水量，含水量超过要求时，及时采取除湿措施。粮仓通风时，要采取措施避免将空气中的水分带入仓内。

3. 控制温度、防止火源

粮食本身具有自热现象，而在温度、湿度较高时，自热能力也越强。在气温高、湿度大时，需要控制粮仓温度，采取降温措施。每日要测试粮食温度，特别是内层温度，及时发现自热升温。当发现粮食自热升温时，及时降温，采取加大通风、进行货堆内层通风降温、内层释放干冰等，必要时进行翻仓、倒垛散热。

粮食具有易燃特性，飞扬的粉尘遇火源还会爆炸燃烧，应加强吸尘措施，排除扬尘。粮仓的防火工作有较高的要求，在粮食出入库、翻仓作业时，更应避免一切火源出现，特别要注意对作业设备运转的静电、粮食与仓壁、输送带的摩擦静电的消除。

4. 防霉变

粮食霉变除了因为细菌、酵母菌、霉菌等微生物的污染分解外，还会因为自身的呼吸作用、自热而霉烂。微生物的生长繁殖需要较适宜的温度、湿度和氧气含量。在温度25℃ ~37℃、湿度75% ~90%霉菌生长繁殖最快。霉菌和大部分细菌需要足够的氧气，酵母菌则是可以进行有氧呼吸、无氧呼吸的兼性厌氧微生物。

粮仓防霉变以防为主，首先应是严把入口关，防止已霉变的粮食入库；避开潮湿货位，如通风口、仓库排水口、漏水撇雨的窗、门口，远离会雨湿的外墙、地面妥善衬垫隔离；加强仓库温湿度控制和管理，保持低温和干燥；经常清洁仓库，特别是潮湿的地角，清除随空气飞扬入库的霉菌；以及清洁仓库外环境，消除霉菌源。

经常检查粮食和粮仓，发现霉变，立即清出霉变部分粮食，进行除霉和单独存放或另行处理，并针对性地在仓库采取防止霉变扩大措施。

应充分使用现代防霉技术和设备，如使用过滤空气通风法、紫外线灯照射、释放合用防霉药物等。但是用药物时需避免使用对人体有毒害的药物。

5. 虫鼠害

粮仓的虫鼠害主要表现在直接对粮食的耗损、虫鼠排泄物和尸体对粮食的污染、携带外界污染物入仓、破坏粮仓设备降低保管条件、破坏包装物造成泄漏、昆虫活动对粮食的损害等。

危害粮仓的昆虫种类很多，有多种甲虫、蜘蛛、米虫、白蚁等，往往繁殖力很强，危害猛烈，能在很短时间内造成大量的损害。

粮仓防治虫鼠害的方法包括：

（1）保持良好的仓库状态，及时用水泥等高强度填料堵塞建筑破损、孔洞、裂痕，防止虫鼠在仓内隐藏。库房各种开口隔栅完好，保持门窗密封。

（2）防止虫鼠随货入仓。对入库粮食进行检查、确定无害时方可入仓。

（3）经常检查，及时发现虫害鼠迹。

（4）使用药物灭杀。使用高效低毒的药物，不直接释放在粮食中进行驱避、诱合杀灭，或者使用无毒药物直接喷洒、熏蒸除杀。

（5）使用诱杀灯、高压电灭杀，合理利用高温、低温、缺氧等手段灭杀。

复习思考题

1. 什么是危险品？危险品有哪些类别？如何分级？
2. 危险品仓储有哪些法规？
3. 危险品仓储有哪些基本要求？
4. 如何开展危险品的安全保管？
5. 冷库保管的原理是什么？
6. 如何做好冷库仓储管理？冷库有哪些安全管理事项？
7. 粮食具有哪些仓储特性？
8. 如何进行粮食的仓储保管？

项目实训

一、实训题目

检索危险品仓储有关规定

二、实训内容及要求

利用互联网、图书馆等资源，查找国内外有关机构对危险品储存方面的有关规定，了解危险品仓储的特殊性。

三、实训报告完成

形成危险品仓储法律法规的检索报告。

项目七

配送概述

知识目标：

了解配送中心定义和配送中心的作用
了解配送中心的主要类型
掌握配送中心规划的含义、内容与程序
掌握配送中心管理的内容、目标与流程
了解配送的组织方式
了解协同配送的优点
了解协同配送要注意的问题
掌握配送线路的确定
掌握配送服务的目的

技能目标：

具有规划配送中心的能力
具备开展协同配送的能力
具备确定配送线路的能力

任务一　认识配送及配送中心

任务导入：

配送是现代物流管理的重要环节，包含了运输、仓储、包装、装卸搬运、流通加工、物流信息等各环节的参与，在一定程度上是物流体系的缩影。配送环节直接面向消费者，该环节服务质量的好坏直接影响客户对物流体系的评价。

知识解析：

一、配送

（一）配送的概念

物流是企业的“第三利益源泉”，处于末端物流的配送具有提高物流经济效益，优化、完善物流系统，改善服务，降低成本的功能，在物流系统中占有重要的地位。

“配送”这个词汇来自于日语原词，《日本工业标准（JIS）物流用语》中将配送定义为：“将货物从物流据点送交给收货人。”

中国国家标准《物流术语》将配送定义为：“在经济合理区域范围内，根据用户要求，对物品进行拣选、加工、包装、分割、组配等作业，并按时送达指定地点的物流活动。”

配送的英语原词为 Delivery，但不能将它简单地理解为交货、运送。和“配送”相近的词汇还有：分送、投送、输送、供应、供给、发放等，从配送的实际形态上看，这些词汇都不能对配送做出满意的标注。

从配送活动的实施过程上看，配送包括两个方面的活动：“配”是对货物进行集中、分拣和组配；“送”是以各种不同的方式将货物送达指定地点或用户手中。可以对配送归纳出以下几个特点：

（1）配送不是一般概念的送货，也不是生产企业推销产品时直接从事的销售性送货，而是从物流结点至用户的一种特殊送货形式。从送货的功能看，其特殊性表现在：从事送货的是专职流通企业，而不是生产企业；配送是“中转”型送货，而一般传统意义上的送货，尤其是从工厂至用户的送货往往是直达型；一般送货是生产企业生产什么就送什么，有什么就送什么，而配送则是需要什么送什么，是以用户为驱动源的。

（2）配送不是一般的运输和输送，而是运输与其他活动共同构成的结合体。虽然配送活动离不开运输，但在整个运输过程中它是处于“二次运输”“支线运输”“末端运输”的位置，即是最终资源配置，是接近顾客的配置，是从物流结点至用户的终端运输。

（3）配送不是供应和供给，它不是广义概念地组织资源订货、签约、进货、结算及对物资处理分配的供应，而是以供应者送货到用户的形式进行供应。从服务方式上看，配送是一种“门到门”的服务，可以将货物从物流结点一直送到用户的仓库、营业现场、车间乃至生产线的起点。

（4）配送不是消极的送货发货，而是在全面配货的基础上，充分按照用户的要求进行服务，它是将“配”和“送”有机地结合起来，完全按照用户要求的数量、种类、时间等进行分货、配货、配装等工作。

（5）配送是一项有计划的活动。配送需要根据客户的需要，以及从事配送企业的能力，有计划地进行送货活动，以满足客户预定的需要。

（二）配送的意义和作用

在发达国家，配送不但广为实行，而且成为企业经营活动的重要组成部分，对优化经济结构、节约社会劳动及充分发挥物流功能起到了巨大的作用。具体表现在：

（1）推行配送有利于物流运动实现合理化。配送不仅能够把流通推上专业化、社会化，更重要的是，它能以其特有的运动形态和优势调整流通结构，使物流运动达到规模经济，并以规模优势取得较低的运输成本，通过配送减少了车辆的空驶，提高了运输效率和经济效益，并能减少对空气的污染。

（2）完善了运输和整个物流系统。20 世纪下半叶以来，由于科学技术的进步，运输工具改善，使得干线运输在多种运输方式中都达到较高的水平，长距离、大批量的运输实现了低成本化。但是，在干线运输完成之后需要支线运输和小搬运来完成末端运输，这种支线运输及小搬运成了物流过程的一个薄弱环节。采用配送方式，将支线运输和小搬运活动统一起来，发挥灵活性、适应性和服务性的特点，使运输过程得以优化和完善。

（3）提高了末端物流的效益。采用配送方式，通过增大经济批量来达到经济地进货又通过将各种商品的用户集中在一起统一进行发货，代替分别向不同用户小批量发货来达到经济地发货，使末端物流经济效益得到提高。

（4）通过集中库存使企业实现低库存或零库存。在采用准时化配送方式之后，生产企业可以依靠配送中心的准时化配送进行准时化生产，而不需保持自己的库存或较小地保持库存。这样生产企业就可以实现“零库存”，可极大地降低库存占用资金，从而改善企业的财务状况。实行集中库存后，其库存总量会大大低于各企业的分散库存之总量，同时也增加了调节能力，提高了社会经济效益。此外，集中库存还可以发挥规模经济优势，使单位存货成本下降。

（5）简化事务，方便用户。采用配送方式，用户只需向一处提出订货就能达到向多处采购的目的，因而极大地减轻了用户的工作量和负担，也节省了订货等一系列事务开支。

（6）提高供应保证程度。生产企业自己保持库存来维持生产，由于受库存费用的制约，提高供应的保证程度很难，保证供应和降低库存成本存在二律背反问题。

（7）配送为电子商务的发展提供了基础和支持。从商务角度来看，电子商务的发展需要具备两个重要的条件：一是货款的支付；二是商品的配送。网上购物无论如何方便快捷，如何减少流通环节，唯一不能减少的就是商品配送，配送服务如不能相匹配，则网上购物就不能发挥其方便快捷的优势。

（三）配送在物流管理中的地位

配送是物流中一种特殊的、综合的活动形式，是商流与物流紧密地结合，是包含了物流中若干功能要素的物流活动。

从物流角度来说，配送的距离较短，位于物流系统中接近用户的一端，处于支线运输、二次运输和末端运输的位置，即到最终用户的物流。它几乎包括了所有的物流功能要素（如装卸、储存、包装、运输等），是多种功能的组合，是物流的一个缩影或在较小范围中物流全部活动的体现。一般的配送集装卸、包装、保管、分拣、配货、运输于一身，通过这一系列活动将物品送达客户的手中。特殊的配送则还要以加工活动为支持，所以包括的内容更广。分拣、配货等是配送的独特要求，也是配送中特有的活动。以送货为目的的运输则是最后实现配送的主要手段，从这一主要手段出发，常常将配送简化地看成是运输中的一种。

从商流角度来说，配送和物流不同之处在于，物流是商物分离的运行方式，而配送则是商物合一，配送本身就是一种商业形式。虽然配送具体实施时，也有以商物分离形式实现的，但从配送的发展趋势看，商流与物流的结合越来越紧密，并且是配送成功的重要保证。

（四）配送的基本功能

一般来说，配送的基本功能由备货、理货、送货 3 个方面实现。具体配送过程中，还包括其他业务环节。

（1）备货。备货是指准备货物的系列活动，是配送的准备工作或基础环节。备货工作包括筹集货源、订货或购货、集货、进货及有关的质量检查、结算、交接等。备货是决定配送效率高低的关键环节，对整个配送活动有深远的影响。

（2）储存。配送中的储存有储备及暂存两种形态。

储备形态的储存，是按一定时期的配送经营要求和货源到货情况而设置的，它是配送持续运作的资源保证。这种形态的储备物品数量较大，结构较为完善，储存更加有计划性。可根据货源及到货情况，有计划地确定周转储备及保险储备结构及数量。

暂存形态的储存，是具体执行日配送时，按分拣配货要求，在理货场地所做的少量储存准备。这种储备形式是随着“日配”“即时配送”的需求而发展起来的；其数量的多少，只会影响到下一步工序的方便与否，不会影响总体效益；并且其储存效益取决于储存总量，因此，在数量上并没有严格控制。

（3）理货。理货是配送活动中的一项重要环节，并且对整个配送效率有着重要的作用。科学合理地理货，有助于提高整个配送的效率，从而提高配送的经济效益。理货活动包括分拣、拣选加工、包装、配货、出库等多项作业。在实践上，理货主要包括分拣和配货两项活动。

分拣是将物品按品种、出入库先后顺序进行分门别类堆放的作业。分拣是一项支撑性的活动，是随着送货活动的不断发展而不断完善的，同时也极大地提高了服务水平。配货是指使用各种拣选设备和传输装置，将存放的物品按客户的要求拣选出来，配备齐全并进行必要的组合和集合，送达指定区域的活动。配货过程是分拣的延续，与分拣活动不可分割。分拣及配货是决定整个配送系统水平的关键要素。

理货活动的好坏直接影响到配送水平。同时，由于效益背反现象的存在，为提高经济效益，配送组织大都在理货上做了大量工作。

（4）配装。在单个用户配送数量不能达到车辆的有效载运负荷时，就存在如何集中不同用户的配送货物，进行搭配装载以充分利用运能、运力的问题，这就需要配装。配送和一般送货不同之处在于，通过配装送货可以大大提高送货水平及降低送货成本。所以，配装也是配送系统中有现代特点的功能要素，也是现代配送不同于以往送货的重要区别之处。

为提高车辆的有效荷载率，配送组织必须做好配装工作。配装是送货的前奏，也是配送系统中的一个重要环节。配货活动不仅仅是“装货”的过程，还包括与此相关的粘贴或附加关于货物标识，并登记、填写送货单，装载、覆盖、捆扎固定等多项作业。合理的配装能有效提高送货水平，降低配送成本。同时，由于能减少运次，也能适当缓解交通压力。

（5）配送运输。配送运输属于运输中的末端运输、支线运输，与一般运输形态有较大区别，主要区别在于：配送运输是较短距离、较小规模、额度较高的运输形式，一般使用汽车做运输工具。与干线运输的区别在于，配送运输由于用户多，而城市交通道路复杂，必须做好配装和路线规划工作。因此，配送运输难度比较大，对整个配送效率的影响大。

（6）送达服务。将配好的货运输到客户指定处还不算配送工作的完结，这是因为送达货和客户接货往往还会出现不协调，使配送前功尽弃。因此，要圆满地实现运到之货的移交，并有效地、方便地处理相关手续并完成结算，还应讲究卸货地点、卸货方式等。送达服务也是配送独具的特殊业务。

(7) 配送加工。配送加工是按照配送客户的要求所进行的流通加工。流通加工是指：物品在从生产地到使用地的过程中，根据需要施加包装、分割、计量、分拣、组装、贴标签、刷标志、商品检验等简单作业的总和。在配送中，配送加工这一功能要素不具有普遍性，但是往往是有重要作用的功能要素。主要原因是通过配送加工，可以大大提高用户的满意程度。配送加工是流通加工的一种，配送加工一般只取决于用户要求，其加工的目的较为单一。

二、配送中心

(一) 配送中心的基本含义

在实际生活中，配送和其他经济活动一样，通常也是由专业化的组织来进行安排和操作的。配送中心指从事配送业务的物流场所或组织，应基本符合下列要求：

(1) 主要为特定的用户要求；

(2) 配送功能健全；

(3) 完善的信息网络；

(4) 辐射范围小；

(5) 多品种、小批量；

(6) 配送为主，储存为辅。

作为物流运动枢纽的配送中心，要发挥其集中供货的作用：首先必须采取各种方式(如零星集货、批量进货等)去组织货源；其次必须按照用户的要求及时分拣（分装）和配备各种货物。为了更好地满足客户需要及提高配送水平，配送中心必须有比较强的加工能力以开展各种形式的流通加工。从这个意义上讲，配送中心实际上是集货中心、分货中心和流通加工中心为一体的现代化物流基地，也是能够发挥多种功能作用的物流组织。

现代配送中心与普通的仓库和传统的批发、储运企业相比，存在质的不同。仓库仅仅是储存商品，而配送中心绝不是被动地接受委托存放商品，它还起到集配作用，具有多样化的功能。和传统的批发、储运企业相比，配送中心在服务内容上由商流、物流分离发展到商流、物流、信息流有机结合；在流通环节上由经过多个流通环节发展到由一个中心完成流通全过程；在经销方式上由层层买断发展到代理制；在工商关系上由临时的、随机的关系发展到长期、固定的关系。配送中心和传统的批发、储运企业相比的这些特点在社会化的共同配送中心上表现得尤为突出。

配送中心概念的不同说法：

从目前的情况来看，“配送中心”的词汇不断出现在各个领域，有一些国家已经用标准化方式给“配送中心”以明确的定义。我国的《物流术语》国家标准对其进行了明确定义，但是多数领域还是根据个人的理解使用“配送中心”一词。即使在前些年，我国流通领域对国外研究比较多的内部杂志《国外物资管理》中，在“配送中心”一词使用上，也有差异，同一期不同的文章上面，不同作者所讲的“配送中心”，有时候并不是指同一的事物。实际上“配送中心”的称谓，在国内外都还没有能够做到完全规范化。因此，搞清“配送中心”的含义，对于正确开展配送，正确进行配送中心的规划建设，对于能够正确地交流与沟通，是非常重要的。

在欧美一些国家，配送中心多指那些经过改造而经济功能业已综合化和完善化的“流通性仓库”。据此，理论界也有人把配送中心称为“物流设施”或“物流基地”。例如，日本出版的《市场用语辞典》即把配送中心说成是“一种物流结点”，指出配送中心是“不以储藏仓库这种单一的形式出现，而是发挥配送职能的流通仓库，也称作基地、据点或流通中心”。又如，日本的《物流手册》把配送中心定义为“是从供应者手中接收多种大量的货物，进行倒装、分类、保管、流通加工和情报处理等作业，然后按照众多需要者的订货要求备齐货物，以令人满意的服务水平进行配送的设施”。我国研究物流科学的专家在给配送中心下定义时也提出过类似的称谓，将配送中心称作“从事货物配备和组织对用户送货，以高水平实现销售或供应的现代物流设施”。然而，不管人们从哪个角度去认识和描述配送中心（亦即无论把配送中心看做是从事配送活动的经济组织，还是将它称作组织送货等活动的物流设施），有一点是不容忽视的，那就是配送中心是配送活动的“聚集地”和“发源地”；同时，它也是物流运动的枢纽。

国内外对配送中心的说法大体列举如下：

“配送中心是从事货物配备（集货、加工、分货、拣选、配货等）和组织对用户的送货，以高水平实现销售或供应的现代流通设施。”（《现代物流学》）

“配送中心是从供应者手中接收多种大量的货物，进行倒装、分类、保管、流通加工和情报处理等作业，然后按照众多需要者的订货要求备齐货物，以令人满意的服务水平进行配送的设施。”（《物流手册》）

“是一种物流结点，它不以储藏仓库这种单一形式出现，而是发挥配送职能的流通仓库。”（日本《市场用语辞典》）

以上仅仅是一些具有权威性的书籍中对配送中心的定义性的提法，为了更全面地认识配送中心，这里再引述一些文章和书籍中有助于我们全面认识配送中心的一些描述。

“专门从事配送工作的物流据点称配送中心。”（《物流学及其应用》）

“配送中心是直接与顾客相联系的末端据点。”（《国外物资管理》杂志）

“配送中心是典型的流通性仓库。”（《国外物资管理》杂志）

“配送中心（仓库）是用以储存货物的场所。”“配送中心（仓库）是货物从制造厂商至零售商之间的中间储存据点，配送中心就是一个为集中和分散货物，着重于使货物迅速流转的仓库。”（《现代综合物流管理》）

“根据不同经营者和不同的业务内容，配送中心还被称为流通中心、运输中心和货物储藏场所等多种名称。”（《物流手册》）

“在典型的物流系统中，离开生产线的产成品首先要暂时存放于某一地点，最后被运送到离市场较近的某处，这里就是配送中心。”（《国外物资管理》杂志）

以上不同国家、不同领域、不同产业、不同学者对于配送中心的不同认识和描述，反映了在“效率优先”的市场经济环境下，人们主要追求的是由配送中心带来的效益，而不过分拘泥于形式。这应该说是一种有益的现象。但是概念的过分混乱和长期不能求同就会降低配送中心的推广性和指导作用，也会使一个新的经济现象失去应有的理性，从而使发展受挫。在我国，应尽量逐渐以《物流术语》为标准，规范“配送中心”概念的使用。

（二）配送中心的形成与发展

追溯历史，很多学者认为配送中心是在仓库基础上发展起来的。仓库的功能，几千年都是作为保管物品的设施，我国近年出版的《现代汉语词典》，仍把仓库解释成“储藏粮食和其他物资的建筑物”，完全是一个静态的过程。有些专业辞典多少作了些动态的解释，例如，《中国物资管理词典》把仓库解释成“专门集中储存各种物资的建筑物和场所；专门从事物资收发保管活动的单位和企业”。从收、发两方面赋予了仓库一定的动态功能。但是这些定义完全没有包含配送的本质内涵，所以有不少学者把配送中心直接解释成仓库显然是不妥当的。在社会不断发展的过程中，由于经济的发展，生产总量的逐步扩大，仓库功能也在不断地演进和分化。在我国，早在闻名于世的中华大运河进行自南向北的粮食储运时期，就已经出现了以转运职能为主要目的的仓库设施。明代出现了有别于传统的以储存、储备为主要功能的新型仓库，并且冠以所谓“转搬仓”之名，其主要职能已经从“保管”转变为“转运”。在新中国建立以后，服务与计划经济的分配体制，使我国出现了大量以衔接流通为职能的“中转仓库”。中转仓库的进一步发展和这种仓库业务能力的增强，出现了相当规模、相当数量的“储运仓库”。在外国，仓库的专业分工，形成了仓库的两大类型：一类是以长期储藏为主要功能的“保管仓库”；另一类是以货物的流转为主要功能的“流通仓库”。

流通仓库以保管期短、货物出入库频率高为主要特征，这和我国的中转仓库有类似之处。这一功能与传统仓库相比，有很大区别。货物在流通仓库中处于经常运动的状态，停留时间较短，有较高的进出库频率。流通仓库的进一步发展，使仓库和连接仓库的流通渠道形成了一个整体，起到了对整个物资渠道的调节作用。为了和仓库进行区别，越来越多的人便称之为“流通中心”或“配送中心”。

现代社会中产业的复杂性、需求的多样性和经济总量的空前庞大，作为生产过程的延续，决定了流通的复杂性和多样性。这种状况又决定了流通中心的复杂性和多样性，流通中心各有侧重的职能，再加上各个领域、各个行业自己的习惯用语和相互间的用语不规范的缘故，也就决定了出现各种各样的叫法，如集运中心、配送中心、存货中心、物流据点、物流基地、物流团体等。在20世纪70年代石油危机之后，为了挖掘物流过程中的经济潜力，物流过程出现了细分，再加上市场经济造成的普遍买方市场环境，以服务来争夺用户的竞争的结果，企业出现了“营销重心下移”“贴近顾客”的营销战略，贴近顾客一端的所谓“末端物流”便受到了空前的重视，配送中心就是适应这种新的经济环境，在仓库不断进化和演变过程中所出现的新的物流设施。

配送中心是集多种流通功能于一体的物流组织。在商品流通实践中，配送中心要开展多种活动和完成多项目的物流作业，因此，一般来说，它的经济实力和经济规模都很大。不难看出，配送中心乃是利用先进的物流技术和物流设备开展商品分拣、加工、配装、运送等业务活动的大型物流基地（或物流组织）。

考察商品物流发展史，可以看到：配送中心的形成和不断完善是社会生产力发展的必然结果；从另一个角度看，建立配送中心也是实现物流运动合理化的客观要求。众所周知，在人类社会中，被称之为“第一生产力”的科学技术一直是在不断发展、不断创新的。而随着科学技术的不断进步和广泛应用，人类征服自然和改造自然的能力势必会越来越强。其结果，一方面将导致生产规模不断扩大，生产的专业化和社会化程度日趋提高；另一方面，社会分工和协作关系将更加发展、更加扩大。具体就是：在社会生产力不断发展的条件下，不仅在生产领域内部，分工协作关系会得到充分的发展；同时，在生产领域外部，生产者和流通当事人之间的分工协作关系也会日益扩大。在这种情况下，为了保证社会生产连续、快速运转，客观上要求有专门的经济组织（或机构）提供包括供应物资（原材料）和保管、分销产品的社会化服务，行使流通职能。从效率和效益的角度来说，随着市场经济的发展和生产、流通规模的日益扩大，客观上要求人们用科学的方式和方法去组织各种经营活动（其中包括综合物流功能，使物流运动系统化）。实践证明，正是在这样的历史背景下，一些老式的物流设施（仓库）进行了全面改造和完成了功能“再造”，由此演化成了配送中心。也正是因为存在着上述客观要求，才促使处于市场竞争中的生产者和经营者建立起了服务于生产和销售的配送组织——配送中心。可见，配送中心的产生和发展不是偶然现象，而是生产和物流不断发展的必然结果。换言之，配送中心的产生和发展是物流运动系统化和规模化的必然趋势。

（三）配送中心的作用

在现代物流活动中，配送中心的作用是十分明显的，可以归纳为以下几个方面：

1. 使供货适应市场需求变化

各种商品的市场需求在时间、季节、需求量上都存在大量随机性，而现代化生产、加工无法完全在工厂、车间来满足和适应这种情况，必须依靠配送中心来调节、适应生产与消费之间的矛盾和变化。

2. 经济高效的组织储运

从工厂企业到销售市场之间需要复杂的储运环节，要依靠多种交通、运输、库存手段才能满足。传统的以产品或部门为单位的储运体系明显存在不经济和低效率的问题，所以建立区域、城市的配送中心能进行批量进发货物，能组织成组、成批、成列直达运输和集中储运，有利于降低物流系统成本，提高物流系统效率。

3. 提供优质的保管、包装、加工、配送、信息服务

现代物流活动中由于物资物理、化学性质的复杂多样化，交通运输的多方式、长距离、长时间、多起终点，地理与气候的多样性，对保管、包装、加工、配送、信息提出了很高的要求，只有集中建立配送中心，才有可能提供更加专业化、更加优质的服务。

4. 促进地区经济的快速增长

配送中心同交通运输设施一样是经济发展的保障，是吸引投资的环境条件之一，也是拉动经济增长的内部因素，配送中心的建设可以从多方面带动经济的健康发展。

5. 对于连锁店的经营活动是必要的

它可以帮助连锁店实现配送作业的经济规模，使流通费用降低；减少分店库存，加快商品周转，促进业务的发展和扩散。批发仓库通常需要零售商亲自上门采购，而配送中心解除了分店的后顾之忧，使其专心于店铺销售额和利润的成长，不断开发外部市场，拓展业务。此外，还加强了连锁店与供方的关系。

（四）配送中心的类型

1. 按配送中心的经济功能分类

总结、归纳国内外配送中心的运作情况，现实中的配送中心大体上有这样几种类型。

（1）供应型配送中心。供应型配送中心即专门向某些用户供应货物、充当供应商角色的配送中心。

在现实生活中，有很多从事货物配送活动的经济实体，其服务对象主要是生产企业和大型商业组织（超级市场或联营商店），他们所配送的货物以原料、元器件和其他半成品为主，客观上起着供应商的作用。这些配送中心类似于用户的后勤部门，故属于供应型配送中心。在物流实践中，那些接受客户委托、专门为生产企业配送零件、部件及专为大型商业组织供应商品的配送中心均属于供应型配送中心。我国上海地区6家造船厂共同组建的钢板配送中心、服务于汽车制造业的英国HONDA斯温登配件中心、美国SUZUKI MOTOR洛杉矶配件中心以及德国MAZDA MOTOR配件中心等物流组织就是这种配送中心的典型代表。

由于供应型配送中心担负着向多家用户供应商品（其中包括原料、材料和零配件等）的任务，因此为了保证生产和经营活动能正常运行，这种类型的配送中心一般都建有大型的现代化仓库和储存一定数量的商品。

（2）销售型配送中心。以销售商品为主要目的，以开展配送为手段而组建的配送中心属销售型配送中心。在竞争日趋激烈的市场环境下，许多生产者和商品经营者为了扩大自己的市场份额（即提高商品的市场占有率），采取了种种降低流通成本和完善其服务的办法和措施（其中包括售前和售后服务）。与此同时，改造和完善了物流设施（如改造老式仓库），组建了专门从事加工、分货、拣货、配货、送货等活动的配送组织——配送中心。很明显，上述的配送中心完全是围绕着市场营销（销售商品）而开展配送业务的。从本质上看，这种配送中心所从事的各种物流活动是服务（或从属）于商品销售活动的。

因隶属单位不同，销售型配送中心又可细分成三种。

第一种，是生产企业（或称制造商）为了直接销售自己的产品及扩大自己的市场份额而建立的销售型配送中心。在国外特别是在美国，这种类型的配送中心数量很多。

第二种，是专门从事商品销售活动的流通企业，为了扩大销售而自建或合作建立起来的销售型配送中心。近几年，在我国一些试点城市所建立或正在建立的生产资料配送中心多属于这种类型的物流组织。

第三种，是流通企业和生产企业联合建立的销售型配送中心。这种配送中心类似于国外的“公用型”配送中心。

（3）储存型配送中心。这是一种有很强储存功能的配送中心。实践证明，储存一定数量的物资（包括原料和成品等）仍是生产和流通得以正常进行的物资保障。从商品销售的角度来看，在买方市场条件下，由于企业在销售商品（包括生产企业自销其产品）的过程中，不可避免地会出现迟滞现象，因此客观上需要有储存环节予以支持；而从生产的角度看，在卖方市场条件下，生产企业常常要储存一定数量的生产资料，以保证生产连续运转和应付急需。在这种情况下，同样需要设立储存环节予以支持；再从物流运动本身来看，与大范围、远距离、高水平开展配送活动的配送中心多起源于传统的仓库。

2. 按物流设施的归属分类

（1）自用（或自有）型配送中心。这种类型的配送中心指的是：包括原材料仓库和成品仓库在内的各种物流设施和设备归一家企业或企业集团所有，作为一种物流组织，配送中心是企业或企业集团的一个有机组成部分。自然，这种隶属于某一个企业集团的配送中心只服务于集团内部各个企业，通常，它是不对外提供配送服务的。例如，美国沃尔玛商品公司所属的配送中心即是公司独资建立、专门为本公司所属的连锁店提供商品配送服务的自用型配送中心。目前，随着经济的发展，大多数自用型配送中心均已转化成了"公用"型配送中心。

（2）公用型配送中心。顾名思义，这种配送中心是面向所有用户提供后勤服务的配送组织（或物流设施）。只要支付服务费，任何用户都可以使用这种配送中心。从归属的角度说，这种配送中心一般是由若干家生产企业共同投资、共同持股和共同管理的经营实体。在国外，也有个别的公用型配送中心是由私人（或某个企业）投资建立和独资拥有的。此外，据有关资料介绍，在美国，有的公用型配送中心的土地属于某一方，而设施的兴建和经营管理工作是由专门的经营公司来承担的。

公用型配送中心的数量很多。在配送中心总量中，这种配送组织占相当大的比例。据介绍，在美国约有 250 家公用型配送中心，有的已经形成了网络体系。

（3）合作型配送中心。这种配送中心是由几家企业合作新建、共同管理的物流设施，多为区域性配送中心。合作型配送中心可以是企业之间联合发展，如中小型零售企业联合投资兴建，实行配送共同化；也可以是系统或地区规划建设，达到本系统或本地区内企业的共同配送；或是多个企业、系统、地区联合共建，形成辐射全社会的配送网络。北京粮食局系统的八百佳物流中心即为系统内联合之一例；上海市政府、流通主管部门所规划发展的百货、粮食、副食品等配送中心为区域内联合之一例。另外，还可以对原有不规范、无规模、无效率的配送中心进行联合重组，向规模化发展，赋予新的生命力。

3. 按服务范围和服务对象分类

（1）城市配送中心。城市配送中心是只能向城市范围内的众多用户提供配送服务的物流组织。由于在城市范围内，货物的运距比较短，因此这类配送中心在从事（或组织）送货活动时，一般都使用载货汽车。又由于使用汽车配送物资时机动性强、供应快、调度灵活，因此在实践中依靠城市配送中心能够开展少批量、多批次、多用户的配送活动，也可以开展"门到门"式的送货业务。

因为城市配送中心的服务对象多为城市圈里的零售商、连锁店和生产企业，所以一般来说，它的辐射能力都不太强。在流通实践中，城市配送中心多是采取与区域配送中心联网的方式运作的。我国一些试点城市所建立的配送中心（如北京食品配送中心、无锡市各专业物资配送中心）绝大多数都属于城市配送中心。

（2）区域性配送中心。这是一种辐射能力较强、活动范围较大，可以跨市、跨省进行配送活动的物流中心。美国沃尔玛公司下属的配送中心就是这种性质的物流组织。

区域性配送中心有三个基本特征：其一，经营规模比较大，设施和设备齐全，并且数量较多，活动能力较强。其二，配送的货物批量比较大而批次较少。例如，有的区域性配送中心每周只为用户配送 3 次货物，但每次配送的货物都很多。其三，在配送实践中，区域性配送中心虽然也从事零星的配送活动，但这不是其主要业务。很多配送中心常常向城市配送中心和大的工商企业配送商品，因而这种配送中心是配送网络或配送体系的支柱结构。

4. 按运营主体的不同分类

（1）以制造商为主体的配送中心。这种配送中心里的商品 100% 是由自己生产制造，用以降低流通费用、提高售后服务质量和及时地将预先配齐的成组元器件运送到规定的加工厂和装配工位。从商品制造到生产出来后条形码和包装的配合等多方面都较易控制，所以按照现代化、自动化的配送中心设计比较容易，但不具备社会化的要求。

（2）以批发商为主体的配送中心。商品从制造商到消费者手中之间的传统流通有一个环节叫批发。一般是按部门或商品类别的不同，把每个制造厂的商品集中起来，然后以单一品种或搭配向消费地的零售商进行配送。这种配送中心的商品来自各个制造商，它所进行的一项重要的活动便是对商品进行汇总和再销售，而它的全部进货和出货都是社会配送的，社会化程度高。

（3）以零售业为主体的配送中心。零售商发展到一定规模后，就可以考虑建立自己的配送中心，为专业商品零售店、超级市场、百货商店、商场、粮油食品商店、宾馆饭店等服务。社会化程度介于前两者之间。

（4）以仓储运输业者为主体的配送中心。这种配送中心最强的是运输配送能力，地理位置优越，如港湾、铁路和公路枢纽，可迅速将到达的货物配送给用户。它提供仓储货位给制造商或供应商，而配送中心的货物仍属于制造商或供应商所有，配送中心只是提供仓储管理和运输配送服务。这种配送中心的现代化程度往往较高。

（五）其他国家与地区的配送中心

第二次世界大战以后，欧美、日本为适应经济发展和商品流通需要，在仓储、运输、批发等企业基础上发展建设了众多形态的商品配送中心。这些配送中心或作为独立的企业提供社会化的配送服务，或作为企业集团的一个重要组成部分，以保障集团内部生产和流通业务需求。到 20 世纪 80 年代，这些配送中心已经取代了传统的批发体系，发展成为商品流通体系的骨干力量，为促进流通向现代化发展，实现贸易国际化，起到了重要的保障和中介作用。配送中心在我国的发展还处于起步阶段，还存在不少问题需要解决。因此，分析、比较其他国家与地区配送中心的特点，学习、借鉴其发展配送中心的先进经验，对我国发展现代化的配送中心具有重要的现实意义。

1. 美国的配送中心

美国的配送中心以萌芽早、发展速度快、活动范围广、经营范围大和现代化水平高而著称于世界。从 20 世纪 60 年代起，商品配送合理化在发达国家普遍得到重视。美国的一些企业认为：当生产领域提高劳动生产率的潜力被耗尽后，调整流通领域的商品流量是企业获取利润的主要来源，也是稳定消费物价和提高国际竞争能力的重要因素。为了向流通领域要效益，美国企业采取了以下措施：一是将老式的仓库改为配送中心；二是引进计算机管理网络，对装卸、搬运、保管实行标准化操作，提高作业效率；三是连锁店共同组建配送中心，促进连锁店效益的增长。美国的配送中心正是在改造老式仓库的基础上于 20 世纪 60—70 年代逐步形成和发展起来的。

美国配送中心发展的外部条件主要是：

（1）美国经济高度发展，市场消费相当可观，使物流量急剧上升；

（2）美国自20世纪50年代开始，大力兴建州际高速公路，已建成数十万千米的高速公路，把全美各地连接起来，与铁路、港口、空运一起形成了四通八达的交通网络；

（3）超市、平价俱乐部等连锁经营的出现，带动了物流的变革；

（4）经济的发展带来社会专业分工的细化，观念的转变，使制造商要求摆脱物流、销售等，集中精力开发研制新产品。

美国配送中心管理的特点表现在一流的服务、确定合理的配送价格、千方百计地降低作业成本等几个方面。其主要类型包括：

（1）特大型生产企业独资建立的配送中心，主要为生产企业自身服务；

（2）大型零售企业或是连锁企业自有的配送中心；

（3）为扩大生产企业和商业企业的服务范围而建立的社会化的配送中心。

社会化配送中心又可分为两种。一种是本身没有商品所有权的纯物流性质的配送组织，主要依托众多的生产企业、依据生产企业的指令（或受生产企业委托）向零售企业或其他客户配送商品。实践中，作为需求者的零售商要向工厂订货，工厂汇总用户的订单之后，通知配送中心按其指令进行配货、送货。具体的送货时间由各配送中心与用户（零售商店）协商确定，但货款结算要在零售商和工厂之间进行（以及货款由零售商与工厂结算）。另一种社会化配送中心是兼从事商品分销（代理）活动的配送组织，主要依托零售商、超市等用户从事经营活动。在实践中，配送中心根据用户的订货单，先从生产企业进货，然后再组织配送。对于组织进来的货物，配送中心拥有所有权。

2. 日本的配送中心

第二次世界大战之后，工业的复兴使日本经济进入了高速增长时期。特别是20世纪60年代，日本经济完成了向重工业化转化以后，经济更呈现出高速增长态势。这个时期，产品产量和货物运输量均急剧增加。然而，由于流通发展滞后，阻碍了生产的快速发展。日本政府从提高物流效率、促进经济发展的愿望出发，采取了多种措施扶持企业进行物流设施建设。其中包括统一规划城市中的仓储设施建设、修建“流通团地”，并且制定规划有关物流的法律、法规和颁布倡导企业革新物流技术、更新物流设备的优惠政策。与此同时，日本工商企业也在积极探索提高物流效率的可行性办法和途径，调整物流组织，提出“物流系统化”的目标、策略和规划，如发货“大量化”、运输“计划化”、物流“共同化”与“专业化”等。在实施物流规划过程中，日本的生产商和批发商为了扩大单元发货量和提高供货效率：一方面实行了奖励制度和优惠价格制度；另一方面，建立了“发送中心”“流通中心”等物流设施。

日本随着商业连锁化经营步伐的加快发展，对社会化配送组织提出更高的要求。其发展趋势是：系统内自建的配送中心逐步缩小，而共同享用商品配送的社会化物流设施和物流配送共同化趋势日益显著，主要有如下几种类型：

（1）大型商业企业自有的配送中心。一般由资金雄厚的商业销售公司或连锁超市公司投资建设，主要为本系统内的零售店铺配送，同时也受理社会中小零售店的配送业务。配送商品主要有食品、酒类、生鲜食品、香烟、衣物、日用品等。

（2）批发商投资，小型零售商加盟组建的配送中心。为了与大型连锁超市公司竞争，由一些小型零售企业和连锁超市加盟合作，自愿组合，接受批发商投资建设配送中心的进货与配送。这种以批发商为龙头，由零售商加盟的配送中心，实际上是商品的社会化配送。这样的配送形式，既可解决小型零售商因规模小、资金少而难以实现低成本经营的问题，也提高了批发商自身在市场的占有率，同时实现了物流设施充分利用的社会效益。

（3）接受委托，为其他企业服务的配送中心。在完成对本系统的配送外，接受其他企业的委托进行配送服务。其主要配送对象是大量小型化便利店或超市，以合同为双方约束手段，开展稳定的业务合作。

上述三种类型的配送中心，实际上不同程度地承担社会配送功能，并且还有进一步扩大配送范围的发展趋势。

日本的配送中心由于实现了较为成熟的计算机管理，建立了严格的规章制度和配备了比较先进的物流设施，确保了商品配送过程的准确及时到位，真正起到了降低流通费用、加速流转速度、提高经济效益的作用。其管理特点如下所述：

（1）普遍实现计算机网络管理，使商品配送及时准确，保证物流经营正常进行。由于采用计算机联网订货、记账、分拣、配货等，使得整个物流过程衔接紧密、准确、合理，零售商店的货架存量压缩到最小限度，直接为零售店服务的配送中心基本上做到零库存，大大降低了缺货率，缩短了要货周期，加速了商品周转，给企业带来了可观的经济效益。

（2）严格的规章制度使商品配送作业准确有序地进行，真正体现了优质服务。配送中心设立了一整套严格的规章制度，使配送中心的各个环节作业安排周密，按规定时间完成，并且都有详细的作业记录。如配送冷藏食品的物流中心，对送货时间和冷藏车的温度要求很严格，在送货冷藏车上都安装了检测器，冷藏车司机送货到每个点都必须按照计算机规定的计划执行。配送中心对门店订货到送达之间的时间都有严格规定，一般是：保鲜程度要求高的食品，今天订货明天到；其他如香烟、可乐、百货等，今天订货后天送到。如送货途中因意外不能准时到达，必须立刻向总部联系，总部采取紧急补救措施，确保履行合同。

（3）先进的物流设施，节约了劳动力成本，并保证提供优质的商品。日本配送中心的物流设施都比较先进。一是自动化程度高，节约人力；二是对冷藏保鲜控制温度要求高，保证商品新鲜。收货、发货，按相应电钮，计算机会自动记录，并将信息分别送至统计、结算、配车等有关部门。温控高架仓库的冷冻库和冷藏库设计科学合理，钢货架底座设有可移动的轨道，使用方便，大大提高了冷库的面积利用率和高度利用率。此外，送货冷藏车上，可同时容纳三种温度的商品，确保各类商品的不同温度要求，并在整个物流过程中都能控制温度。

3. 配送中心的国际比较、发展及启示

（1）配送中心的国际比较。在市场经济日益发展、消费品日趋丰富的今天，物流配送中心的建设与发展在我国已成为历史的必然。同时，由于物流业的经营活动可以为社会财富的积累提供“第二利润源泉”，国内外均对于配送中心的建设与发展给予了高度重视。目前，世界上发达国家和我国配送中心的发展因各国国情的差异而各具特点，因此进行国际比较研究、探索世界各国配送中心建设与发展的共性与个性，将有益于我国配送中心的发展。

本节运用比较分析法，对当今世界发达国家和我国的配送中心进行分析比较，归纳各国配送中心在产生原因、特色功能、网点布局、设施设备、管理特点和发展趋势等几个方面的特点，并提出21世纪我国的配送中心的发展建议。

日本、美国、加拿大，以及我国上海、台湾地区的配送中心的特点比较分析结果见表7－1。

表7－1 各国（地区）配送中心特点比较

项目 \ 国家/地区	日本	美国	加拿大	中国	
				上海	台湾地区
产生原因	消费市场发达，多批次、小批量，仓库周转加快，物流成本上升，城市交通阻塞，环境污染等				
特色功能	战略功能 控制功能 应变功能	顾客服务功能	批发商、零售商服务功能	信息处理功能	应变功能
网点布局 设施设备	合理选址 规模适中 自动分拣 无线通信	立体仓库 环保设施 机械化与半自动化设备	大型单层 自动分拣 自动打包	立体货架 高架叉车	中小规模 平房仓库 本土化设备
管理特点	网络管理 严格的规章制度	网络化信息处理系统、明确的服务范围和区域	计算机管理 条形码技术	开发中的计算机管理与条形码技术	结合本土特点吸收国外经验、重视人才培养
发展趋势	无纸化 无人化	全球化战略 区域性贸易	自动化 信息化	多功能化、信息化优质服务	从整合到聚集

（2）其他国家和地区发展配送中心对我国的启示。

第一，政府在经济规划与管理中将物流业作为总体规划的一个有机组成部分，统一规划，统一运筹。我国目前连锁商业发展势头强劲，尤其是零售商业中的超市、便利店及仓储式商店等业态异军突起，然而连锁商业中，“第二方物流”实施社会化配送程度很低，大大制约了连锁商业的发展进程。根据国外建设物流基地或配送中心的经验表明，物流企业是一个投资大、回收期长、社会效益显著的特殊产业，因此政府在税收、贷款利率等方面要给予优惠和支持，并在政策、舆论导向上要积极引导中小企业进入配送中心实施共同配送，鼓励支持跨行业、跨地区、跨所有制的相关产业部门建立集商流、物流、信息流和资金流为一体的社会化配送中心。在配送中心的发展形式上，因地制宜，形式多样化，依据我们的具体国情，以现有配送中心为基础，实行横向的联合兼并与纵向的垂直统合，逐步发展大型物流配送中心与区域性配送中心相配套，综合性物流中心与专业性配送中心相结合，建立以社会化、共同化物流配送中心为主体功能综合化的物流配送体系。总之，在充分开发与利用社会物流资源上，强化政府的宏观调控与指导，在统一规划的前提下，确保配送中心建设的规模经济效益和物流资源的最优化配置。

第二，应推进综合物流管理，做好市场调研，促进物流配送业的空间布局合理化与科学化。物流在国外如美国、日本等国家已有近百年的研究与发展历史。自从物流是“第二利润源泉”的观点发表之后，引起西方国家政府与企业界的高度重视。日本针对商业营销费用的50%是物流费用的事实，拟订了《综合物流施策大纲》，目的在于进一步有效地控制和降低成本，实施全社会的物流一体化、全球化战略。我国是一个中小企业占相当比重的国家，为降低流通成本，谋求物流的高效化，推进综合物流管理，已成为我国目前亟待解决的问题，尤其是物流配送业的空间布局，它不但影响到国民经济结构，也影响到商品流通产业结构和业态结构的优化与重组。科学合理的物流业空间布局，必须适应我国中小企业多批次、小批量、缩短供货周期等对物流服务的客观要求；避免一哄而上大办物流配送，切实做好市场调研、市场预测与决策工作，一切从市场需求出发。首先，要搞好配送中心建设的地理定位，对周边社会经济、文化环境的科学分析，测定商圈范围，以获得配送中心市场的有效辐射力。其次，要整合配送中心市场运作中所具备的仓储、交通运输、信息等方面的基础条件以及物流业与工商企业双方的联盟关系，形成风险共担、规模经济效益共享的社会化物流配送体系。最后，要协调好物流中心与配送中心、全国性物流中心与区域性配送中心在空间布局上的有效性和合理性，在物流服务上真正实现其优势互补，有利于物流服务营销网络体系的构建，进一步迈入物流社会化、共同化乃至全球化的发展轨道。

第三，集约化、网络化、信息化和现代化的配送中心集商流、物流、信息流于一体，一头连接生产，一头连接零售，将广大中小零售企业组织起来，是降低流通成本、提高效率的有效途径。在进一步深化商业体制改革中，认真借鉴国外成功的经验，将改组传统批发商企业和传统储运企业结合起来，重建现代批发网络体系，且与完善物流配送中心的集货、分货、拣货、包装、运输、信息、咨询等综合化服务功能结合起来。加大科技改革的力度，提高物流配送企业的组织化程序和企业化经营的水平，加快物流业的软件建设和专业人才的培养，在实践中不断探索，不断完善，积累经验。在发展定位上，应立足于我国商业深化改革的实际，针对物流业发展的内外部环境与条件，为零售商业领域“量身定做”社会化配送中心，从市场需求出发，通过集约化、规范化经营，吸收并引进国外先进的物流技术与管理方法，以推动我国物流配送中心的发展。

第四，其他国家与地区的经验表明，社会化配送中心的建设，各国均采用了适合本国发展的配送中心模式，以物流业的规模结构优化调整作为本国物流发展的战略。这给我们的启发与借鉴也提出了一个新的课题，即配送中心发展模式及本土化问题。发展社会化物流、配送中心，真正将物流中的运输、储存、装卸、包装、流通加工及信息等功能整合成为一个完整的物流系统，这是理解现代物流理念的基础与关键。在吸收国外经验的同时，重点学习其观念、原则，然而更为重要的是要立足于本国，从实际出发，从国情出发，结合我国批发商业、仓储、运输等领域的企业实际，在融合国外现成物流管理方面经验的基础上，同时又能根据自身的需求特点，这是实现与促进物流本土化的基本条件，否则盲目地照抄照搬，追求“大而全”的模式、“遍地开花”的模式，盲目规划建设及物流业态单一化等形式都不利于我国配送中心的发展。总之，配送中心发展必须立足于了解自己，在规划建设、选址、经营规模、市场定位、组织形态、运作方式等方面，按照我国国民经济发展的需要及连锁商业发展的水平要求进行总体规划与建设。此外，对物流专业技术人才的培养与储备，将是我国社会化配送中心健康发展的关键因素。

任务二　配送中心规划及设施设备

任务导入：

目前，国内许多部门和单位都致力于建设配送中心，如何确定合理的经济投入，实现配送中心的设施设备的优化配置，是决策者十分关注的问题。因此，在配送中心建设之前，需要进行系统、全面地规划。总结配送中心规划、建设的实践经验，研究配送中心规划的内在规律，提出配送中心规划的实用方法，是配送中心发展提出的必然要求。

知识解析：

一、配送中心规划概述

（一）配送中心规划的含义

配送中心规划是对于拟建配送中心的长远的、总体的发展计划。“配送中心规划”与“配送中心设计”是两个不同但容易混淆的概念，两者有密切的联系，但是也存在着重大的差别。在配送中心建设的过程中，如果将规划工作与设计工作相混淆，必然会给实际工作带来许多不应有的困难。因此，比较配送中心规划与配送中心设计的异同，阐明两者的相互关系，对于正确理解配送中心规划的界定，在理论和实践上都具有重要意义。

建设项目管理中，将项目设计分为高阶段设计和施工图设计两个阶段。高阶段设计又分为项目决策设计和初步设计两个阶段。项目决策设计阶段包括项目建议书和可行性研究报告。通常也将初步设计和施工图设计阶段统称为狭义的二阶段设计。对于一些工程，在项目决策设计阶段中进行总体规划工作，作为可行性研究的一个内容和初步设计的依据。因此，配送中心规划属于配送中心建设项目的总体规划，是可行性研究的一部分；而配送中心设计则属于项目初步设计的一部分内容。配送中心规划与配送中心设计的相同之处有两个方面。

一是配送中心的规划工作与设计工作都属于项目的高阶段设计过程，内容上不包括项目施工图纸等的设计。

二是理论依据相同，基本方法相似。配送中心规划与设计工作都是以物流学原理作为理论依据，运用系统分析的观点，采取定量与定性相结合的方法进行的。

配送中心规划与配送中心设计的不同之处有两个方面。

一是目的不同。配送中心规划是关于配送中心建设的全面长远发展计划，是进行可行性论证的依据；配送中心设计是在一定的技术与经济条件下，对配送中心的建设预先制订详细方案，是项目施工图设计的依据。

二是内容不同。配送中心规划强调宏观指导性；配送中心设计强调微观可操作性。

（二）配送中心规划的内容

配送中心规划可以分为两类：一类是新建配送中心的规划；另一类是原有物流组织（企业）向配送中心转型的改造规划。新建配送中心规划又可以分为单个配送中心规划和多个配送中心规划两种形式。表 7－2 列出了这几种规划形式的特点和内容。

表 7－2 配送中心规划的特点与形式

类型	新建		改造
	单个	多个	
委托方	新型企业、跨国企业、政府部门		大多为老企业
规划目的	高起点、高标准、低成本	成为企业、区域的新经济增长点或支柱产业	实现从传统物流组织向现代配送中心的转变
关键点	配送中心选址	系统构造、网点布局	进行作业流程、企业重组，充分利用现有设施
规划内容	物流功能规划 场址选择 作业流程规划 物流设施规划 信息系统规划	物流功能规划 物流系统规划 物流网络信息规划 物流网点布局规划 物流设施规划	企业发展战略研究 物流功能设计 作业流程规划 物流设施规划
规划原理与方法	物流学 统计学 物流系统分析 管理信息系统	物流学 统计学 物流系统分析 生产布局学 城市规划 管理信息系统	物流学 统计学 企业发展战略 物流系统分析 管理信息系统

（三）配送中心规划的程序

配送中心规划是一件复杂的工作，大体上可以按照以下的程序进行。

1. 前期准备

前期准备工作是为配送中心规划提供必要的基础资料。主要内容包括：

（1）收集配送中心建设的内部条件、外部条件及潜在客户的信息；

（2）分析配送中心经营商品的品种、货源、流量及流向等；

(3) 调查物流服务的供需情况、物流行业的发展状况等。

前期准备工作采用调研的方法包括网上调研、图书资料调研与现场调研等。

2. 确定目标及原则

确定配送中心建设的目标是配送中心规划的第一步，主要是依据前期准备工作的资料，确定配送中心建设的近期、中期、远期目标。

配送中心建设的原则一般是根据物流学原理及项目的实际情况确定的。

3. 功能规划

功能规划是将配送中心作为一个整体的物流系统来考虑，依据确定的目标规划配送中心为完成业务而应该具备的物流功能。配送中心作为一种专业化的物流组织，不仅需要具备一般的物流功能，还应该具备适合不同需要的特色功能。配送中心的功能规划，首先需要对配送中心的运输、配送、保管、包装、装卸搬运、流通加工、物流信息等功能要素分析，然后综合物流需求的形式、配送中心的发展战略等因素选择配送中心应该具备的功能。

4. 选址规划

配送中心拥有众多建筑物、构筑物及固定机械设备，一旦建成很难搬迁，如果选址不当，将付出长远代价，因而对于配送中心的选址规划需要给予高度重视。选址规划主要包括：

(1) 分析约束条件，如客户需求、运输条件、用地条件、公用设施及相关法规等；

(2) 确定评价标准；

(3) 选择选址方法，根据实际情况，一般采用定性与定量相结合的方法；

(4) 得出选址结果。

5. 作业流程规划

作业流程规划是配送中心规划的重要步骤，决定了配送中心作业的详细要求，如设施配备、场所分区等，对后续的建设具有重要的影响。对传统物流企业进行作业流程重组，提高物流作业效率，降低物流成本，是传统物流企业向现代配送中心转型的重要途径。不同类型的配送中心，其作业流程也有很大的不同，在实际规划中应该根据配送中心的功能，结合商品特性与客户需求进行必要的调整。

6. 信息系统规划

信息化、网络化、自动化是配送中心的发展趋势，信息系统规划是配送中心规划的重要组成部分。配送中心的信息系统规划，既要考虑满足配送中心内部作业的要求，有助于提高物流作业的效率；也要考虑同配送中心外部的信息系统相连，方便配送中心及时获取和处理各种经营信息。一般来讲，信息系统规划包括两部分：

(1) 配送中心内部的管理信息系统分析与设计；

(2) 配送中心的网络平台架构。

7. 设施设备规划

配送中心的设施设备是保证配送中心得以正常运作的必要条件，设施设备规划涉及建筑模式、空间布局、设备安置等多方面问题，需要运用系统分析的方法求得整体优化，最大限度地减少物料搬运，简化作业流程，创造良好、舒适的工作环境。在传统物流企业的改造中，设施设备规划要注意企业原有设施设备的充分利用和改造等工作，这样可以尽可能地减少投资。配送中心的设施设备规划一般包括以下几方面工作：

（1）原有设施设备分析；

（2）配送中心的功能分区；

（3）设施设备的内部布局；

（4）公用设施规划。

二、配送中心的作业设施

（一）配送中心的建筑

配送中心的设施包括多种建筑物，但主要的建筑还是仓库或加工中心，所以，这里所谈的建筑主要是针对仓库或加工中心而言。

1. 层数

一般有单层与多层两种选择。比较而言，单层建筑占地面积大、造价昂贵，每立方米储存费用较多，但空间较大，照明成本低，水平运作，搬运费较省。而多层建筑，占地少，造价便宜，但空间小，照明成本高，立体运作，搬运费较高。具体孰优孰劣，还需要根据实际情况进行综合评析。

2. 材料

必须选用防火、防潮、防晒，性能好的材料，一般为钢筋水泥式建筑。目前，很多连锁企业在此项花费上较为“经济”是值得注意的一种不良倾向，其根源在于侥幸心理作祟。

3. 形状

一般有长方形和正方形两种选择。长方形，储存空间较大，容易接收光线，通风设备可更有效地发挥作用，建筑支柱少，可增加存货面积；同时有利于进行扩充。正方形，其特征与长方形相反，专家们更倾向于选择长方形建筑。

4. 土地、建筑物及设备

有购买和租赁两种方式。购买花费投资较大，需要不停地进行维修。租赁投资较小，不必担心维护，租费也可在所得税中扣除。从目前情况看，租赁已成为一种国际流行的趋势。但是，由于目前我国的租赁市场，尤其是配送中心所需设备方面的租赁市场尚欠发达，从而制约了企业选择租赁形式。

5. 规模

配送中心主体建筑面积，应根据配送半径内门店数、各店所经营的品种数、配送频次（销售速度）与安全库存等因素来确定。

（二）自动仓库

目前自动化仓库主要有以下几种类型。

1. 单元式自动仓库

市场上销售的标准化保管设备，应根据各公司的样本掌握它的概要。销售中强调的是可以节约原有保管空间的1/3～1/2，价格低廉及交货期短。标准化仓库的规模一般高度在10 m以上，巷道式堆垛机具有走行速度70 m/min、升降速度10 m/min、货叉速度30 m/min的高速性能。电气控制装置使用可编程控制器（PLC），可以按自动、半自动、手动运行。

并且具有计算机库存管理机所具有的库存管理、货位管理、各种查询、各种账单生成等选择功能。利用托盘可以自由地存放箱装、罐装、散装、袋装等物品。作为周连机械，可以设置自动调节固定台、手推车、电动台车、链条或辊道输送机等。为了易于检修，驱动部的安全盖采用可拆装方式，走行、升降电机设置在侧支架的下部。

有代表性的控制方式是在堆垛机本体上装置卡式阅读器，将出、入库卡插入其中，按下键后，堆垛机就会自动运行，利用此卡设置空货位及库存卡箱各一个，自动运行完成后，已出库的卡放在空货位卡箱内、已入库的卡放在库存卡箱内进行保管，使库存管理一目了然。作为堆垛机的使用方法，见表7-3，一般以走行速度30~60 m/min，升降速度7~10 m/min，货叉速度15 m/min左右作为标准。如此标准化了的自动仓库，为尽量适应各种条件，实际上在选择周边设备、控制方式等时，多数情况有必要进行补充设计。作为选择基准，首先要对所使用的托盘与货架的构造、堆垛机的叉部、出入库设备适应性做调查，进行探讨以求得解决。单元式自动仓库虽然价廉，但适用范围广。也考虑可单独使用，并可适用于大型计算机进行综合无人化在线管理系统，所以，近年来的需求显著增加。

表7-3 堆垛机标准

项目		走行	升降	叉速
额定速度/（$m \cdot min^{-1}$）	50 Hz	35/11	8.4/4.2	18
	60 Hz	29/9	7.0/3.5	15
制动器	圆盘制动器			
走行供电	绝缘电缆			
电源	AC 220/200 V；60/50 Hz			

2. 楼式自动仓库

这种方式按自动仓库的工程特征项中所叙述的顺序进行选择，目标是构建最合适的系统。系统规模越大，设计会变得越经济，系统的更易使用就越会成为课题。在这里所示的使用说明是单元式的延伸，是最简单的说明，因此，一般还要进行具体分析，针对每个物件进行系统设计。还有关于建筑方法的说明，如按其标准方法可能会出现不能建设的情况，因此，有必要同各制造商的专业技术人员进行商讨，将建筑基准法相关的规制考虑进去。

（三）配送中心的核心——分拣系统

对于配送中心而言，分拣系统是其核心设施。而现在先进的分拣系统，一般都是自动分选系统。

1. 自动分选系统作业描述

自动分选系统是第二次世界大战后在美国、日本的配送中心广泛采用的一种分拣系统，该系统目前已经成为发达国家大中型物流中心不可缺少的一部分。该系统的作业过程可以简单描述如下：物流中心每天接收成百上千家供应商或货主通过各种运输工具送来的成千上万种商品，在最短的时间内将这些商品卸下并按商品品种、货主、储位或发送地点进行快速准确的分类，将这些商品运送到指定地点（如指定的货架、加工区域、出货站台等），同时，当供应商或货主通知物流中心按配送指示发货时，自动分选系统在最短的时间内从庞大的高层货存架存储系统中准确地找到要出库的商品所在位置，并按所需数量出库，将从不同储位上取出的不同数量的商品按配送地点的不同运送到不同的理货区域或配送站台集中，以便装车配送。

2. 自动分选系统的组成

自分选系统一般由控制装置、分类装置、输送装置及分拣道口组成。

（1）控制装置的作用是识别、接收和处理分拣信号，根据分拣信号的要求指示分类装置、按商品品种、按商品送达地点或按货主的类别对商品进行自动分类。这些分拣需求可以通过不同方式，如可通过条形码扫描、色码扫描、键盘输入、重量检测、语音识别、高度检测及形状识别等方式，输入到分拣控制系统中去，根据对这些分拣信号的判断，来决定某一种商品该进入哪一个分拣道口。

（2）分类装置的作用是根据控制装置发出的分拣指示，当具有相同分拣信号的商品经过该装置时，该装置动作，使改变在输送装置上的运行方向进入其他输送机或进入分拣道口。分类装置的种类很多，一般有推出式、浮出式、倾斜式和分支式几种，不同的装置对分拣货物的包装材料、包装重量、包装物底面的平滑程度等有不同的要求。

（3）输送装置的主要组成部分是传送带或输送机，其主要作用是使待分拣商品鱼贯通过控制装置、分类装置，并输送装置的两侧，一般要连接若干分选道口，使分好类的商品滑下主输送机（或主传送带），以便进行后续作业。

（4）分拣道口是已分拣商品脱离主输送机（或主传送带）进入集货区域的通道，一般由钢带、皮带、滚筒等组成滑道，使商品从主输送装置滑向集货站台，在那里由工作人员将该道口的所有商品集中后或入库储存，或者组配装车并进行配送作业。

以上 4 部分装置通过计算机网络联结在一起，配合人工控制及相应的人工处理环节构成一个完整的自动分选系统。

3. 自动分选系统的适用条件

第二次世界大战以后，自动分选系统逐渐开始在西方发达国家投入使用，成为发达国家先进的物流中心、配送中心或流通中心所必需的设施条件之一，但因其要求使用者必须具备一定的技术经济条件，因此在发达国家，物流中心、配送中心或流通中心不用自动分拣系统的情况也很普遍。在引进和建设自动分拣系统时一定要考虑以下条件。

（1）一次性投资巨大。自动分选系统本身需要建设短则 40 ~ 50 m、长则 150 ~ 200 m 的机械传输线，还有配套的机电一体化控制系统、计算机网络及通信系统等，这一系统不仅占地面积大，动辄 2 万 m^2 以上，而且一般自动分选系统都建在自动主体仓库中，这样就要建 3 ~ 4 层楼高的立体仓库，库内需要配备各种自动化的搬运设施，这丝毫不亚于建立一个现代化工厂所需要的硬件投资。这种巨额的先期投入要花 10 ~ 20 年才能收回，如果没有可靠的货源作保证，则有可能系统大都由大型生产企业或大型专业物流公司投资，小企业无力进行此项投资。

（2）对商品外包装要求高。自动分选机只适于分拣底部平坦且具有刚性包装规则的商品。袋装商品、包装底部柔软且凹凸不平，包装容易变形、易破损，超长、超薄、超重、超高、不能倾覆的商品不能使用普通的自动分选机进行分选，因此为了使大部分商品都能用机械进行自动分选，可以采取两条措施：一是推行标准化包装，使大部分商品的包装符合国家标准；二是根据所分拣大部分商品的统一的包装特性定制特定的分选机。但要让所有商品的供应商都执行国家的包装标准是很困难的，定制特定的分拣机又会使硬件成本上升，并且越是特别的其通用性就越差。因此，公司要根据经营商品的包装情况来确定是否建或建什么样的自动分选系统。

（四）配送中心设施布局

配送中心的种类很多，其规模大小各异。然而，无论是哪一种类型的配送中心，其内部结构基本上都是相同的。也就是说，各种配送中心都是由指挥系统、管理系统和各种作业区组成的。现以一般性的配送中心为例，分别叙述各个系统的性质和职能。

1. 指挥和管理系统（管理机构）

指挥和管理系统是配送中心的中枢神经。其职能是：对外负责收集和汇总各种信息（包括用户订货或要货信息），并作出相应的决策；对内负责协调、组织各种活动，指挥调度各类人员，共同完成配送任务。就其位置而言，有的集中设在某一区域（管理区）内，有的则分布在各个作业区，由一个调度中心统一进行协调。

2. 作业区

由于配送中心的类型不同，作业区的构成及其面积大小也不尽相同。一般的配送中心，其作业区包括以下几个部分。

（1）接货区。在这个作业区内，工作人员必须完成接收货物的任务和货物入库、拣选之前的准备工作（如卸货、检验、分拣等工作）。因货物在接货区停留的时间不太长，并且处于流动状态，故按货区的面积相对来说，都不算太大。它的主要设施有铁路或公路专用线、卸货站台和验货场区。

（2）储存区。在这个作业区里储存或分类储存着经过检验后的货物。由于所进货物需要在这个区域内停留一段时间，并且要占据一定的位置，因此，相对而言，储存区所占的面积比较大。这个作业区要占整个作业区面积的一半左右，个别配送中心（如煤炭、水泥配送中心）的储存区面积甚至要占配送中心总面积的一半以上。储存区是存储货物的场所，在这个区域内，一般都建有专用仓库（包括现代化的立体仓库），并且配置着各种设备，其中包括各种货架、叉车和吊车等起重设备。从位置上看，储存区多设在紧靠接货站台的地方，也有的储存区设在加工区的后面。

（3）分拣作业区。分拣作业区是配送中心的工作人员进行分拣和配货作业的场所。其面积大小因配送中心的类型不同而异。一般来说，分拣货和配货工作量比较大的配送中心（或向多家用户配送多种商品且按照少批量、多批次方式配送商品的配送中心）其作业的面积都比较大；反之，分拣及配货任务不太大的配送中心，其作业所占的面积也不大。与其他作业区一样，在分拣区内也配置着许多专用设备和设施。其中包括这样一些设备或设施：手推载货车、重力式货架和回转式货架、升降机、传送装置、自动分拣设施等。包括拣选、配货在内的分拣作业是配送中心作业流程中的一项重要作业（有人称它为“核心工艺”）。其效率高低不仅直接影响下道工序的正常操作，而且直接影响整个配送活动的运行质量及其效益。从这个意义上说，理货区是配送中心的重点作业区。

（4）配装或配载区。由于种种原因，有些分拣出来并配备好的货物不能立即装车发送，而是需要集中在某一场所等待统一发运，这种放置和处理待发送货物的场地就是配装区。在配装区内，配送中心的工作人员要进行配装作业，即根据每个货主的货物数量进行分放、配车和选择装运方式（单独装运还是混载同运）。因在配装区内货物转瞬即出、停留的时间不长，所以货位所占的面积不大。相对而言，配装区的面积要比储存区小得多。需要指出的是，有一些配送中心，其配装区是和理货区或发货区合在一起的，因此，配装作业常常融合于其他相关的工作中。此外，因配装作业的主要内容是分放货物、组配货物和安排车辆等，故在这个作业区内除了配置计算工具（微机）和小型装卸机械、运输工具以外，没有什么特殊的大型专用设备。

（5）发货区。发货区是工作人员将组配好的货物装车外运的作业区域。从布局和结构上看，发货区和进货区类似，也是由运输货物的线路和接靠载货车辆的站台、场地等组成的。所不同的是，发货区位于整个作业区的末端，而进货区位于首端。

（6）加工区。有很多从事加工作业的配送中心，在结构上除了设置一般性的作业区以外，还设有配送货加工区。在这个区域内，配备着加工设备（如剪床、锯床、打包机、配煤生产线等）。因加工工艺有别，各个（加工型）配送中心的加工区所配置的设备也不完全相同。和储存区一样，加工区所占的面积也比较大。尤其是煤炭、水泥、木材等生产资料加工区，所占面积更大。

（五）配送中心的作业设备

配送中心的作业设备主要包括“硬件”设备与“软件”设备。“硬件”设备主要是指储存设备和运输设备，具体包括板台、滑台、手推车、拖车、叉车、牵引机、输送机、升降机、货架、桥板等；“软件”设备主要包括配送中心内各项规章制度、订货、出入库管理等信息处理系统等。特别是物流自动化与现代化的发展，配送中心的设备要求也越来越高。但就我国目前的连锁企业状况而言，在配送中心设备配备上宜采取“实用主义”原则，而不应过分追求“高、精、尖”，其主要原因在于我们的连锁业起点较低、实力有限。

1. 软硬件设备系统的规划与设计

这是一个专业性很强、涉及面很广的问题，难以具体论述。一般来说，软硬件设备系统的水平常常被看成是物流中心先进性的标志，因而为了追求先进性就要配备高度机械化、自动化的设备，在投资方面带来很大的负担。但是，以欧洲物流界为代表对先进性定义的理解有不同的侧重。他们认为“先进性”就是合理配备，能以较简单的设备、较少的投资，实现预定的功能就是先进，也就是强调先进的思想、先进的方法。从功能方面来看，设备的机械化、自动化程度不是衡量先进性的最主要因素。

据我国的实际状况，对于配送中心的建设，比较一致的共识是贯彻软件先行、硬件适度的原则。也就是说，计算机管理信息系统、管理与控制软件的开发，要瞄准国际先进水平；而机械设备等硬件设施则要根据我国资金不足、人工费用便宜、空间利用要求不严格等特点，在满足作业要求的前提下，更多选用一般机械化、半机械化的装备。例如，仓库机械化可以使用叉车或与货架相配合的高位叉车；在作业面积受到限制，一般仓库不能满足使用要求情况下，也可以考虑建设高架自动仓库。

2. 主要设备

本节以自动化仓库为例，说明配送中心的主要设备。

（1）货架。理想的存储是根本不存在的，因为在实际过程中很难达到理想的存储。但是，库存应当尽量保持在最小状态。在一定的面积内建造一座仓库，为了提高货物的存放数量，采用堆垛方式比平铺在地面要优越得多。由于货物堆积起来，出库时若需从库部或里面取出货物，必然要花费很多的时间和劳动用来移开上部的货物，即做到“先入先出”是很困难的。但若将不同的货物均存放在标准托盘（或货箱）里，然后将其存放到立体的货架上，这就解决了以上的困难。将不同的物品都放在货架上，货架越高，所占用的储存面积越少；同时，对货架的要求也越高。

① 货架的形式。

- 悬臂货架，多用于储存长料，如金属棒、管等。
- 流动货架，货物可以从货架的一端进入，在重力作用下可从另一端取出。它有时适合于存储数量多、品种少、移动快的物品，如存储某些电子器件等的立体仓库。
- 货格式货架，这种货架最常见，在我国也比较多，多用于容量较大的仓库，如以集装箱为单位储存的立体仓库。
- 水平或垂直旋转式货架，是一种旋转或循环的储存装置，它适合于储存体积小、品种多、重量轻的物品。
- 悬挂输送存储式货架，它们多安放于车间的工作区或设备上方，由人工根据需要随时取下或放上货物，整个储存系统在不断低速运动。
- 被动辊式货架，适用于重量和体积比较大的物品存储时采用。在这种货架的单元货格中有很多无动力的辊子，利用储存设备（通常是大型巷道式堆垛机）的动力驱动这些辊子，从而将大型货物存入或取出。机场货运物品的处理多采用这种形式的货架。

货架还有很多其他形式，可以参见相关书籍。

② 货架的材料。高层货架是立体仓库的主要构筑物，一般用钢材或钢筋混凝土制作。钢货架的优点是构件尺寸小，仓库空间利用率高，制作方便，安装建设周期短。而且随着高度的增加，钢货架比钢筋混凝土货架的优越性更明显。因此，目前国内外大多数立体仓库都采用钢货架。钢筋混凝土货架的突出优点是防火性能好，抗腐蚀能力强，维护保养简单。

货架的高度是关系到自动化仓库系（AS/RS）全局性的参数。货架钢结构的成本随其高度增加而迅速增加。尤其是当货架高度超过 20 m 以上时，其成本将急剧上升，同时堆垛机等设备结构费用也随之增长。当库容量一定时，仓库基础费用、运行导轨投资则随货架高度的增长而下降。货架可由冷轧型钢、热轧角钢、工字钢焊接成“货架片”，然后组成立体的货架。为此，要从基础设计、货架截面选型及支承系统布置等多方面采取措施，加以保证。

③ 货架的尺寸。通常货架高度在 8 ~ 50 m。

恰当地确定货格净空尺寸是立体仓库设计中一项极为重要的设计内容。对于给定尺寸的货物单元，货格尺寸取决于单元四周需留出的空隙大小。同时，在一定程度上也受到货架结构造型的影响。这项尺寸之所以重要，是因为它直接影响着仓库面积和空间利用率。同时，因为影响因素很多，确定这项尺寸比较复杂。

“牛腿”是货架上的一个重要结构。货箱或托盘支托在牛腿上。取货时堆垛机货叉从牛腿下往上升，托起货箱后货叉取走货箱。存货时，货叉支托着货箱从牛腿上方向下降，当其低于牛腿高度时货物就支托在牛腿上了。

④ 货架的刚度和精度。作为一种承重结构，货架必须具有足够的强度和稳定性。在正常工作条件下和在特殊的非工作条件下，都不至于破坏。同时，作为一种设备，高层货架还必须具有一定的精度和在最大工作载荷下的有限弱性变形。对于自动和半自动控制的立体仓库，货架精度更是仓库成败的决定因素之一。

自动和半自动控制的立体仓库对货架的精度要求是相当高的，包括货架片的垂直度、牛腿的位置精度和水平度等。为了达到设计的要求，有必要对所设计的货架进行力学计算。目前货架设计常采用刚度假设，即认为地基在货架和货物作用下不会产生弹性变形。此种处理使设计计算大为简化。但与实际结构的力学特性相差甚远。弹性基础梁的假设可用于货架设计：将钢筋混凝土层视为弹性基础梁或板，其下的土层视为等效弹簧，这样可同时考虑土层与混凝土的影响，较好地反映实际情况。

（2）货箱与托盘。把一个标准的货物或容器称作单元负载，货物的载体可以是托盘、托板、滑板、专用集装箱、专用堆放架、硬纸板箱等。

货箱或托盘，其基本功能是装物料，同时还应便于叉车和堆垛机的叉取和存放。托盘多为钢制、木制或塑料制成；托板一般由金属制成；滑板是由波状纤维或塑料制成，是将单元货物拉到滑板上；专用集装箱多由钢板制成，可多次周转；专用堆放架由钢材或木料制成，可盛放专用件或特殊形状的物品；硬纸板箱盛放相对密度较小的物品；盛放洗衣机和电冰箱一类的物品可利用其自身的包装箱。货物（载荷）引起货箱的挠度应小于一定的尺度，否则会影响装取货物。

（3）巷道式堆垛机。搬运设备是配送中心仓库中的重要设备，它们一般由电力来驱动，通过自动或手动控制，实现把货物从一处搬到另一处。设备形式可以是单轨的、双轨的、地面的、空中的、一维运行（水平直线运行或垂直直线运行）、二维运行、三维运行等。典型设备有升降梯、搬运车、巷道式堆垛机、双轨堆垛机、无轨叉车和转臂起重机等。

巷道式堆垛机是立体仓库中最重要的运输设备。巷道式堆垛机是随着立体仓库的出现而发展起来的专用起重机。它的主要用途是在高层货架的巷道内来回穿梭运行，将位于巷道口的货物存入货格；或者相反，取出货格内的货物运送到巷道口。这种使用工艺对巷道式堆垛机在结构和性能方面提出了一系列严格的要求。

堆垛机的额定载重量一般为几十 kg 到几 t，其中 0.5 t 的使用最多。它的行走速度一般为 4～120 m/min，提升速度一般为 3～30 m/min。

有轨巷道堆垛起重机通常简称为堆垛机。它是由叉车、桥式堆垛机演变而来的。桥式堆垛机由于桥架笨重因而运行速度受到很大的限制，它仅适用于出/入车频率不高或存放长形原材料和笨重货物的仓库。其优点在于可以方便地为多个巷道服务，目前的 AS/RS 中应用最广的是巷道式堆垛机。

巷道式堆垛机由运行机构、起升机构、装有存取货机构的载货台、机架（车身）、电气设备和安全保护装置 6 部分组成。

① 机架。堆垛机的机架由立柱、上横梁和下横梁组成一个框架，整机结构高而窄。机架可以分为双立柱和单立柱两种类型。双立柱结构的轨架由两根立柱和上、下横梁组成一个长方形的框架。这种结构强度和刚性都比较好，适用于起重量较大或起升高度比较高的场合。单立柱式堆垛机机架只有一根立柱和一根下横梁，整机重量比较轻，制造工时和材料消

耗少，结构更加紧凑且外形美观。堆垛机运动时，司机的视野比较宽阔，但刚性稍差。由于载货台与货物对单立柱的偏心作用，以及行走、制运和加速减速的水平惯性力的作用对立柱会产生动、静刚度方面的影响。当载货台处于立柱最高位置时挠度和振幅达到最大值。这在设计时需加以计算。

堆垛机的机架沿天轨（在堆垛机上方辅助其运行的轨道）运行。为防止框架倾倒，上梁上装有导引轮。

② 运行机构。在堆垛机的下横梁上装有运行驱动机构和在轨道地轨上运行的车轮。按运行机构所在的位置不同，可以分为地面驱动式、顶部驱动式和悬挂式等，其中地面驱动式使用最广泛。这种方式一般用两个或四个承重轮，沿敷设在地面上的轨道运行。在堆垛机顶部有两组水平轮沿天轨导向。如果堆垛机车轮与金属结构通过垂直小轴铰接，堆垛机就可以走弯道，从一个巷道转移到另一个巷道去工作。顶部驱动式堆垛机又可分为支承式和悬挂式两种，前者支承在天轨上运行，堆垛机底部有两组水平导向轮。悬挂式堆垛机则悬挂在位子巷道上方的支撑梁上运行。

③ 起升机构。堆垛机的起升机构由电动机、制动器、减速机、卷筒或链轮及柔性件组成，常用的柔性件有钢丝绳和起重链等。卷扬机通过钢丝绳牵引载荷台作升降运动。除了一般的齿轮减速机外，由于需要较大的减速比，因而也经常见到使用蜗轮蜗杯减速机和行星齿轮减速机。在堆垛机上，为了尽量使起升机构尺寸紧凑，常使用带制动器的电机。

起升机构的工作速度一般在 12 ~ 30 m/min，最高可达 48 m/min。不管先用多大的工作速度，都备有低速挡，主要用于平稳停准和取出货物时的“微升降”作业。

在堆垛机的起重、行走和伸叉（叉取货物）三种驱动中，起重的功率最大。

④ 载货台及存取货机构。载货台是货物单元的承载装置。对于需要搬运整个货物单元的堆垛机，载货台由货台本体和存取货装置构成。对于只需要从货格拣选一部分货物的拣选式堆垛机，则载货台上不设存取货装置，只有干台供放置盛货容器之用。

存取货装置是堆垛机的特殊工作机构。取货的那部分结构必须根据货物外形特点设计。最常见的是一副伸缩货叉，也可以是一块可伸缩的取货板，或者别的结构形式。

伸叉机构装在载货台上，载货台在辊轮的支承下沿立柱上的导轨作垂直行走方向的运动（起重），垂直于起重一行走平面的方向为伸叉的方向。近代堆垛机的操作平台设在底座上，工人在此处可进行手动或半自动操作。

从机构设计的角度上看，伸缩货叉设计具有典型性。货叉完全伸出后，其长度约为原来长度的两倍以上。

⑤ 电气设备。主要包括电力拖动、控制、检测和安全保护。在电力拖动方面，目前国内多用的是交流变频调速、交流变极调速和可控硅直流调速，涡流调速已很少采用。对堆垛机的控制一般采用可编程序控制器、单片机和计算机等。堆垛机必须具有自动认址、货位虚实等检测及其他检测。电力拖动系统要同时满足快速、平稳和准确三个方面的要求。

堆垛机的结构设计除需满足强度要求外，还需具有足够的刚性，并且满足精度要求。

⑥ 安全保护装置。堆垛机是一种起重机械，它要在又高又窄的巷道内高速运行。为了保证人身及设备的安全，堆垛机必须配备有完善的硬件及软件的安全保护装置，并在电气控制上采取一系列连锁和保护措施。除了一般起重机常备的安全保护措施（如各机构的终端

限位和缓冲、电机过热和过电流保护、控制电路的零位保护等）外，还应根据实际需要，增设各种保护。主要的安全保护装置有以下几个方面。

- 终端限位保护：在行走、升降和伸缩的终端都设有限位保护。
- 连锁保护：行走与升降时，货叉伸缩驱动电路切断；相反，货叉伸缩时，行走与升降电路切断。行走与升降运动可同时进行。
- 正位检测控制：只有当堆垛机在垂直和水平方向停准时，货叉才能伸缩，即货叉运动是条件控制，以认址装置检测到确已停准的信息为货叉运动的必要条件。
- 载货台断绳保护：当钢丝绳断开时弹簧通过边杆机构凸轮卡在导轨上阻止载货台坠落，正常工作时提杆平衡载荷的重量，弹簧处于压缩状态，凸轮与导轨分离。
- 断电保护：载货台升降过程中若断电，则采用机械式制动装置使载货台停止不致坠落。

（4）其他机械设备。除上述几种常用到的机械设备外，还有其他一些重要的设备。

输送设备是立体仓库中的辅助设备，它具有把各物流站衔接起来的作用。输送机有辊式、链式、轮式、皮带式、滑板式、悬挂式等多种形式，运输车有自动导引有轨小车及其他地面运输车。

此外，有的自动化仓库使用工业车等设备，并与铁路运输、船运、空运相衔接，直接接收各地的货物，或把货物发往各地。

常用的工业车有机械铲车、人工叉车、工业链式车、室内吊车、干板运输车和专用工业车。

（5）电气与电子设备。自动化仓库中的电气与电子设备主要指检测装置、信息识别装置、控制装置、通信设备、监控及调度设备、计算机管理设备及大屏幕显示、图像监视等设备。

① 检测装置。为了实现对自动化仓库中各种作业设备的控制，并保证系统安全可靠地运行，系统必须具有多种检测手段，能检测各种物理参数和相应的化学参数。

对货物的外观检测及称重、机械设备及货物运行位置和方向检测、对运行设备状态的检测、对系统参数的检测和对设备故障情况的检测都是极为重要的。通过对这些检测数据的判断、处理，为系统决策提供最佳依据，使系统处于理想的工作状态。

② 信息识别装置。信息识别设备是自动化仓库中必不可少的，它完成对货物品名、类别、货号、数量、等级、目的地、生产厂，甚至货位地址的识别。在自动化仓库中，为了完成物流信息的采集，通常采用条形码、磁条、光学字符和射频等识别技术。条形码识别技术在自动化仓库中应用最普遍。

③ 控制装置。控制系统是自动化仓库运行成功的关键。没有好的控制，系统运行的成本就会很高，而且效率很低。为了实现自动运转，自动化仓库内所用的各种存取设备和输送设备本身必须配备各种控制装置。这些控制装置种类较多，从普通开关和继电器，到微处理器、单片机和可编程序控制器（PLC），根据各自的设定功能，它们都能完成一定的控制任务，如巷道式堆垛机的控制要求就包括了位置控制、速度控制、货叉控制及方向控制等。所有这些控制都必须通过各种控制装置去实现。

④ 监控及调度设备。监控系统是自动化仓库的信息枢纽，它在整个系统中起着举足轻重的作用，它负责协调系统中各个部分的运行。有的自动化仓库系统使用了很多运行

设备，各设备的运行任务、运行路径、运行方向都需要由监控系统来统一调度，按照指挥系统的命令进行货物搬运活动。通过监控系统的监视画面可以直观地看到各设备的运行情况。

⑤ 计算机管理。计算机管理系统（主机系统）是自动化仓库的指挥中心，相当于人的大脑，指挥着仓库中各设备的运行。它主要完成整个仓库的账目管理和作业管理，并提负担与上级系统的通信和企业信息管理系统的部分任务。一般的自动化仓库管理系统多采用微型计算机为主的系统，对比较大的仓库管理系统也可采用中型计算机。随着计算机的高速发展，微型计算机的功能越来越强，运算速度越来越高，微型计算机在这一领域中日益发挥重要的作用。

⑥ 通信设备。自动化立体仓库是一个复杂的自动化系统，它是由众多子系统组成的。在自动化仓库中，为了完成规定的任务，各子系统之间、各设备之间要进行大量的信息交换。例如，自动化仓库中的主机与监控系统、监控系统与控制系统之间的通信及仓库管理机通过厂级计算机网络与其他信息系统的通信。信息传递的媒介有电缆、滑触线、远红外光、光纤和电磁波等。

⑦ 大屏幕显示。自动化仓库中的各种显示设备是为了使人们操作方便、易于观察设备情况而设置的。在操作现场，操作人员可以通过显示设备的指示进行各种搬运、拣选。在中控室或机房，人们可以通过屏幕或模拟屏的显示，观察现场的操作及设备情况。

⑧ 图像监视。工业电视监视系统是通过高分辨率、低照度变焦摄像装置对自动化仓库中人身及设备安全进行观察，对主要操作点进行集中监视的现代化装置，是提高企业管理水平，创造无人化作业环境的重要手段。

此外，还有一些特殊要求的自动化仓库，比如，储存冷冻食品的立体仓库，需要对仓库中的环境温度进行检测和控制；储存感光材料的立体仓库，需要使整个仓库内部完全黑暗，以免感光材料失效而造成产品报废；储存某些药品的立体仓库，对仓库的温度、气压等均有一定要求，因此需要特殊处理。

（六）配送中心的公用设施

在进行配送中心规划时，除了要规划配送中心的作业设施与作业设备，同样也需要对配送中心的公用设施进行规划。一般来讲，配送中心的公用设施包括给水与排水设施、电力设施、供热与燃气设施及绿化设施等。对公用设施进行规划，除了考虑配送中心的实际需求外，还要与配送中心所在地的市政工程规划相一致。这里将不再一一细说。

任务三　配送中心经营与商务管理

任务导入：

在配送业务中，配送中心的经营与商务管理起到重要作用。协同配送是提高配送效率、降低配送成本的重要途径。

知识解析：

一、配送中心管理概述

（一）配送中心管理的内容

配送中心管理主要包括收货管理、存货管理、发货管理、信息管理与财务管理。

1. 收货管理

收货管理是配送中心物流管理的第一道环节，其核心任务是将总部定购的来自各个生产厂家的货物汇集到配送中心，经过一系列的收货流程，按照规定的储存方法将货物放置于合适的地点。

2. 存货管理

存货管理是指对收货采取的存储管理。目前商品在仓库里的存放系统有两种模式：一是商品群系统；二是货位系统。商品群系统是指将同类商品集中放于一处；货位系统包括开放货位系统和统制货位系统，即每一个货位都有一个相应的编号，前者货位编号固定，某类产品可随机调换货位；后者商品则被赋予同一编号，改变货位，编号也随之改变。两种存放系统各具优缺点，如商品群系统定位容易，但搬运困难；货位系统定位复杂，但方便调运。无论采用哪一种商品存放方法，其核心目标都是减少储存费用，方便配送。

3. 发货管理

发货管理是配送中心物流管理的最后一道环节，目标是把商品准确而又及时地运送到各个连锁店铺。这便要求采用经济科学的配货方法和配货流程，在现代信息管理设备的辅助下，顺利完成这一管理职能。

4. 信息管理

信息流系统和物流系统是结合在一起发生作用的，是支撑连锁企业营运的两个车轮。可以说，信息流系统流畅与否直接决定着物流系统的流畅程度，主要表现在：一是提高订货与收货的精确性；二是及时掌握各处分店的信息；三是缓解人力不足等问题。因此，做好配送中心信息管理工作，对连锁企业发展来讲至关重要。

5. 财务管理

配送中心因类型不一承担着不同的财务职能，特别是总部授权进货或参与进货的配送中心，财务管理是其内部职能之一。随着配送中心由自营型向共营型等社会化形态转变，财务管理职能将日趋独立。

由上述可见，配送中心的经营管理同样涉及物流、商流、信息流三个方面。

（二）配送中心管理的目标

就配送中心内部管理来说，主要是实现以下目标。

(1) 服务性目标。即为连锁门店提供全方位的“炮弹输送”服务，要求做到无脱销、无货损等事故，并尽可能降低费用。

(2) 速送性目标。要求迅速及时地将产品送到分店，这既与配送中心的位置布局有关，又与配送线路的合理组织有关。

(3) 空间的有效利用目标。一是有效利用土地面积的立体空间；二是合理安排商品储存，采用现代化机械设备提高运输效率。

(4) 规模适当化标准。即进行配送集中与分散是否适当的研究，实现配送中心机械设施、电子设备的合理与充分利用。

(三) 配送中心的模式流程

前面已经提到配送中心的几种常见模式，这里作进一步研究，并分析其模式流程，以便采取相应的管理措施。

1. 按组织方式划分

配送中心可分为自营配送、代理配送和共同配送三种形式。

自营配送指某一连锁企业自行经营配送中心并为下属各门店提供配送服务；代理配送指连锁企业的配送业务由某供应商或配送中心代理，自身并不经营配送业务；共同配送则指多家企业共同参与只有一家公司所独立进行的配送业务。目前自营配送模式在我国采用得较多，随着我国经济的进一步发展，连锁企业势必走向整合，后两种模式将被逐步采用。

2. 按经营权限划分

配送中心可分为物流模式、授权模式和配销（或经销）模式。

物流模式的配送中心只根据总部的指示进行物流作业，商品经营决策则由连锁总部的商品部负责；授权模式的配送中心指连锁总部将商品采购权及定价权授予配送中心，总部则保留商品组合、批发销售及业务监管的权利；配销（或经销）模式的配送中心作为相对独立的利润中心，不仅负责商品采购及商品配送的作业，而且也可以向用户直接批发销售商品。上述三种职能模式的配送中心分别适用于小规模的、大规模的和跨地区跨国经营的连锁企业。

3. 按承担的商品分配职能划分

配送中心有转送模式、发货模式和加工模式三种。

转送模式的配送中心的主要功能是传送，采用这一模式的连锁企业一般与供应商关系密切，货源充足，商品在配送中心的储存时间较短，储存量也很少；发货模式的配送中心兼有储存和配送双重功能，商品在配送中心的储存时间比转送模式要长，这种模式适用于周转速度快的生活日用品、加工食品业等；加工模式的配送中心将大批采购的半成品（多数为生鲜食品）进行加工、解冻、分割、包装，然后分送各分店，这种模式较适合于超市生鲜食品部。一个连锁企业既可采用上述中的一种模式，也可同时拥有两种或两种以上模式。

(四) 配送中心的岗位设置

配送中心的一些必要的岗位设置应由配送中心的作业流程来决定。

配送中心一般可以设置以下岗位：

(1) 采购或进货管理组。负责订货、采购、进货等作业环节的安排及相应的事务处理，同时负责对货物的验收工作。

(2) 仓储管理组。负责货物的保管、养护等作业环节与管理。

（3）加工管理组。负责按照要求对货物进行加工、包装。

（4）运输组。负责按客户要求制订合理的运输方案；将货物送交客户，同时对完成配送进行确认。

（5）配货组。负责对配送货物的拣选和组配作业进行管理。

（6）营业管理组或服务组。负责接收和传递客户的订货信息，送达货物的信息，处理客户投诉，受理客户的退货请求等。

（7）账务管理组。负责核对配送完成表单、出货表单、进货表单、库存管理表单，协调控制、监督整个配送中心的货物流动；同时负责管理各种收费和物流收费统计，配送费用结算等工作。

（8）退货与坏货作业组。当营业管理组或客户服务组接到退货信息后，将安排车辆回收退货商品，再集中到仓库的退货处理区，重新清点整理。

以上岗位设置是一般配送中心设置的主要岗位。由于配送中心的规模、设施设备、作业内容、服务对象不尽相同，岗位设置也不尽相同，在通常情况下，仓储管理组、加工管理组、配货管理组、退货与坏货作业组可以合并为一个作业管理组。

二、配送商务及其内容

配送商务是指配送经营人与需要产品配送的委托人之间的基于配送活动的经济联系，是双方基于配送产品交换的经济活动，两者的经济完全独立。无论是独立经营的配送企业，还是兼营的配送业务，都需要与客户发生商务关系，即使执行内部生产计划的企业内部配送，也可能涉及采用公共运输等对外的商务关系。配送商务的具体内容包括：

（1）配送经营决策和产品的市场定位；

（2）配送产品的市场宣传；

（3）交易机会搜寻和推销；

（4）交易磋商和订立配送合同；

（5）配送成本核算和配送价格确定；

（6）配送合同履行的督促和履行合同中的沟通和协调；

（7）配送合同争议处理和商务风险的防范；

（8）客户关系维持和新市场开发。

配送商务是配送经营的核心工作，是经营的基础。只有在良好的商务工作基础上，配送经营才能做“有米之炊”，创造效益。

三、配送商务的组织与管理

配送商务的组织与管理是配送经营人对其配送商务工作的组织和管理。通过合理的组织来实现所提供的配送产品满足社会的需要，开展科学有效的管理，提高经营的效率和效益。对于独立配送经营人的商务组织和管理工作是整个经营的核心工作，必须给予高度的重视，将配送商务的组织与管理工作贯穿在整个配送经营之中。作为企业内部的配送活动，则属于企业生产管理的范畴，而没有独立的配送商务活动。

配送商务的组织与管理目的是为了最大限度地利用所拥有的配送资源、向社会提供最多的配送服务产品，在交换产品中获得最多的收益，实现产品生产的成本最小化，最终实现利润最大化。

配送组织和管理应该根据配送活动的最高效率的原则、能够最大限度利用企业资源的原则、能充分利用有利社会资源的原则，最低成本的原则，开展效率管理、进行成本管理、风险管理、服务质量管理，实现企业经营的盈利目的。配送经营者需要将商务管理工作列入最高层的管理，从组织机构、商务人员配备进行优化，制定严格的商务工作章程、明确的责任制度、完善的监督机构和有效的激励制度，建立对商务工作的支持体系，保证商务工作的高效率和有效益地进行。

任务四 配送组织

任务导入：

在配送业务中，配送路线确定、配送组织对配送成本和配送效率有重要影响。

知识解析：

一、配送方法

在不同的市场环境下，为了满足不同产品、不同企业、不同流通环境的要求，在配送组织活动过程中，可以采取不同的配送形式来满足用户的需要。根据配送组织过程的两大要素，即配送的时间和配送货物的数量不同，配送活动分为定时配送，定量配送，定时定量配送，定时、定线路配送和即时配送等几种不同的组织形式。

（一）定时配送

定时配送是配送企业根据与用户签订的配送合同，按职约定的时间间隔进行的配送组织形式。在实践活动中，配送的货物品种可以是数天或数小时不等，而且每次配送之前以商定的联络方式，比如电话或通过配送信息管理系统的指令输入等，通知配送中心或配送企业需要的商品品种及数量。

这种配送形式的时间比较固定，且具有一个循环周期，因此便于安排配送计划和配送调度，对于用户也便于安排接货和组织生产。但是由于配送的商品种类、数量不确定，配货、配装、运输的难度较大，在具体实施时，也会对运力的合理安排造成困难。定时配送有两种形式：

1. 日配形式

日配是定时配送中采纳较为广泛的一种形式，尤其是在城市内的配送活动中，日配占了绝大比例。一般日配的时间要求大体是，上午的配送订货下午送达，下午的配送订货第二天送达，即实现送达时间在订货发出后 24 h 之内将货物送到用户手中。或者是用户下午的需要保证上午送到，上午的需要保证前一天下午送到，即实现在用户实际投入使用前 24 h 之内送到。

广泛而稳定地开展日配方式，可使用户基本上无须保持库存，做到以配送日配方式代替传统的库存来实现生产的准时和销售经营的连续性（无缺货）。一般日配形式较适合下述几种情况：

（1）保鲜要求较高的商品和食品，如蔬菜、水果、肉类、点心、鲜花等。

（2）用户是多个小型商店，如街区的零售店或便利店，它们的资金实力小，追求资金、货物周转快，随进随销。

（3）由于用户的条件限制，不可能保持较长时期的库存，比如采用零库存管理的生产企业，位于商业中心“黄金地段”的商店或那些缺少储存设施（如冷藏设施）的用户。

（4）临时出现的配送需求。

2. *准时—看板方式*

准时—看板方式是实现配送供货与生产企业保持同步的一种配送方式。与日配方式和一般定时配送方式相比，这种方式更为精确和准确，配送组织过程也更加严密。其配送要与企业生产节奏同步，每天至少一次，甚至几次，以保证企业生产的不间断。这种配送方式的目的是实现供货时间恰好是用户生产之时，从而保证货物不需要在用户的仓库中停留，可直接运送至生产现场，这样与日配形式比较，连“暂存”这种过程也可取消，可以绝对地实现零库存。

准时—看板方式要求依靠高水平的配送系统来实现。由于要求迅速反应，因而对多用户进行周密的共同配送计划是不可能的。这种形式较适合于装配型、重复生产的用户，其所需配送的货物是重复的、大量的，且变化大，因而往往是一对一的配送。

（二）定量配送

定量配送是指按职规定的数量（批量），在一个指定的时间范围内（对配送时间不严格限定）进行配送。这种配送方式配送货物的数量固定，备货较为方便、简单，可以依据托盘、集装箱及车辆的装载能力来测定配送的数量，也能够有效利用托盘、集装箱等集装方式，做到整车配送，配送的效率较高。另外，由于对配送的时间要求不严格限定，因此在时间上能够将不同用户所需的货物配装成一辆整车后进行配送运输，这样能提高运力的利用率。而对于用户来讲，由于每次送达的货物数量是固定的，所以接货工作也易于组织，用户的生产和销售计划也易于与配送活动保持同步进行。不足之处在于，由于每次配送的数量保持不变，因此不够机动灵活，有时会增加用户的库存，造成库存过高或销售积压。

（三）定时定量配送

定时定量配送是按照所规定的配送时间和配送的数量来组织配送。这种形式兼有定时配送和定量配送两种形式的优点，但是对配送组织要求较高，计划难度大，不太容易做到既与用户的生产节奏保持合拍，同时又保持较高的配送效率，实际操作较为困难。一般适合于专业化程度高的厂商（制造商）配送中心配送。

（四）定时定线路配送

定时定线路配送是指在规定的运行线路上，制定到达时间表，按照运行时间表进行配送的形式。

采用这种配送方式用户须提前提出订货要求，并按规定的时间在规定的运行线路上接货。也可将其称作班车配送或列车时刻表配送。

这种配送方式对配送企业而言，有利于安排车辆运行及人员配备，比较适合于用户相对比较集中，用户需求较为一致的环境，并且配送的品种和数量不能太大，批量的变化也不能太大。对于用户来讲，由于配送的时间和路线固定，可以根据需要有计划地安排接货，但由于配送时间和路线不变，因而对用户的适应性较差，灵活性和机动性不强。

（五）即时配送

即时配送是指完全按照用户提出的送货时间和送货数量，随时进行的配送组织形式。这是一种灵活性和机动性很强的应急配送方式。采用这种配送方式，对用户而言，可以用即时配送来代替保险储备。但对配送的组织者来说，很难做到充分利用运力，配送成本较高。同时，由于这种配送形式完全按照用户的要求来进行，因而配送的计划性较差。对配送组织过程要求高，对配送企业的应变能力和快速反应能力要求也比较高。其优点是适合用户要求的能力强，对提高配送企业的管理水平和作业效率有利。

二、协同配送

协同配送就是把过去按不同货主、不同商品分别进行的配送，改为不分货主和商品集中运货的“货物及配送的集约化”。也就是把货物都装入在同一条路线上运行的车上，用同一台卡车为更多的顾客运货。

我国国家标准《物流术语》对协同配送即共同配送的解释是“由多个企业联合组织实施的配送活动”。

（一）协同配送的优势

协同配送是经过长期的发展和探索，优化出的一种配送形式，也是现代社会上影响面较大，资源配置较为合理的一种配送方式，其优势表现在以下两方面。

一方面，从货主（厂家、批发商和零售商）的角度来说，通过配送可以提高物流效率，如中小批发业者各自配送，难以满足零售商多批次、小批量的配送要求。采用协同配送，送货的一方可以实现少量物流配送，收货一方可以进行统一的总验货，从而达到提高物流配送水平的目的。

另一方面，从卡车运输业者的角度来说，卡车运输业多为中小企业，不仅资金少，人才不足，组织脆弱，而且运输量少，运输效率低，使用车辆多，独立承揽业务，在物流合理化及其效率上受到限制。如果实现合理化协同配送，则筹集资金、大宗运货、通过信息网络提高车辆使用效率、进行往返运货等问题均可得到解决。同时，也可以通过协同运输，扩大向顾客提供多批次、小批量的服务。

协同配送的目的在于最大限度地提高人员、物资、资金、时间等物流资源的效率（降低成本），取得最大效益（提高服务）。还可以去除多余的交错运输，并取得缓解交通、保护环境等社会效益。协同配送的优点见表 7－4。

表 7－4 协同配送的优点

货主	运送业者
1. 运费负担减轻； 2. 可以裁减人员； 3. 可以小批量进货配送； 4. 收货人员可以对不同品种货物统一验收； 5. 物流空间可以互相融通； 6. 可以缓解交通拥挤； 7. 防止环境污染	1. 可以提高输送效率； 2. 可以裁减物流成本； 3. 可以减少物流人员； 4. 可以减少不适当的竞争； 5. 可以减少重复的服务； 6. 可以缓解交通拥挤； 7. 防止环境污染

（二）协同配送的两种类型

协同配送可以分为以货主为主体的协同配送和以物流业者为主体的协同配送。

1. 以货主为主体的协同配送

由有配送需求的厂家、批发商、零售商以及他们组建的新公司或合作社机构作为主体进行合作，解决个别配送的效率低下等问题。这种配送又可分为发货货主主体型和进货货主主体型。

（1）发货货主主体型。

① 与客户的协同配送：用于采购零部件或原材料的运输车辆均可参与协同配送。

② 不同行业货主的协同配送：不跑空车，让物流子公司与其他行业合作，装载回程货物或与其他公司合作进行往返运输。

③ 集团系统内的协同配送：企业集团、大资本集团、零售商集团等的协同配送。

④ 同行业货主的协同配送：集团协同配送，共同出资组建公司进行协同配送，建立合作社进行协同配送，通过同行业 VAN 增值网进行协同配送。

（2）进货货主主体型。零售商以中心批发商（一级批发商）为窗口，从中间批发商（二级批发商）处统一进货再配送给物流中心或零售店。

2. 以物流业者为主体的协同配送

由提供配送的物流业者或以他们组建的新公司或合作机构为主体进行合作，克服个别配送的效率低下等问题。这一类协同配送又可分为公司主体型和合作机构主体型。

（1）公司主体型。

① 运送业者的协同配送：向特定交货点运送货物，交货业务合作化。

② 共同出资组建新公司开展协同配送：本地的运送公司（特别零担货物运输业者、包

租业者）共同出资组建新公司开展送货到户业务。

（2）合作机构主体型。

① 运送业者组成合作机构开展协同配送：运送公司组成合作机构，将各成员在各自收集的货物或配送货物地区所收集的货物运到收配货据点，然后统一配送。

② 运送合作机构和批发合作机构合作，开展协同配送：共同设置收货和配货的据点，由运送公司达到合作机构统一承包批发商的集货和配货业务。

（三）协同配送的问题及解决办法

日本的菊池康也教授对日本开展协同配送过程中出现的问题作出了分析，并对如何消除这些问题的影响，开展协同配送提出了自己的看法。

1. 日本协同配送发展的障碍

（1）有可能泄露企业的商业机密；

（2）难于进行商品管理；

（3）担心出现纠纷，担心服务水平下降；

（4）担心协同物流设施费用及其管理成本增加；

（5）担心成本收益的分配出现问题；

（6）主管人员在经营管理方面存在困难；

（7）缺乏实现协同配送的领袖人物；

（8）为建立协同配送设施而投入改善环境的投资不易合理分配；

（9）建立协同配送系统的专家不足。

2. 如何消除这些障碍

从货主角度，应注意以下问题：

（1）由于大型零售业的流通变革非常激烈，在批发阶段，要求多品种一次性进货。为适应这种需求，无论如何必须开展协同配送。

（2）货主的竞争只在销售，而配送应当协同进行。实际开展时需要投入许多的人员、精力、资金和时间，这方面应有充分的精神准备。

（3）在公司内部，特别是要能够得到销售部门对开展协同配送的理解，应当想办法既能够开展协同配送，又不至于把顾客的名单和交易价格泄露出去。

（4）应当在同一地区，寻找既有配送实力，又无须竞争的公司即不同行业的公司联手开展协同配送。

（5）如与不同行业的公司开展协同配送，应注意选择如下对象：

① 配送地址的分布类似；

② 商品特征类似；

③ 保管和搬运拣选类似；

④ 系统类似；

⑤ 服务水平类似；

⑥ 处理的配送量类似。

（6）实际操作时，要切实定好接收订货信息的时间以及托盘、货单、代码等基础条件。

(7) 开展协同配送时必须注意这些问题，为取得成功，需要有信心，并使之系统化。

3. 如何开展协同配送

(1) 开展协同配送的程序：

① 研究物流协同化的可能性；

② 参加的单位统一意志；

③ 确立物流协同化的主体；

④ 系统的设计；

⑤ 办理有关手续（主要是行政手续）；

⑥ 筹措资金；

⑦ 工作开始的确认；

⑧ 运营主体开始工作；

⑨ 实施后的调查研究及改进工作。

(2) 实施过程中要注意的问题：

① 不要泄露合作企业的商业机密；

② 协同配送化主体要有好的领导人或协调人，就协同配送问题协调各方面的意见，最好由有经验的物流专家来担任协调人；

③ 要保持较高的服务水平；

④ 要有成本效益目标；

⑤ 搞好商品管理；

⑥ 搞好成本效益分配；

⑦ 要阻止设施费用和管理成本的增长；

⑧ 创造条件取得公司内部的理解和支持。

总之，为促成协同配送的实现，有许多困难。这些困难只靠货主单方面努力是不可能解决的，要有厂家、运送业者和接受配送单位的强有力的支持，有时甚至还需要政府或地方公共团体的支持。

三、配送线路设计

（一）线路设计的意义

配送运输由于配送方法的不同，其运输过程也不尽相同，影响配送运输的因素很多，如车流量的变化、道路状况、客户的分布状况和配送中心的选址、道路交通网、车辆额定载重量以及车辆运行限制等。配送线路设计就是整合影响配送运输的各因素，适时适当地利用现有的运输工具和道路状况，及时、安全、方便经济地将客户所需的不同物资准确送达客户手中，以便提供优良的物流配送服务。

在配送运输线路设计中，需根据不同客户群的特点和要求，选择不同的线路设计方法，最终达到节省时间、运行距离和运行费用的目的。

（二）最短路径设计

在配送线路设计中，当由一个配送中心向一个特定的客户进行专门送货时，从物流角度看，客户的需求量接近或大于可用车辆的定额载重量，需专门派一辆或多辆车一次或多次送货，配送线路设计时，追求的是最短配送距离，以节省时间、多装快跑，提高送货的时间效率，这主要是寻求物流网络中的最短路径的问题。

（三）节约里程的线路设计

在配送线路的设计中，当由一个配送中心向多个客户进行共同送货，在同一条线路上的所有客户的需求量总和不大于一辆车的额定载重量时，由这一辆车配装着所有客户需求的货物，按职一条预先设计好的最佳线路依次将货物送到每一个客户手中，这样既可保证按需将货物及时运送，同时又能节约行驶里程，缩短整个送货的时间，节约费用，也能客观上减少交通流量，缓减交通紧张的压力。一般采用节约法来进行配送线路设计。

（四）最经济线路的设计

在由一个同属于一个中央级配送中心的配送网络中，可由多个配送中心向多个客户进行配送运输，那么，在配送线路设计时，要充分考虑配送中的时间、距离和费用三者之间的关系，在满足客户需求的前提下，做到总的配送运输成本最低、费用最省。以运输成本最小为原则确定每个配送中心到配送点的线路。一般这类问题属于运输问题，配送线路设计可用运筹学的方法求解。

四、服务管理

1. 配送服务构成

配送服务就是对客户商品利用可能性的物流保证，它包含三个要素：

（1）拥有客户所期望的商品（备货保证）；

（2）符合客户所期望的质量（品质保证）；

（3）在客户希望的时间内配送商品（输送保证）。

配送服务主要就是围绕上述三要素开展的，如图 7－1 所示。

2. 配送服务的重要性

从理论上讲，配送服务之所以在企业经营中如此重要，是因为：

（1）配送服务已成为企业差别化战略的重要内容。长期以来，物流并没有受到人们应有的重视。在大批量生产时期，由于消费呈现出单一、大众化的特征，经营是建立在规模经济基础上的大量生产、大量销售，因而物流功能只停留在商品运输和保管等一般性业务活动上，物流从属于生产消费，从而成为企业经营中的附属职能。但是进入细分化市场营销阶段，市场需求呈现出多样化和分散化，而且发展变化十分迅速。这样，企业经营只有不断符合各种类型、不同层次的市场需求，并且迅速、有效地满足客户期望，才能使企业在激烈的市场竞争中求得发展。差别化战略中的一个重要内容就是客户服务的差异，所以作为客户服务的重要组成部分的配送服务就成为企业实行差别化战略的重要方式和途径。

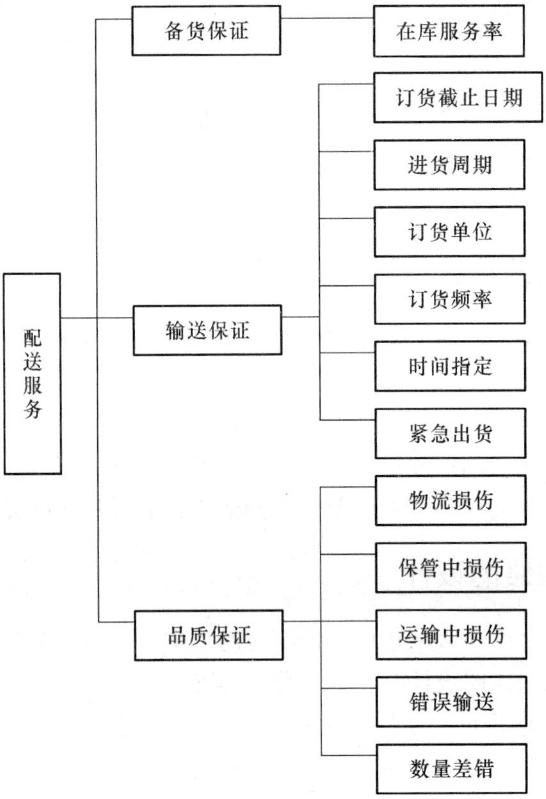

图 7－1　配送服务构成要素

(2) 配送服务水平的确定对企业经营绩效具有重大影响。决定配送服务水平是构筑配送系统的前提条件。在配送开始成为经营战略的重要一环的过程中，配送服务越来越具有经济性的特征。也就是说，对配送服务来说市场机制和价格机制也在发生作用，市场机制和价格机制通过供求关系既确定了配送服务的价值，又决定了一定服务水平下的物流配送成本，所以，制定合理的配送服务水平是企业战略活动的重要内容之一。特别是对于一些例外的运输、紧急运输等物流配送服务，需要考虑成本适当化或流通主体互相分担的问题。

(3) 配送服务是有效连接供应商、制造商、批发商和零售商的重要手段。随着经济全球化、网络化的发展，现代企业的竞争已不是单个企业的竞争，而是供应链之间的竞争；企业的竞争优势不是单一企业的优势，而是供应链整体的优势。配送服务一方面以物品的物质实体流动为媒介，打破了供应商、制造商、批发商和零售商之间的间隔，有效地推动商品从生产到消费全过程的顺利流动；另一方面，配送服务也通过自身特有的系统设施不断地将商品销售、在库信息等反馈给供应链中的所有企业，并通过知识、诀窍等经营资源的积累，使整个过程不断协调，不断应对市场变化，创造超越企业的供应链价值。

(4) 配送服务方式的选择对降低成本也具有重要意义。合理的配送服务方式不仅能够提高商品的周转效率，而且能够从利益上驱动企业发展，成为企业的第三利润源泉。特别是采用一些新的、先进的配送方式（如共同配送）的应用能够有效地降低整个供应链的成本。

案例分析：

沃尔玛的配送中心

1962年在美国阿肯色州沃尔玛百货有限公司成立，经过多年的发展，沃尔玛公司已经成为世界上最大的连锁零售企业。沃尔玛拥有自己庞大的物流配送系统，并实施了严格有效的物流配送管理制度。

一、配送中心概况

1970年，沃尔玛的第一家配送中心在美国阿肯色州一个小城市建成，当时即可集中处理公司所销售商品的40%，提高了公司大量采购商品的能力。到1990年沃尔玛在全球有14个配送中心，发展到2001年一共建立了70个配送中心。

沃尔玛配送中心的选址一般是设立在100多家零售店的中央位置，也就是配送中心设立在销售主市场。从配送中心的规模设计上看，沃尔玛的每个配送中心都非常大，平均占地面积超过11万m^2，相当于24个足球场那么大。这使得一个配送中心可以满足100多个附近周边城市的销售网点的需求；另外运输的半径既比较短又比较均匀，基本上是以320 km为一个商圈建立一个配送中心。通常情况下，从任何一个配送中心出发，汽车可在一天内到达它所服务的商店。

沃尔玛的供应商可以把商品直接送到订货的商店，也可以把产品集中送到配送中心，两厢比较，显然集中送达配送中心可以使供应商节省很多钱。所以在沃尔玛销售的商品中，有90%左右货物是进行集中配送的，只有少数可以从加工厂直接送到店里去，而沃尔玛的竞争对手集中配送仅能达到50%的水平。配送中心能大大降低物流成本，沃尔玛的配送成本占销售额2%，是竞争对手的50%，而一般来说物流成本占整个销售额的10%左右，有些食品行业甚至达到20%或者30%。

二、配送作业方式

沃尔玛配送中心的运作流程是：供应商将商品的价格标签和UPC条码（统一产品码）贴好，运到沃尔玛的配送中心；配送中心根据每个商店的需要，对商品就地筛选，重新打包，从“配区”到“送区”。

在配送中心，计算机掌管着一切。供应商将商品送到配送中心后，先经过核对采购计划、商品检验等程序，分别送到货架的不同位置存放。当每一样商品储存进去的时候，计算机都会把方位和数量一一记录下来；一旦商店提出要货计划，计算机就会查找出这些货物的存放位置，并打印出印有商店代号的标签，以供贴到商品上。整包装的商品将被直接送上传送带，零散的商品由工作人员取出后，也会被送上传送带。商品在长达几千米的传送带上进进出出，通过激光辨别上面的条形码，把它们送到该送的地方去，传送带上一天输出的货物可达20万箱。对于零散的商品，传送带上有一些信号灯，有红的、有黄的、有绿的，员工可根据信号灯的提示来确定商品应该被送往的商店，来取这些商品，并将取到的商品放到一个箱子当中，以避免浪费空间。

三、配送中心的运行及管理

沃尔玛的配送中心运行完全实现了自动化。每种商品都有条码，由十几千米长的传送带传送商品，和电脑追踪每件商品的储存位置及运送情况，每天能处理约20万箱的货物配送。

配送中心的一端是装货平台，可供130辆卡车同时装货，另一端是卸货平台，可同时停放135辆卡车。每个配送中心有600～800名员工，24 h连续作业。平均每天接待的装卸货物的卡车超过200辆。目前，沃尔玛在美国拥有62个以上的配送中心，服务4 000多家商场。在沃尔玛配送中心，大多数商品停留的时间不会超过48 h，但某些产品也有一定数量的库存，这些产品包括化妆品、软饮料、尿布等各种日用品，配送中心根据这些商品库存量的多少进行自动补货。

四、配送组织的完善

沃尔玛公司为了更好地进行配送工作，非常注意从自己企业的配送组织上加以完善。其中一个重要的举措便是公司建立了自己的车队进行货物的配送，以保持灵活性和为一线商店提供最好的服务。例如，沃尔玛通常为每家分店的送货频率是每天一次，而其竞争对手凯玛特平均5天一次，塔吉特平均每3～4天一次，沃尔玛的商店通过电脑向总部订货，平均只要两天就可以到货。如果急需，则第二天即可到货，这一速度同业中无人可及。这使沃尔玛享有高于竞争对手的极大优势，货架总能保持充盈，并随时掌握到货时间，其运输成本也总是低于竞争对手。

五、物流信息技术的应用

沃尔玛一直崇尚采用最现代化、最先进的系统，进行合理的运输安排，通过电脑系统和配送中心，获得最终的成功。早在20世纪70年代，沃尔玛就开始使用计算机进行管理；20世纪80年代初，沃尔玛花费4亿美元购买了商业卫星，实现了全球联网；20世纪90年代，采用了全球领先的卫星定位系统（GPS），控制公司的物流，提高配送效率，以速度和质量赢得用户的满意度和忠诚度。

沃尔玛所有的系统都是基于一个叫作UNIX的配送系统，并采用传送带和非常大的开放式平台，还采用产品代码，以及自动补货系统和激光识别系统，所有信息技术的应用为沃尔玛节省了相当多的成本。

请回答：

1. 沃尔玛配送中心设计时考虑了哪些因素？
2. 沃尔玛的信息化建设体现在哪些方面？

复习思考题

1. 什么是配送中心？配送中心的作用体现在哪些方面？
2. 从不同的角度来划分，配送中心有哪些主要的类型？
3. 试述配送中心规划的含义、内容与程序。
4. 试述配送中心管理的内容、目标与流程。
5. 其他国家与地区配送中心的发展历程对我国有什么启示？
6. 配送有哪些组织方式？
7. 协同配送有何优点？如何开展协同配送？
8. 实施协同配送要注意哪些问题？

9. 配送线路可以采用哪些方法来确定？如何确定？

10. 配送服务要达到什么目的？

项目实训

一、实训题目

规划配送中心布局

二、实训内容及要求

到某超市配送中心，了解配送中心的地理位置、周边交通状况、货物类型、收发货频率、货物量等信息，规划配送中心的布局。

三、实训报告完成

为该超市配送中心提出设计方案。

项目八

优化配送运输

知识目标：

掌握直送式配送路线选择和分送式配送路线选择的方法

掌握配送车辆记载技术

技能目标：

具有进行车辆调度的能力

具有应用各种方法进行配送线路选择的能力

具有根据货品性能特点进行车辆合理装载的能力

任务一　车辆调度及优化路线

任务导入：

车辆是在点多、面广、纵横交错、干支相连的运输网络中分散流动的，涉及多个部门、多个环节，工作条件较为复杂。这就需要建立一个具有权威性的组织指挥系统——车辆调度部门，进行统一领导、统一指挥，且能灵活地、及时地处理问题。

知识解析：

一、车辆调度

车辆运行调度是配送运输管理的一项重要职能，是指挥监控配送车辆正常运行、协调配送生产过程以实现车辆运行作业计划的重要手段。

（一）车辆运行调度工作的内容

1. 编制配送车辆运行作业计划

包括编制配送方案、配送计划、车辆运行计划总表、分日配送计划表、单车运行作业计划等。根据掌握的用车时间、等车地点、乘车人单位和姓名、乘车人数、行车路线等情况，做计划安排，并将执行任务的司机姓名、车号、出车地点等在调度办公室公布或口头通知司机本人。车辆调度工作还要做好用车预约：当班用车一小时前预约，下午用车上午预约，次日用车当日预约，夜间用车下班前预约，集体活动用车两天（三天）前预约，长途用车三日或一周前预约等，调度对每日用车要心中有数，做好预约登记工作。

2. 现场调度

根据货物分日配送计划、车辆运行作业计划和车辆动态分派配送任务，即按计划调派车辆，签发行车路单；勘察配载作业现场，做好装卸车准备；督促驾驶员按时出车；督促车辆按计划送修进保。对未能安排上车辆，或变更出车时间的人员，要及时说明情况，做好解释工作，以减少误会或造成误事。

3. 随时掌握车辆运行信息，进行有效监督

如发现问题，应采取积极措施，及时解决和消除，尽量减少配送生产中断时间，使车辆按计划正常运行。

4. 检查计划执行情况

检查配送计划和车辆运行作业计划的执行情况。

（二）车辆运行调度工作的原则

车辆运行计划在组织执行过程中常会遇到一些难以预料的问题，如客户需求发生变化、装卸机械发生故障、车辆运行途中发生技术障碍、临时性路桥阻塞等。针对以上情况，需要调度部门要有针对性地加以分析和解决，随时掌握货物状况、车况、路况、气候变化、驾驶员状况、行车安全等，确保运行作业计划顺利进行。车辆运行调度工作应贯彻以下原则：

1. 坚持从全局出发，局部服从全局的原则

在编制运行作业计划和实施运行作业计划过程中，要从全局出发，保证重点、统筹兼顾，运力安排应贯彻“先重点、后一般”的原则。

2. 安全第一、质量第一原则

在配送运输生产过程中，要始终把安全工作和质量管理放在首要位置。

3. 计划性原则

调度工作要根据客户订单要求认真编制车辆运行作业计划，并以运行计划为依据，监督和检查运行作业计划的执行情况，按计划配送货物，按车辆计划送修送保。

4. 合理性原则

要根据货物性能、体积、重量、车辆技术状况、道路桥梁通行条件、气候变化、驾驶员技术水平等因素合理调派车辆。在编制运行作业计划时，应科学合理地安排车辆的运行路线，有效地降低运输成本。

（三）车辆调度人员的责任

为了做好各项工作，一般调度部门设置计划调度员、值班调度员、综合调度员和调度长。

1. 计划调度员责任

（1）编制、审核车辆平衡方案和车辆运行作业计划，并在工作中贯彻执行，检查总结。

（2）掌握运输计划及重点物资完成情况，及时进行分析研究，提出措施和意见。

2. 值班调度员责任

（1）正确执行车辆运行计划，发布调度命令，及时处理日常生产中发生的问题，保证上下级调度机构之间的联系。

（2）随时了解运输计划和重点任务完成进度，听取各方面反映，做好调度记录，发现有关情况及时向领导指示、汇报。

（3）随时掌握车况、货况、路况，加强与有关单位的联系，保证单位内外协作。

（4）签发行车路单，详细交代任务和注意事项。

（5）做好车辆动态登记工作，收集行车路单及有关业务单据。

3. 综合调度员责任

（1）及时统计运力及其分布、增减情况和运行效率指标。

（2）统计安全运输情况。

（3）统计运输生产计划和重点运输完成进度。

（4）统计车辆运行作业计划的完成情况及保养对号率。

（5）及时绘制有关资料的汇总和保管。

4. 调度长责任

全面领导和安排工作，在调度工作中正确地贯彻执行有关政策法令，充分地发挥全组人员的积极性，确保运输任务的完成。

（四）车辆调度方法

车辆调度的方法有多种，可根据客户所需货物、配送中心站点及交通线路的布局不同而选用不同的方法。简单的运输可采用定向专车运行调度法、循环调度法、交叉调度法等。如果配送运输任务量大，交通网络复杂时，为合理调度车辆的运行，可运用运筹学中线性规划的方法。

1. 图上作业法

图上作业法是将配送业务量反映在交通图上，通过对交通图初始调运方案的调整，求出最优配送车辆运行调度方法。运用这种方法时，要求交通图上没有货物对流现象，以运行路线最短、运费最低或行程利用率最高为优化目标。其基本步骤如下：

（1）绘制交通图。根据客户所需货物汇总情况、交通线路、配送点与客户点的布局，绘制出交通示意图。

【例 8－1】 设有 A_1、A_2、A_3 三个配送点分别有化肥 40t、30t、30t，需送往四个客户点 B_1、B_2、B_3、B_4，而且已知各配送点和客户点的地理位置及它们之间的道路通阻情况，可据此制出相应的交通图，如图 8－1 所示。

（2）将初始调运方案反映在交通图上，任何一张交通图上的线路分布形态分为成圈与不成圈两类。对于不成圈的 A_1、B_2 的运输，可按“就近调运”的原则，很容易得出调运方案。其中（$A_1 \to B_4$ 70 km）＜（$A_3 \to B_4$ 80 km），（$A_3 \to B_2$ 70 km）＜（$A_2 \to B_2$ 110 km），先假定（$A_1 \to B_4$），（$A_3 \to B_2$）运输。对于成圈的 A_2、A_3、B_1 所组成的圈，可采用破圈法处理，即先假定某两点（A_2 与 B_4）不通（即破圈，如图 8－2 所示），再对货物就近调运，（$A_2 \to B_3$）（$A_2 \to B_4$），数量不够的再从第二点调运，即可得出初始调运方案，如图 8－2 所示。在

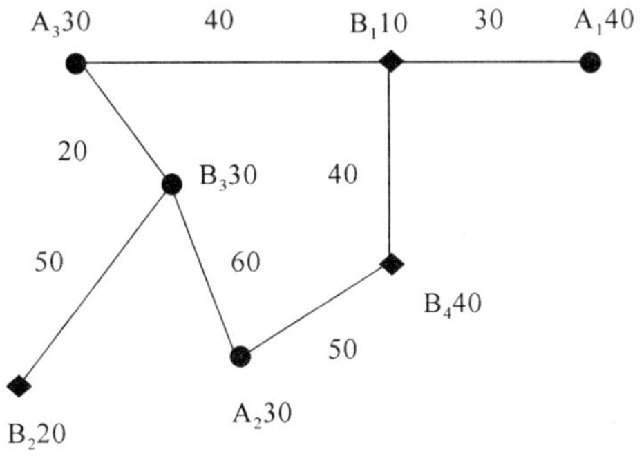

图 8 -1　运距运量交通图

绘制初始方案交通图时，凡是按顺时针方向调运的货物调运线路（如 A_3 至 B_1、B_1 至 B_4、A_2 至 B_3），其调运箭头线都画在圈外，称为外圈；否则，其调运箭头线（A_3 至 B_3）都画在圈内，称为内圈，或者两种箭头相反方向标注也可。

（3）检查与调整。面对交通图上的初始调运方案，首先分别计算线路的全圈长、内圈长和外圈长（圈长即指里程数），如果内圈长和外圈长都分别小于全圈长的一半，则该方案即为最优方案；否则，即为非最优方案，需要对其进行调整。如图 8 - 3 所示，全圈长（$A_2 \to A_3 \to B_1 \to B_2$）为 210 km，外圈（$A_3 \to B_1$ 40 km、$B_1 \to B_4$40 km、$A_2 \to B_3$60 km）长为 140 km，大于全圈长的一半，显然，需要缩短外圈长度。调整的方法是在外圈（若内圈小于全圈长的一半，则在内圈）上先假定运量最小的线路两端点（A_3 与 B_1）之间不通，再对货物就近调运，可得到调整方案如图 8 - 2 所示。然后，再检查调整方案的内圈长与外圈长是否都分别小于全圈长的一半。如此反复至得出最优调运方案为止。如图 8 - 3 所示，计算可得内圈长为 70 km，外圈长为 100 km，均小于全圈长的一半，可见，该方案已为最优方案。

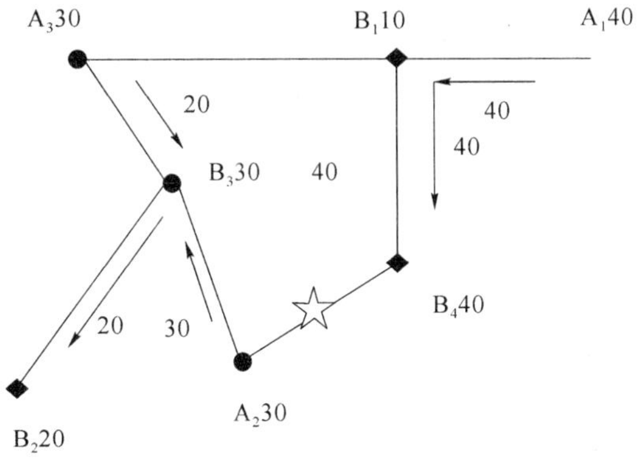

图 8 -2　A_2B_4 破圈调运图

2. 经验调度法和运输定额比法

在有多种车辆时，车辆使用的经验原则为尽可能使用能满载运输的车辆进行运输。如运输 5 t 的货物，安排一辆 5 t 载重量的车辆运输。在能够保证满载的情况下，优先使用大型车辆，且先载运大批量的货物。一般而言，大型车辆能够保证较高的运输效率和较低的运输成本。

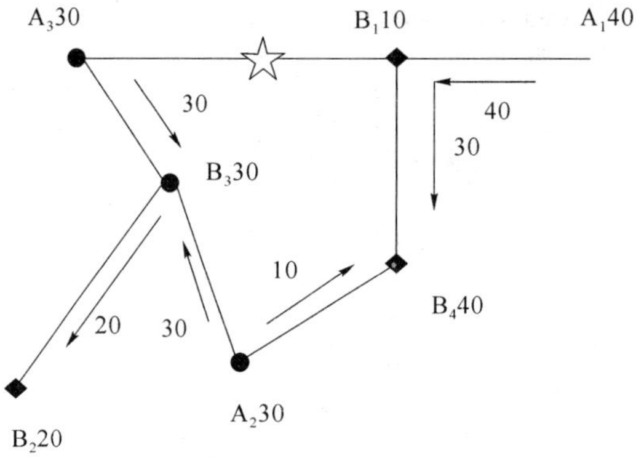

图 8－3　检查调整

例如，某建材配送中心，某日需运送水泥 580 t、盘条 400 t 和不定量的平板玻璃。该中心有大型车 20 辆，中型车 20 辆，小型车 30 辆。各种车每日只运送一种货物，运输定额见表 8－1。

表 8－1　车辆运输定额表　　t/(天·辆)

车辆种类	运送水泥	运送盘条	运送玻璃
大型车	20	17	14
中型车	18	15	12
小型车	16	13	10

根据经验派车法确定，车辆安排的顺序为大型车、中型车、小型车。货载安排的顺序为：水泥、盘条、玻璃。得出派车方案见表 8－2，共完成货运量1 080 t。

表 8－2　经验派车法

车辆种类	运送水泥/t	运送盘条/t	运送玻璃/t	车辆总数/辆
大型车	20		14	20
中型车	10	10	12	20
小型车		20	10	30
货运量/ t	580	400		

对于以上车辆的运送能力可以按表 8－3 计算每种车运送不同的定额比。

表 8－3　车辆运输定额比

车辆种类	运水泥/运盘条	运盘条/运玻璃	运水泥/运玻璃	……
大型车	1:18	1:21	1:43	
中型车	1:2	1:25	1:5	
小型车	1:23	1:3	1:6	

其他种类的定额比都小于 1，不予考虑。在表 8 – 3 中小型车运送水泥的定额比最高，因而要先安排小型车运送水泥；其次由中型车运送盘条；剩余的由大型车完成。得表 8 – 4 的派车方案，共完成运量 1 106 t。

表 8 – 4　定额比优化派车法

车辆种类	运送水泥车辆数	运送盘条车辆数	运送玻璃车辆数	车辆总数/辆
大型车/辆	5	6	9	20
中型车/辆		20		20
小型车/辆	30			30
货运量/ t	580	400	126	

二、运输路线优化

配送运输由于配送方法的不同，其运输过程也不尽相同，影响配送运输的因素很多，如车流量的变化、道路状况、客户的分布状况和配送中心的选址、道路交通网、车辆定额载重量及车辆运行限制等。配送运输线路设计就是整合影响配送运输的各种因素，适时适当地利用现有的运输工具和道路状况，及时、安全、方便、经济地将客户所需的商品准确地送达客户手中。

在配送运输线路设计与优化中，需根据不同客户群的特点和要求，选择不同的线路设计方法，最终达到节省时间、运距和降低配送成本的目的。

（一）配送线路优化的意义和原则

为将货物送给客户，需要从一个或多个配送中心组织配送运输。一般来说，连接一个或多个配送中心和一个或多个配送目的地存在一个道路交通网，如何在这张道路交通网上综合考虑各线路车流量、道路状况、客户的分布状况和配送中心的选址、道路交通网、车辆定额载重量及车辆运行限制等因素，找出一条最佳的运输线路解决方案，达到节省运输距离、运输时间和运行费用的目的，就是配送运输线路设计和优化的意义所在。

进行配送线路优化时应遵循以下原则：

1. 配送效益最高或配送成本最低

效益是企业追求的主要目标，可以简化为用利润来表示，或以利润最大化作为目标；成本对效益有直接的影响，选择成本最低化作为目标值与前者有着直接的联系。当有关数据容易得到和容易计算时，就可以用利润最大化或成本最低作为目标值。

2. 配送里程最短

如果配送成本与配送里程相关性较强，而和其他因素相关性较弱，则配送里程最短的实质就是配送成本最低，可以考虑用配送里程最短作为目标值，这样就可以大大简化线路选择和车辆调度方法。当配送成本不能通过里程来反映时，如道路收费、道路运行条件等严重地影响成本，单以最短路程作为目标就不适宜。

3. 配送服务水平最优

如准时配送要求成为第一位时或需要牺牲成本来确保服务水平时，则应该在成本不会失控的情况下，以服务水平为首选目标。这种成本的损失可能从其他方面弥补回来，如优质的服务可以采取较高的价格策略。

4. 配送劳动消耗最小

这是以物化劳动和活劳动消耗最小为目标，在许多情况下，如劳动力紧张、燃料紧张、车辆及设备较为紧张的情况下，限制了配送作业的选择范围，就可以考虑以配送所需的劳动力、车辆或其他有关资源作为目标值。

（二）运输路线的类型

1. 往复式行驶路线

往复式行驶路线是指在运输过程中，运输工具在某一线路的两个端点之间做多次（包括一次）往复行驶的路线类型。

2. 环形式行驶路线

环形行驶路线是指运输工具在由若干个装卸作业点组成的一条封闭回路上，做连续单向运行的行驶路线。在这种行驶路线中，一个周转内，运输工具至少完成两个运次的运输工作。

3. 汇集式行驶路线

汇集式行驶路线是指运输工具沿分布于运行路线上各装卸作业点，依次完成相应的装卸作业，且每运次货物装卸量均小于该车额定载重量，直到整个运输工具装满或卸空后返回出发点的行驶路线。

任务二　配送车辆的装载

任务导入：

在配送中心的作业流程中安排配载，把多个用户的货物或同一用户的多种货物配载于同一辆车上，不但能降低配送成本，提高企业的经济效益，还可以减少交通流量，改善交通拥堵状况。

知识解析：

一、车辆配装的概念

配送中心服务的对象是众多的客户和各种不同的货物品种，为了降低运输的成本，需要充分利用运输配送的资源，对货物进行装车调配、优化处理，以达到提高车辆容积和载重量的利用率，提高车辆的运能、运力的利用率，降低配送运输成本，这就是积载。

二、车辆积载的原则

（一）轻重搭配的原则

车辆装货时，必须将重货置于底部，轻货置于上部，避免重货压坏轻货，并使货物重心下移，从而保证运输安全。

（二）大小搭配的原则

货物的包装尺寸有大有小，为了充分利用车厢的内容积，可在同一层或上下层合理搭配不同尺寸的货物，以减少箱内的空隙。

（三）货物性质搭配原则

拼装在一个车厢内的商品，其化学性质、物理属性不能互相抵触。如不能将散发臭味的货物与具有吸臭性的食品混装；不能将散发粉尘的货物与清洁货物混装。

（四）后送先装，先送后装原则

为了节约时间，提高装卸效率，后送的货物要先装到车辆内部，先送的货物放置在靠近车门一端。

除了以上的内容，还要做到到达同一地点的适合配装的货物应尽可能一次积载；货与货之间、货与车辆之间应留有空隙并适当衬垫，防止货损；装货完毕，应在门端处采取适当的稳固措施，以防开门卸货时货物倾倒造成货损或人身伤害。

三、提高车辆装载利用率的具体方法

提高车辆装载利用率的途径主要有两个：一是合理调配使用运输车辆；二是巧装满载。

（一）合理调配使用运输车辆

1. 配送运输车辆与货物配合

根据客户所需要的货物品种和数量，调派适宜的车型承运。从生产的角度来看，要使配送运输车辆与货物配合，应尽最大努力做到按货配车；而从货运的角度来看，应做到按车配载，多种配送车辆要装多种货物时，则需要进行综合优化。

研究各类车厢的装载标准，根据不同货物和不同包装体积的要求，合理地安排装载顺序，努力提高装载技术和操作水平，力求装足车辆的核定吨位。

2. 配送运输车辆种类和流向适合货物流向

根据货流特点，合理安排配送运输车辆，提高载重总量的利用率，保证主要货流方向达到充分满载；装车考虑卸后利用，组织好车辆回空，降低空载率。

（二）巧装满载

巧装满载就是千方百计地改进装载方法，提高配送运输车辆的装载量。

1. 改善货物包装及其状态

通过机械打包、包装标准化、机械解体等方法使货物的比重和状态与通用交通工具相适应。

2. 货物轻重配装

避免轻泡货物装满整个车厢，但载重量却不足或装载重质货物虽达到车辆的额定载重量，但车厢空间仍大量空置。

3. 合理装载货物

紧密装载，设法减少货物之间的间隙；多层装载（按层次码放）与起脊装载（多针对敞开式的散装货物，呈脊状码放，防止滚落，有利于苫盖篷布），充分利用空间；正确配置货物，提高装载量。货物在装载工具内配置方法不同，载运工具容积利用效率就不一样，选择最好的方法能提高装载量。

4. 正确测量货物体积，防止亏载

由于确定货物重量时需要采用电子秤，但并非所有的装车点都配备电子秤，所以一般要通过测量体积的方法来确定货物的重量。要正确测定货物单位体积重量，正确掌握货物的装卸高度，装够一定的高度才能满载。

5. 制定配送运输车辆的技术装载标准

同一种货物由于打包方式、包装尺寸、包装材料和装载方法不同，载运工具装载量差别是很大的，因此要制定配送运输车辆技术装载标准，以充分利用载运工具的载重量和容积，保证运行安全，货物完整，便于装卸作业和使用装卸机械。

四、装车堆积

装车堆积是在具体的装车时，为充分利用车厢载重量、容积而采用的方法。配送货物的性质和包装来确定堆积的行、列、层数及码放的规律。

（一）堆积的方式

堆积的方式主要有行列式堆码方式和直立式堆码方式。

（二）堆积应注意的事项

（1）堆码方式要有规律、整齐。

（2）堆码高度不能太高。车辆堆装高度：一是受限于道路高度限制；二是道路运输法规规定。如大型货车高度从地面起不得超过 4 m；载重量 1 000 kg 以上的小型货车不得超过 2. 5 m；载重量在 1 000 kg 以下的小型货车不得超过 2 m。

（3）物品在横向不得超出车厢宽度，前端不得超出车身，后端不得超出车厢的长度。即大货车不超过 2 m；载重量 1 000 kg 以上的小型货车不得超过 1 m；载重量在 1 000 kg 以下的小型货车不得超过 50 cm。

（4）堆码时应重货在下，轻货在上；包装强度差的应放在包装强度好的上面。
（5）商品应大小搭配，以利于充分利用车厢的载容积及核定载重量。
（6）按顺序堆码，先卸车的货物后码放。

五、绑扎

绑扎是配送发车前的最后一个环节，也是非常重要的环节。它是在配送商品按客户订单全部装车完毕后，为了保证商品在运输过程中的完好，以及为避免车辆到达各客户点卸货开箱时发生商品倾倒，必须进行的一道工序。

（一）绑扎时的注意事项

（1）绑扎端点要易于固定而且牢靠。
（2）可根据具体情况选择绑扎形式。
（3）应注意绑扎的松紧度，避免商品或外包装损坏。

（二）绑扎的形式

（1）单件捆绑。
（2）单元化、成组化捆绑。
（3）分层捆绑。
（4）分行捆绑。
（5）分列捆绑。

案例分析：

中储配送运输

中国物资储运总公司（以下简称“中储”）在全国中心城市和重要港口设有子公司及控股公司70多个，凭借巨额的存量资产、完备的硬件设施、优质的服务品牌，形成了以分布在全国主要中心城市的63个大中型仓库为依托，以铁路、公路、水路、航空等运输方式为纽带，覆盖全国、辐射海内外的综合物流服务网络和全天候、全方位、全过程综合配套的多维立体服务体系，为客户选择合理的运输方式、便捷的运输路线、最低的物流成本，提供最佳的物流服务。

中储为加快实现从传统储运向现代物流企业的转变，完成了对传统业务流程的全面再造，整合内部和外部资源的能力大大增强，实现以电子化配送中心、仓库、运输网络为基础，以数码仓库完成的现代物流组织为纽带，以中储电子商务物流平台为核心，横向联合运输网络系统、纵向连接行业分销系统，建立布局合理高效的现代物流配送体系。

中储在全国中心城市近郊拥有库房总面积200多万m^2，配有箱式货车，以及铲车、叉车等装卸搬运设备和自动分拣设备。目前，已有所属60多个仓储介入配送业务，许多传统仓库改造成能提供现代物流服务的配送中心。

中储配送中心主要为电子通信设备、日用消费品、家用电器等提供仓储、配送及相关服务，现已成为雀巢、LG、海尔、TCL、澳柯玛、长虹、康佳、易初莲花等国内外厂商和大型连锁超市的地区配送中心。

配送的形式多样化，服务向深度和广度延伸。为了让客户放心、满意地使用中储的配送服务，中储向客户承诺“配送及时、交接准确、反馈迅速、搬运安全、信誉可靠、网络服务”。“配送及时”是指接到配送单后，保证市内当天送达，200 km 以内 24 h 送达，600 km 以内 36 h 内送达；“交接准确”是指由专业人员负责交接工作，保证货物和各种票据交接手续简单、准确；“反馈迅速”是指货物经过分拣送达后，保证用最快的通信方式通知顾客确认；“搬运安全”是指实行绿色服务，不污染、不破坏货物包装，保证外包装破损率在 1%以下；“信誉可靠”是指由中储原因发生的货损货差责任事故，中储将按市价全额赔偿，同时客户还可以选择是否由中储给货物代交保险；“网络服务”是指在沈阳、大连、太原、石家庄、郑州、青岛、青州、北京、天津、西安、成都、重庆、洛阳、平顶山、衡阳、广州、上海、南京、连云港、无锡、武汉、咸阳等城市实现联网改造，以降低空车率。

中储不仅在服务中认真履行承诺，而且针对不同的客户提供具体的个性化服务。中储运用现代信息技术，为用户设计经济、合理的物流方案，整合内、外部资源，组织全程代理，门到门服务。用户可随时查询货物在途及在库信息。中储的进出口公司可为客户提供进出口代理业务。中储的国际货代公司为用户提供揽货，订仓，报关，报验，保险，接运，集装箱拼、装、拆箱，分拨，仓储及配送服务。

请回答：

1. 中储配送有哪些特色？
2. 为提高企业竞争力，中储做了哪些努力？

复习思考题

1. 车辆积载的原则是什么？
2. 试列举配送路线优化的方法。

项目实训

一、实训题目

配送中心配送运输线路优化研究

二、实训内容及要求

（一）描述配送中心的概况

（1）了解配送中心的业务功能定位和作业操作方式等方面的情况。

（2）了解配送中心周边的交通、环境等情况。

（3）对配送中心配送运输的客户分布、客户需求量及配送运输线路优化所需要的其他相关因素进行调查和分析。

（二）实训内容

根据配送运输线路优化的理论知识，结合实际情况，在教师和企业人员指导下分组制定配送运输线路优化方案。

（1）调查配送中心的基本情况。

（2）对配送中心线路优化的影响因素进行分析。

（3）调查配送中心配送运输线路优化所需的基础数据。

（4）运用所学方法对配送中心的配送运输线路进行优化。

（5）结合实际情况对优化方案给予评价。

（三）实训要求

据具体情况选择配送中心，在调查、分析的基础上给出该配送中心的配送运输线路优化方案，限期一周。

三、实训报告完成

将各小组的情况填入表 8－5，并计算总分。

表 8－5　各小组情况记录

小组	设计构想（35%）	设计效果（25%）	报告表述（25%）	分工合作情况（15%）	总分
1					
2					
3					
4					

项目九

仓储与配送信息技术

知识目标：

熟练掌握仓储管理与配送管理信息系统的功能与结构

了解条形码技术、RFID 技术的基本原理及应用

技能目标：

具有数量操作仓储和配送管理信息系统的能力

具有运用条形码软件制作各类商品条形码的能力

具有运用仓储配送管理系统进行计算机辅助拣货的能力

任务一 仓储与配送管理中的物流信息技术

任务导入：

先进的仓储与配送管理信息系统能够充分利用条形码技术、射频识别等技术、网络通信技术、数据库技术等，实现物流信息现场采集、实物流动和后台数据库三方面实时统一，提高作业效率，实现仓储配送环节的科学管理。以下将对条形码技术、射频识别技术和便携式数据终端进行介绍。

知识解析：

一、条形码技术

（一）条形码概述

条形码技术提供了一种对物流中的物品进行标志和描述的方法，借助自动识别技术、POS（销售时点系统）、EDI（电子数据交换）等现代技术手段，企业可以及时了解有关产品在供应链上的位置，并及时做出反应。条码是实现 POS 系统、EDI、电子商务和供应链管理的技术基础。同时，条形码技术可以对数据进行快速、准确、可靠的搜集，是物流行业自

动化管理的最基本的技术支持，是提高物流效率和顾客满意度、提高企业管理水平、增强企业竞争力的重要技术手段。与其他技术相比，条形码技术具有输入速度快、可靠性高、采集信息量大、灵活实用、操作简单及设备成本低等优点。

1. 条码的概念

条形码是由一组排列规则的条、空以及对应的字符组成的标记，“条”指对光线反射率较低的部分，“空”指对光线反射率较高的部分，这些条和空组成的数据表达一定的信息，并能够用特定的设备识读，并转换成计算机可读的数据。

2. 条码技术的发展

条码的研制始于20世纪中期，随着计算机的应用发展而产生的。1949年美国人N. T. Woodland发明了条形码并申请了专利。1973年美国成立了统一代码委员会，并从若干种条码方案中，筛选出由IBM公司所提供的条码，作为北美地区通用产品代码，简称UPC条码，一般用作食品、杂货类商品和超级市场中绝大多数商品。1977年，欧洲12国（英国、联邦德国、法国、丹麦、挪威、比利时、芬兰、意大利、奥地利、瑞士、荷兰、瑞典）的制造商与经销商，经历了4年的探索与协调，终于成立了欧洲物品编码协会，简称EAN协会，负责研究在欧洲建立统一的商品编码体系。在吸取了UPC条码经验的基础上，开发了与UPC条码兼容的欧洲物品编码，简称EAN条码。1981年欧洲物品编码协会EAN，更名为国际物品编码协会IAN，但习惯上还称其为EAN。国际物品编码协会的成立，不但为建立全球性统一的物品标识体系提供了可靠的组织保证，同时也促进了条码技术在各个领域的应用。

3. 条形码的组成

一个完整的条码组成次序依次为：静区（前）、起始符、数据符、（中间分割符，主要用于EAN码）、（校验符）、终止符、静区（后），如图9－1所示。

图9－1　条码组成图

（1）静区。静区指条码左右两端外侧与空的反射率相同的限定区域，它能使阅读器进入准备阅读的状态，当两个条码相距距离较近时，静区则有助于对它们加以区分，静区的宽度通常应不小于6 mm或10倍模块宽度。

（2）起始/终止符。起始/终止符是指位于条码开始和结束的若干条与空，标志条码的开始和结束，同时提供了码制识别信息和阅读方向的信息。

（3）数据符。数据符位于条码中间的条、空结构，它包含条码所表达的特定信息。

（4）校验字符。在条码码制中定义了校验字符。有些码制的校验字符是必需的，有些码制的校验字符是可选的。校验字符是通过对数字符进行一种运算而确定的。

（二）条码的分类

（1）按照排列方式可以分为一维条码和二维条码（图9－2）。

(a)　　(b)

图9－2　条码分类图

（a）一维条形码；（b）二维条形码

传统的一维条码有：Code39条形码（标准39码）、Codebar码（库德巴码）、Code25条形码（标准25码）、Code128条码、ITF条码（交叉25码）、Matrix25条码（矩阵25码）、UPC－A条形码、UPC－E条形码、EAN－13条形码（EAN－13国际商品条码）、EAN－8条形码等。

由于一维条码所携带的信息量有限，在一定程度上限制了条形码的应用范围，在20世纪90年代发明了二维条码。二维条码有：PDF417码、Code49码、Code16K码、Date Matrix码等，主要分为堆积或层排列式和棋盘或矩阵式两大类。

下面介绍一些常用的一维条码。

① EAN码。EAN码（European Article Number）是国际物品编码协会制定的一种商品专用条码，全球通用。EAN码有标准版（EAN－13）和缩短版（EAN－8）两种，我们日常购买的商品包装上所印的条码一般就是EAN码。

EAN－13码由13位数字组成，最前面2位（欧共体12国）或前3位（其他国家）数字为国家或地区的代码，一般称为前缀码，用于表示商品来源的国家和地区，由国际物品编码协会（EAN）总部分配和管理，例如，690、691、692代表中国的商品；前缀码后4位或5位数字是商品制造商的代码；随后的5位数字是商品代码或商品项目代码，用以标识商品的特征及属性或具体商品项目；最后1位数字是校验码，用来防止机器发生误读，以提高数据的可靠性和准确性，如图9－3所示。

图9－3　EAN－13码图

EAN－8码是EAN－13码的压缩版，又称短码。它的前缀码与EAN－13码前缀相同，制造商代码和商品项目代码用5位或4位压缩后的数字表示，最后一位仍为校验码，用于包装面积较小的商品。与EAN－13码相比，EAN－8码没有制造厂商代码，仅有前缀码、商品项目代码和校验码，如图9－4所示。

图9－4 EAN－8码图

② UPC码。UPC（Universal Product Code）码是美国统一代码委员会制定的一种商品专用条码，主要用于美国和加拿大地区。

UPC码有5种版本，常用的商品条码版本为UPC－A码和UPC－E码。UPC－A码是标准的UPC通用商品条码版本，UPC－E码为UPC－A码的压缩版，如图9－5所示。

图9－5 UPC码图

（2）按照使用范围可以分为商品条码、物流条码（储运条码）和贸易单元条码。

① 商品条码。商品条码主要指EAN商品条码。

② 物流条码。物流条码是在物流过程中以商品为对象，以集合包装为单位使用的条码。主要用在商品的装卸、仓储、运输和配送过程中的识别符号，通常印在外包装上，用来识别商品种类及数量，也可用于仓储批发业的扫描结账。

商品条码和物流条码应用的区别见表9－1。

表9－1 商品条码和物流条码应用的区别

类别＼应用	应用对象	包装形状	应用领域
商品条码	向消费者销售的商品	单个商品包装	POS系统、补货、订货管理
物流条码	物流过程中的商品	集体包装	运输、仓储等物流环节

常见的物流条码包括如下几种：DUN－14码、DUN－16码和加长码。

③ 贸易单元条形码。贸易单元条形码是在物流的配送过程中，将商品的生产日期、有效日期、运输包装序号、重量、体积、尺寸、发出地与送达地址等重要信息加以条码化，以便将这些重要信息快速扫描输入计算机系统。例如，UCC/EAN－128条码，如图9－6所示。

(00) 3 5412345 123456789 2 (420) 1000

A B C D E F G

图 9-6 UCC/EAN-128 条码

（三）条形码识读设备

条形码识读设备是用来读取条形码信息的设备。它使用一个光学装置将条码的条、空信息转换成电流信息，再由专用译码器翻译成相应的数据信息。条码识读设备一般不需要驱动程序，接上后可直接使用。条码设备从原理上可分为光笔、CCD 和激光 3 类。从形式上有手持式、小滚筒式和平台式，如图 9-7 与图 9-8 所示。

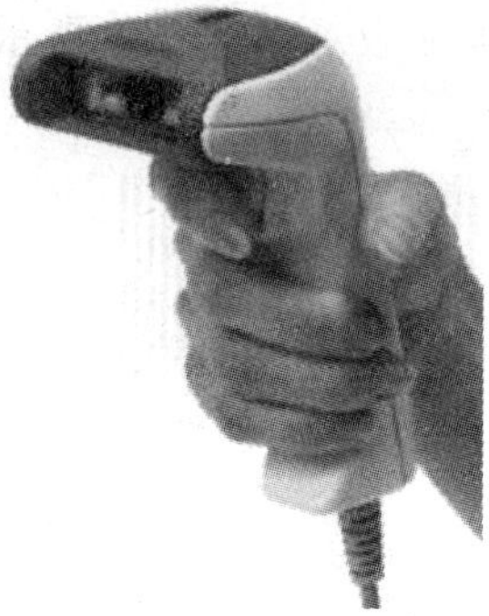

图 9-7 手持式条码扫描器

图 9-8 平台式条码扫描器

（四）条码技术的优点

条码是迄今为止最经济实用的一种自动识别技术，具有以下的特点。

1. 采集数量大

利用传统的一维条码可以一次采集几十位字符的信息，二维条码更可以携带数千字符的信息。

2. 输入速度快

条码输入是键盘输入的 5 倍，并能实现即时数据输入。

3. 可靠性高

键盘出错率为 1/300，采用条码技术误码率低于百万分之一。

4. 灵活实用

条码标识既可以作为一种识别手段单独使用，也可以与有关识别设备组成系统实现自动化识别，还可以与其他控制设备连接起来组成自动化管理。

5. 易于制作，设备简单

条码可印刷，称为“可印刷的计算机语言”。条码易于制作，对印刷技术设备和材料无特殊要求。

条码符号识别设备的结构简单、操作容易，无须专门训练。

（五）条码技术在仓储中的应用

1. 装卸搬运管理

装卸搬运是仓储中一重要的环节，由于货品种类繁多，信息量大，包装规格不同，且经常不能确定条码标签的方向和位置，因此对条码技术提出较高的要求。一是必须保证扫描器每秒扫描的次数，并能够进行数据重组，保证得到完整的信息；二是由于装卸搬运的自然环境一般较差，因此，要保证扫描器在较高和较低温度下都能够正常工作，保证扫描器的使用寿命；三是要通过条码显示的信息，将装卸搬运货物与作业单的信息进行进一步的核实，提高装卸搬运的准确性。

2. 仓储管理

条码方案可对仓库中的每一种货物、每一个库位做出书面报告，可定期对库区进行周期性盘存，并在最大限度减少手工录入的基础上，确保将差错率降至零，且高速采集大量数据。一是根据货物的品名、型号、规格、产地、牌名、包装等划分货物品种，并且分配唯一的编码。二是将仓库分为若干个库房。每一个库房分若干个库位，明确定义存货空间。按仓库的库位记录仓库货物的库存，在产品入库时将库位条码号与产品条码号一一对应。三是通过采集入库、出库、移库和盘库数据，使仓库货物库存更加准确。

3. 配送中心管理

配送中心的主要功能就是完成对商品的筛选、包装和分拣工作。配送中心管理最典型的模式是沃尔玛的配送中心。在配送中心，条码技术无处不在：一是在商品进入配送中心时进行信息采集，完成对商品的筛选；二是根据配送要求，对商品进行重新分包、分拣，并打印新的条码；三是根据订单，对同一批货物集中包装，再次打印新的条码，送运。每一次信息的采集都及时输入中心计算机，中心对每一单配送进行实时监控，确保配送的准确性和及时性。

二、射频识别技术

（一）射频识别技术概述

1. 射频识别技术定义

射频识别技术（Radio Frequency Identification，RFID）是20世纪90年代开始兴起的一种非接触式的自动识别技术，又称为电子晶片、非接触卡、电子标签、电子条码等。RFID射频识别通过射频信号自动识别目标对象并获取相关数据，识别工作无须人工干预，可工作于各种恶劣环境。RFID技术可识别高速运动物体，并可同时识别多个标签，操作快捷、方便，如图9－9所示。

图 9－9 RFID 技术图

2. 组成部分

标签：由耦合元件及芯片组成，每个标签具有唯一的电子编码，附着在物体上标识目标对象。阅读器：读取（有时还可以写入）标签信息的设备，可设计为手持式或固定式。天线：在标签和读取器间传递射频信号的设备。

3. 基本工作原理

RFID 技术的基本工作原理并不复杂：标签进入磁场后，接收解读器发出的射频信号，凭借感应电流所获得的能量发送出存储在芯片中的产品信息（Passive Tag，无源标签或被动标签），或者由标签主动发送某一频率的信号（Active Tag，有源标签或主动标签），解读器读取信息并解码后，送至中央信息系统进行有关数据处理，如图 9－10 所示。

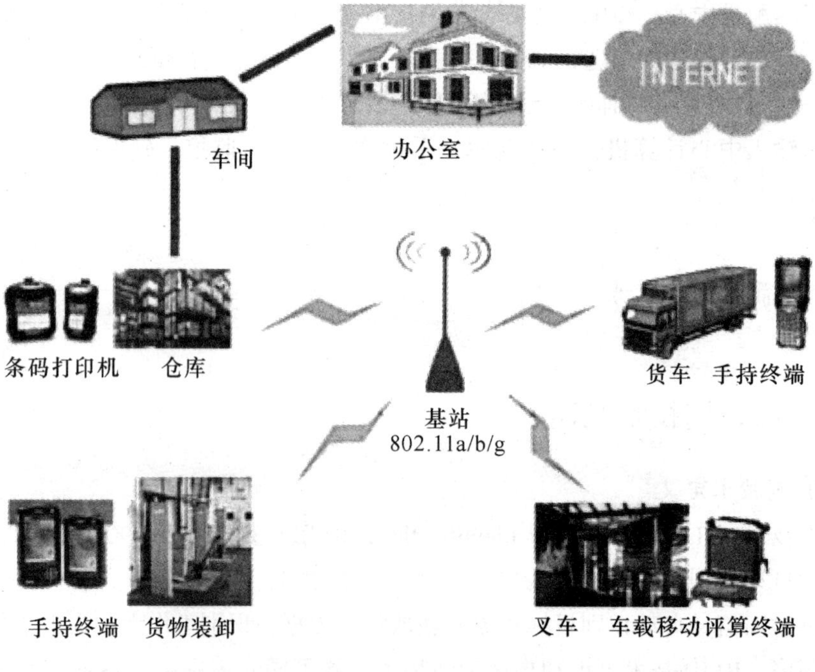

图 9－10 RFID 工作简图

（二）RFID 技术的特点

1. RFID 技术的优点

RFID 最突出的特点是：可以非接触识读（识读距离可以从 10 cm 至几十米），不需要光源，甚至可以透过外部材料读取数据；抗恶劣环境能力强，不怕油渍、灰尘等恶劣的环境，一般污垢覆盖在标签上不影响标签信息的识读；可以同时识别多个对象等。

2. RFID 技术的缺点

RFID 技术也有不足，表现在：RFID 在单体低价物品上的使用会导致成本增加，如果在牙膏、刀片、口香糖之类的小物件上使用，很有可能超过物品本身价值，同时，零售商还需要采购大量的配置设备；目前行业标准及相关产品标准还不统一、电子标签迄今为止也还没有正式形成一个统一的国际标准；虽然电子标签的单项技术已经趋于成熟，但射频识别技术还不够成熟；当前广泛使用的无源 RFID 技术还没有非常可靠的安全机制，无法对数据进行很好的保密，容易在读或写数据的过程中被黑客利用。

无论如何，RFID 技术还是代表了自动识别技术的最新发展方向，随着上述问题的逐渐解决，必将应用在更广泛的领域。

（三）RFID 技术在物流领域的应用

在物流管理中应用 RFID 技术可以提高整个供应链的透明度，改善物流管理水平，提高物流运作效率，节约管理成本，降低劳动强度。

1. 在仓储管理中的应用

（1）物品识别。在物品管理系统中，管理区域中要管理的物品都有非接触式电子标签，在通向管理区域的通道部分中安装能与非接触式电子标签通信的通道无线电通信单元。将 RFID 系统用于智能仓库货物管理，能有效地解决与货物流动有关的信息管理，不但增加了处理货物的速度，还可监视货物的一切信息。

（2）节约管理成本，提高管理水平。在仓储管理中，一般将读写器安装在仓库门口，RFID 系统可以自动记录出入库信息，入库时 WMS 会给一个最佳的存储位置。仓储管理中心可以随时了解货物位置、货物储存情况，节约管理成本。还可以监视货物的一切信息，从而提高仓储管理效率与水平。

（3）加强货物的出入库管理。当货物进入仓库中心时，收货处的读写器自动读取运输车辆及车辆上货物标签信息，并将读取到的数据疏导到中心计算机系统进行数据处理，同时打印出货清单。当货物出库时，出口处的读写器也会读取货物标签信息。

2. 在交通运输领域的应用

高速公路自动收费系统是射频识别技术最成功的应用之一。RFID 技术应用在高速公路自动收费上，能够充分体现它非接触识别的优势——让车辆通过收费站的同时自动完成收费。

3. 火车和货运集装箱的识别

火车是按既定路线运行的，通过铁路沿线设定的读写器读到的数据，能够得到火车的实时信息及车辆内物品的信息。

三、便携式数据终端

近年来便携式数据终端（PDT）的应用越来越多。PDT 可把那些采集到的有用数据存储起来或传送至一个管理信息系统。把它与适当的扫描器相连，可以有效地用于许多自动识别应用中。PDT 一般包括一个扫描器、一个体积小但功能很强并带有储存器的计算机、一个显示器和供人工输入的键盘，如图 9－11所示。

图 9－11 便携式数据终端

任务二 仓储管理信息系统

任务导入：

现代物流企业中，仓储不仅被看成是形成附加值过程中的一部分，而且也是企业成功经营的一个关键。仓储是企业连接供需双方的桥梁。随着计算机的普及和互联网的快速发展，很多原来需要人工管理的领域都已经被相应的管理系统所取代，在仓储领域也是如此，仓储管理系统为仓储功能的高效完成提供了保证。

知识解析：

一、仓储管理信息系统概述

仓储管理系统（Warehouse Management System，WMS）是现代仓储业进行货物管理和处理的业务操作系统，是用来管理仓储中的人员、库存、工作时间、订单和设备等在仓库中的活动，对货物的进货、检验、上架、出货、转仓、盘点及其他库内作业的管理系统。

WMS 在 20 世纪 70 年代中期问世，发展迅速。现今的 WMS 可以实现本地的一个仓储的精细化管理；也可以实现制造企业、物流企业、连锁业在全国范围内、异地多点仓库的管理；它可以对货物储存和出货等进行动态安排、可以对仓储作业流程的全过程进行电子化操作；可以与客服中心建立数据接口使客户通过互联网实现远程货物管理，可以与企业的 ERP 系统实现无缝连接；可应用于各行业的单体仓库精细化管理；可应用于制造企业、物流企业、流通业及其他特殊行业的全国范围内异地仓库的管理。

WMS 按照常规和用户自行确定的优先原则来优化仓库的空间利用和全部的仓储作业。

一方面，它通过电子数据交换等电子媒介，与企业的计算机中心联网，由中心下达收货和订单的原始数据；另一方面，它通过无线网络、手持终端、条码系统和射频数据通信等信息技术与仓库的员工联系。这两方面相互作业，传达指令，反馈信息，更新数据库，并生成所需的条码标签和单据文件。

二、WMS 的功能

尽管仓库的类型很多，如储存性仓储、流通仓储、配送中心仓库等，但不同类型的仓储都可以归纳为如下的基本功能。

（一）货物的识别和跟踪

在仓储管理信息系统中，跟踪功能是最基本的最重要的功能，信息的跟踪可决定货物的流向。货物进入入库状态后，可使用设备进行识别并将信息传给计算机；货物开始移动后，计算机也能跟踪到货物的移动信息。

（二）出入库作业的信息管理

出入库作业的信息管理包含两方面内容：一是对货物的信息管理，包括货物名称、内容、数量和储存位置等信息；二是对货位信息进行管理，即货位管理系统，这包括了货位使用情况及空货位报表等，可以作为货位分配的参考。

（三）库存信息管理

库存信息管理包括库存数量控制和库存量规划，以减少因库存积压过多而造成的利润损失。它包括货物的分级分类、经济订货批量、订货时间确定、库存跟踪和库存盘点作业等。

（四）绩效管理

仓库的盈利状况除了与各项经营策略的正确制定与实际计划的执行相关外，还需具有良好的信息反馈作为政策、管理及实施方法修正的依据。绩效管理包括作业人员管理、客户关系管理、订单处理、仓库利用率评估、货物保管率评估和设备使用率评估等。

三、WMS 的基本架构

一个完整的仓储管理系统应包括以下功能模块：仓储业务受理模块、入库作业管理模块、库存管理模块、财务结算模块等。仓储管理系统功能结构如图 9－12 所示。

仓储人员根据仓储业务申请，进行仓储业务的受理操作，为入库管理做准备。仓储业务受理模块登记客户对货物储存业务的相关信息，以便管理人员作出合理的仓储管理方案。模块包含客户信息、货物名称、存货性质、存货重量、存货体积、入库日期、出库日期等信息。

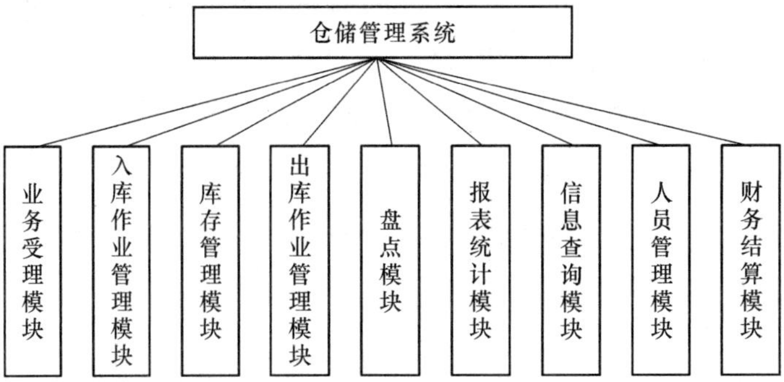

图 9-12 仓储管理系统功能结构

1. 入库作业管理模块

货物到达站台，收货员将到货数据由射频终端（Radio Frequency Terminal）传到 WMS，WMS 随即生成相应的条码标签粘贴（或喷涂）在收货托盘（或货箱）上，经扫描，这批货物即被确认收到，再由 WMS 指挥进库储存。

WMS 按最佳的储存方式选择空货位，通过叉车上的射频终端，通知叉车司机并指引最佳途径，抵达空货位时扫描货位条码。货位就位后，再扫描货物条码，WMS 即确认货物已储存在这一货位，可供以后订单发货。

WMS 在自动计算最佳上架货位的基础上，支持人工干预，提供已存放同品种货物的货位及剩余空间，并根据避免储存空间浪费的原则给出建议的上架货位，并按优先度排序。

2. 库存管理模块

负责各种物料的收发存管理，实时处理入库作业管理系统、出库作业管理系统提供的数据，随时更新库存信息以反映库存动态变化。该功能模块包括收发存管理、库存状况分析、ABC 分类管理和呆滞物料管理等子模块。

收发存管理提供某段时间内库存物流的信息状况，随机显示和打印当前的库存量等信息；库存状况分析提供库存中现有量、计划收到量、已分配量、可用量等库存信息；ABC 分类管理对库存的货物进行分类管理；呆滞物料管理提供库存积压货物的品种、数量及积压金额，便于采取措施进行处理。

3. 出库作业管理模块

仓库管理员根据客户的实际需求和实际库存情况，提前做好出库准备。一旦确定出库后，以最快的速度生成出库货物明细通知单，同时修改仓库信息和配送业务信息或运输业务信息，完成出库作业，并对出库申请进行审核，以保证出库货物的准确无误。

其他功能模块主要包括：

（1）盘点模块。该模块显示品名规格、品牌、批号、前期库存、本期入库、本期退库、本期退货、现库存等信息。

（2）报表统计模块。此模块实现了对入库和出库数据的统计，包括对仓位汇总、费用汇总和库存汇总等的统计功能，并可打印输出查询结果。

（3）信息查询模块。该模块可以查询所有物品信息，包括曾经存放过的和现在存放在仓库中的物品信息。为了查询数据的方便，本模块支持按物品名称、物品编码、生产厂商名称、生产厂商代码查询、数据动态实时更新。

四、WMS 在管理中的作用

仓储管理是物流作业管理的核心。仓储管理系统（WMS）的建设历来被人们所重视。在整个仓储中心的运作中，信息流一直伴随着各项物流活动及其他行政支持活动的进行。如何规划仓储中心信息系统的功能需求，并建立其功能构架是仓储中心规划与实践的关键。

随着经济的发展，经营模式发生着巨大的变化，仓储中心作为供货商与销售商之间的纽带，具有订单处理、仓储管理、流通加工、拣货配送等功能，成为流通过程中的重要物流节点。许多仓储中心甚至拥有最终渠道、采购、产品设计及开发品牌，并且在开拓市场、寻找客源方面为客户提供了更加广泛的服务。仓储中心这些功能的实现，其核心是信息系统的建立。因此可以说，物流信息系统是仓储中心的灵魂，物流信息系统的构建是仓储中心发挥作用的关键，信息化作为现代物流的一个基本特征，已成为仓储中心提高物流服务水平、获取竞争优势的重要手段之一。这也是现代仓储中心越来越重视建设自己的物流信息系统的重要原因。

（一）WMS 能指示最优储存库位，节约仓库空间

WMS 通过序列号、日期、库区和货箱等综合数据追踪货物，利用这些信息指示工人上架、补货、取货，从而达到库存在仓储需求的基础上以最理想的方式自动地周转、合并。

（二）WMS 能实时在线更新仓储数据

平稳的物流作业要求存货信息的准确度最好在99%以上，而 WMS 能保证仓储管理中货物从入库开始到出库结束的整个过程中，各作业环节的信息都在系统的准确调度、使用、处理和监控之下。由于仓储操作的每一个环节都有精确、快速的数据更新，仓库中人员、设备的流动不会因为信息传递的滞后而出现等待货物、等待任务和设备空转的状态，仓库内部的流动速度大大提高。

（三）WMS 可以整合人力资源，进行集中管理

WMS 通过无线终端实时向工人发出工作指令，系统随时掌握工人当前所处位置，以最经济、高效的方式，精确地指挥他们从一个库位转移到另一库位，工作效率大幅提高。

案例分析：

京东智能物流

京东物流隶属于京东集团，京东物流通过布局全国的自建仓配物流网络，为商家提供一体化的物流解决方案，实现库存共享及订单集成处理，可提供仓配一体、快递、冷链、大件、物流云等多种服务。京东物流作为中国电商物流的典型代表，在智慧物流的探索和应用

上一直走在行业前端，打造了中国乃至全球智慧物流的“新样本”。

一、京东上海“亚洲一号”

京东立志将自动化运营中心打造成亚洲范围内B2C行业内建筑规模最大、自动化程度最高的现代化物流中心。因此，京东将该项目定名为“亚洲一号”。京东计划在北京、上海、广州、沈阳、成都、武汉等地投资新建“亚洲一号”，构建覆盖全国的自营现代化运营体系。

京东上海“亚洲一号”2014年10月正式投入使用，是国内最大、最先进的电商物流中心之一。上海“亚洲一号”也向第三方商家提供仓储服务。硬件方面，上海“亚洲一号”拥有自动化立体仓库（AS/RS）、自动分拣机等先进设备；软件方面，仓库管理、控制、分拣和配送信息系统等均由京东公司开发并拥有自主知识产权，整个系统均由京东公司总集成，目前90%以上操作已实现自动化，自建物流是京东的核心竞争力之一。

1. “亚洲一号”特点

（1）所有的商品集中存储在同一物流中心的仓库内，减少跨区作业，提升客户满意度、降低成本。

（2）快速完成商品的拆零拣选，合并属于同一订单的商品。

（3）自动化设备进行订单快速分拣，确保分拣效率和准确性。

2. “亚洲一号”项目关键物流设备

（1）货到人系统：用于对纸箱、周转箱等容器进行自动化存取、搬运并可实现货物到人的拣选技术。

（2）AS/RS系统：自动化立体仓库系统，高密度存储形式，能够充分利用存储空间。

（3）交叉带分拣机系统：高速自动化分拣系统，适用于中、小件型的包裹分拣，最大化降低人员投入，提高分拣效率。

（4）AGV系统：自动引导小车（AGV），替代了人工模式的搬运重物和重复常规的物料搬运工作，能够和机器人、自动化立体仓库等联合作业。

（5）阁楼货架系统：一种充分利用空间的由钢结构搭建而成的多层货架系统，员工在巷道内拣货。“亚洲一号”的部分项目中，采用四层阁楼货架系统，增加可用拣选面积，同时最大化利用了存储空间。

（6）输送系统：“亚洲一号”各物流中心内使用了大量的输送线以减少货物搬运量，减轻人员的劳动强度，提升自动化水平。

二、京东无人仓

2017年10月京东物流首个全流程无人仓亮相，这是全球首个正式落成并规模化投入使用的全流程无人的物流中心。京东无人仓位于上海市嘉定区的仓储楼群，属于上海“亚洲一号”整体规划中的第三期项目，建筑面积40 000 m^2。继2017年6月武汉亚一小件无人仓、华北物流中心AGV仓、2017年7月昆山无人分拣中心投入使用以后，京东物流再次向业界展示了其在智慧物流领域全球领先的水平。京东全流程无人仓实现了从入库、存储、包装、分拣的全流程、全系统的智能化和无人化，对整个物流领域而言都具有里程碑意义。

什么是全流程，简单的介绍就是说，不管是入库、存储、包装、分拣的全流程、全系统的智能化和无人化。

1. 京东无人仓中的分拣机器人

京东无人仓物流中心主体由收货、存储、订单拣选、包装四个作业系统组成，存储系统由8组穿梭车立库系统组成，可同时存储商品6万箱。在货物入库、打包等环节，京东无人仓配备了3种不同型号的六轴机械臂，应用在入库装箱、拣货、混合码垛等环节的操作。

另外，在分拣场内，京东引进了3种不同型号的智能搬运机器人执行任务；在5个场景内，京东分别使用了2D视觉识别，3D视觉识别以及由视觉技术与红外测距组成的2.5D视觉技术，为这些智能机器人安装了“眼睛”实现了机器与环境的主动交互。无人仓的日处理订单量，可以超过20万单。

2. 京东无人仓智能设备覆盖率100%

无人仓则是京东在智能化仓储方面的一次大胆创新，其自动化、智能化设备覆盖率达到100%，可以应对电商灵活多变的订单的业务形态。这与原有的“亚洲一号”能够长期持续的消化巨量的订单的风格形成了高效有序的互补。

京东无人仓，引入了目前业内最先进的大型设备，如何让这些来自不同提供商的先进设备能够适应京东的应用场景并发挥最大的价值。京东物流基于在智慧物流领域强大的技术实力对这些设备进行了软件系统的集成，天衣无缝地实现了不同硬件系统的对接，确保这些设备能够适应京东极其复杂的业务场景和潮汐式的订单波动。

3. 智能算法精确推荐包装材料

京东无人仓的系统中应用了包装材料的算法推荐，可以实现全自动体积适应性包装。简单来说，京东物流的仓内打包环节中，需要使用不同尺寸的纸箱，由于商品的大小体积规则不一，人工打包难免会出现“小商品大包装”或者“大商品小包装”以至于造成包装过度或者纸箱破损的情况，而有了系统的推荐和全自动打包系统，这个问题就大大缓解了。数据显示，中国快递行业一年消耗纸箱超过100亿个。而智能耗材算法推荐可以保证纸箱、包装袋等包装物的精确使用，让每一厘米纸箱都能发挥它的价值。

京东无人仓将无人化带入到仓储中心的全流程操作场景，无人仓集成了视觉验收、自动码垛、自动分拣、耗材智能算法推荐等领先技术，这在电商物流行业是一次突破性的创新，极大地带动了物流效率的提升。

请回答：

京东智能物流给我们带来的启示有哪些?

任务三 配送管理信息系统

任务导入：

发达国家的流通状况存在的问题是物流分散，生产企业自备车辆出行混乱；道路拥挤，运输效率低而流通费用上升。这种形势要求采用现代化的物流技术，从而提高物流合理化程度。美国企业界将物流中的装卸、搬运、保管、运输等功能一体化和连贯化，取得了很大的成效。日本企业界在发展物流中心和物流园区的同时，积极推行“共同配送制度”。

知识解析：

配送是指在经济合理区域范围内，根据客户要求，对物品进行拣选、加工、包装、分割、组配等作业，并按时送达指定地点的物流活动。配送是物流中一种特殊的、综合的活动形式，是商流与物流紧密结合，包含了商流活动和物流活动，也包含了物流中若干功能要素的一种形式。

配送管理信息系统是指对配送的进货、验收、入库、上架、拣货、加工、包装、配货、出货检验、装货、运输等的信息数据进行分析和处理的管理信息系统。

一、系统功能模块介绍

（一）线路管理

客户管理中，需要对提供运输服务的客户提供线路报价，而这个线路可能就是将来的配送线路，在配送业务中维护的线路数据可以在这里进行查询，也可以直接在此维护已确定的配送线路，总之如果要按配送线路计算运输费用，那么商务人员对客户进行运输报价之前一定要先确定线路数据，如图 9－13 所示。

图 9－13　线路管理

（二）客户管理

在物流公司，按费用属性来区分，通常分为两类：应收客户和应付客户。应收客户又主要包括物流公司的服务对象，而应付客户主要是物流公司的第三方合作伙伴。按具体业务来区分，应收客户主要包括：仓储客户（综合型的客户，要求提供全方位物流服务）、运输客户（只需要提供运输服务的客户）等；而应付客户包括：装卸公司、报关公司、承运公司等。图 9－14所示为系统的客户合约页面。

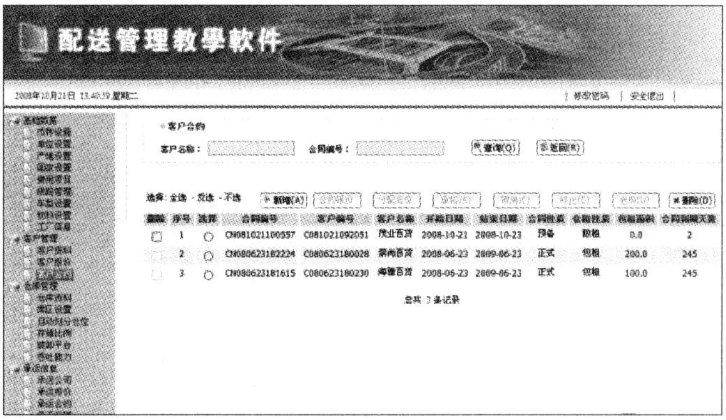

图 9－14　客户合约

（三）仓库管理

1. 库区设置

图 9－15 所示为系统的库区设置页面。

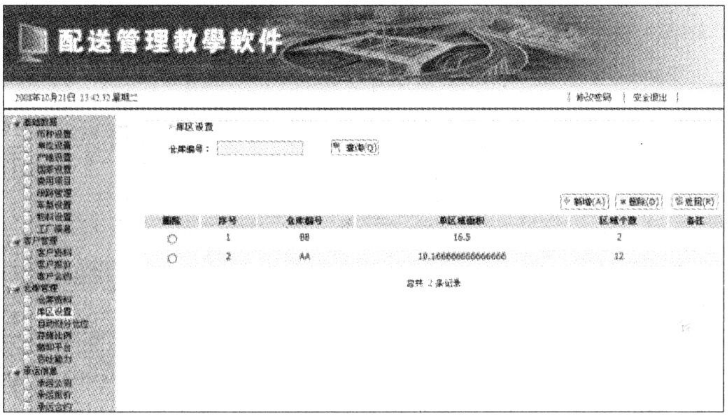

图 9－15　库区设置

2. 自动划分仓位与仓位预览

图 9－16 所示为系统的自动划分仓位页面。

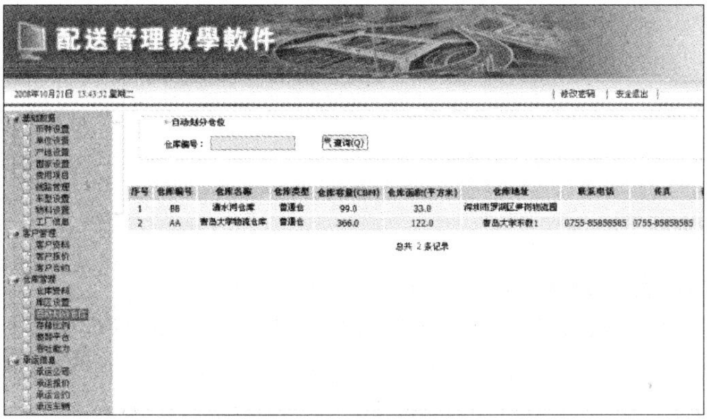

图 9－16　自动划分仓位

图 9－17 所示为系统的仓位预览页面。

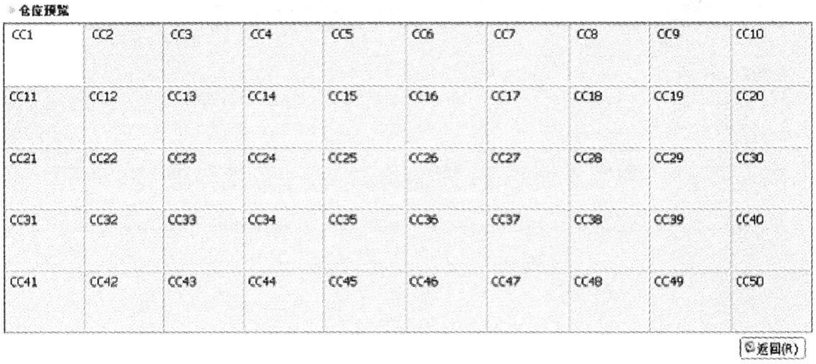

图 9－17　仓位预览

3. 装卸平台

仓库基本信息中跟吞吐能力有关的主要数据：仓库的最大容量以 CMD（立方米）计装卸平台的能力数据；每个装卸平台（仓库的装卸口）确定属于某一仓库，一个仓库可以有一个或多个装卸平台；装卸平台通常情况下可以分为三类：大型货柜车装卸平台，中型吨车装卸平台和一般吨车装卸平台；每一个装卸平台有一个高度和宽度；每个各自的装卸率（即该装卸口单位时间的流量），这个装卸率是已经考虑装卸口货物滞留等因素的一个平均效率。

装卸平台信息的维护界面如图 9－18 所示。

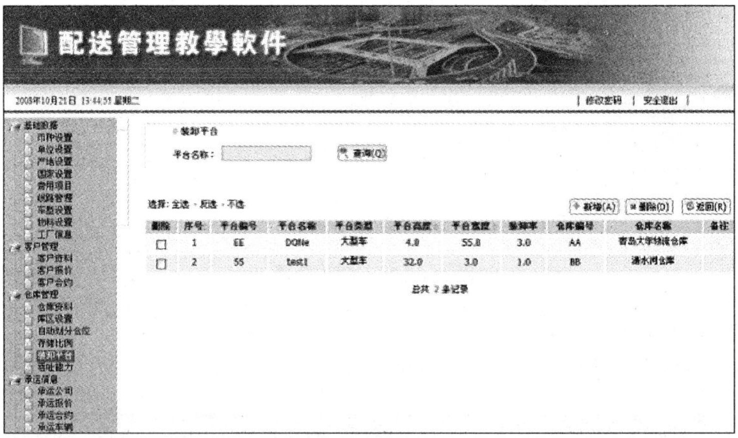

图 9－18　装卸平台

4. 吞吐能力

维护装卸平台信息，是为了计算仓库的吞吐能力。输入装卸作业量及装卸车辆类型，系统可以测算出：

① 作业量的设置是否合理；

② 车辆是否能在选定的仓库进行装卸；

③ 要在规定时间内完成装卸工作，需要哪几个适合的装卸口打开；

④ 在最短时间内完成装卸工作，需要哪几个适合的装卸口打开；

⑤ 在耗费人力最少的要求下完成装卸工作，选择哪一个装卸平台。

操作界面如图 9－19 所示。

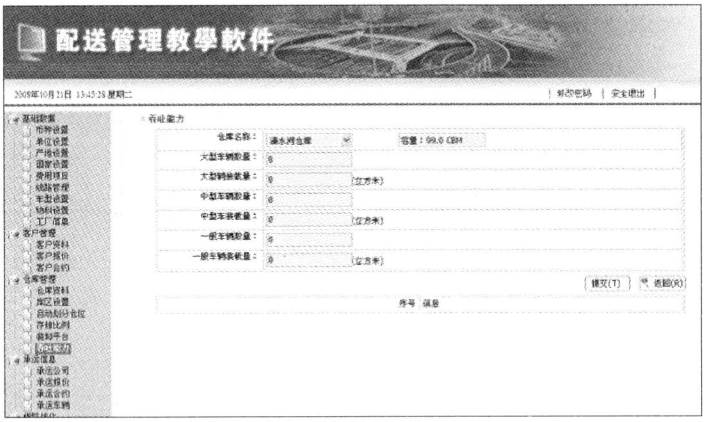

图 9－19　吞吐能力

（四）承运信息

类似于客户合约、承运合约只允许修改合约的开始日期、结束日期，报价的开始日期、结束日期；根据承运公司名称查询承运公司。其操作界面如图 9－20 所示。

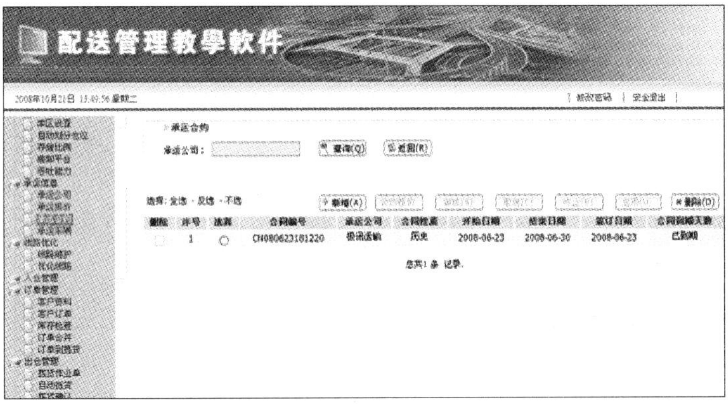

图 9－20　承运合约

（五）线路优化

主要针对干线公路运输的线路优化。干线运输不同于城市配送，它所涉及的范围更广泛，主要是大批量、少批次的运输，在这个运输过程中，同样存在如何降低成本、如何提高效率等问题。在实际中管理者重点关注两个方面的问题：成本问题、及时性问题。所以系统确定两个原则：成本原则和时间原则，线路优化的结果可以为物流公司运输线路报价提供参考。

对于确定两点的一条干线，做公路运输时，可能存在多种线路，走高速、走国道、走县乡道等。而这几种线路，从起点到目的地，路程不一样，过路过桥费不一样，根据线路及车辆，计算走每一条线路需要花费多少时间，花费多少费用，再根据选择的优化原则，选择一条满足原则的线路。

图 9－21 所示为系统中的线路维护页面。

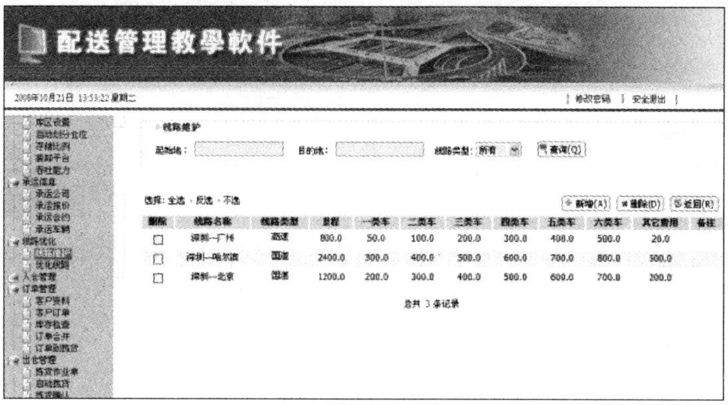

图 9－21　线路维护

（六）入仓管理

入仓的过程是比较复杂的，首先我们收到客户的入仓货物清单和订车单，然后在系统里面打印出货物清单交给仓管员，同时将订车单转给运输部门，进行车辆的调度。货物到达，需要卸载货物，检查货物是否无误，确认无误之后才可以将货物放到某仓位。一切处理完毕，入仓完成。

根据这个流程，系统将入仓分为入仓作业、订车作业、卸车作业、验货作业、安排仓位和入仓确认 6 个步骤。

（1）入仓作业：入仓作业主要是将本次入仓的资料录入处理，打印出部件清单，以供仓管员验货核对。

（2）订车作业：订车作业是将客户的订车单传给运输部门，以便安排车辆（也可以客户自己安排车辆）运输。

（3）卸车作业：卸车作业过程中，系统会自动计算出本批货物的总体积和总重量，然后计算出卸车的工作量，从而产生卸车费用。

（4）验货作业：验货作业是用于记录货物入仓时的情况，验货员可以根据实际情况记录货物正常或异常情况等。

（5）安排仓位：由于安排仓位需要和实际的操作经验相结合，因此仓管员将货物分配到具体的仓位之后，操作员再负责将该仓位进行录入。

（6）入仓确认：入仓确认之后本次入仓的货物才会加入到系统数据里面，即入仓确认之后才可以在系统里面查询或操作本次入仓的货物。

注意：以上 6 个步骤中，入仓资料、配车、确认为配送部门的处理程序，而卸车、验货、分配仓位为仓储部门的处理程序。

1. 入仓作业单

图 9－22 所示为系统中的入仓作业单。

2. 订车作业单

货物入仓前的运输有两种情况：第一种是客户提供订车单，委托本公司运输。本公司可以安排自己的车辆承运或选择外包的运输公司进行承运。第二种是客户自己运输。系统会根据货物的数量联系物料资料计算出本次入仓的总体积和总重量，然后根据计算出的数据安排车辆为何种吨车或柜车，然后将订车单传到运输部门进行具体的车辆调度操作。

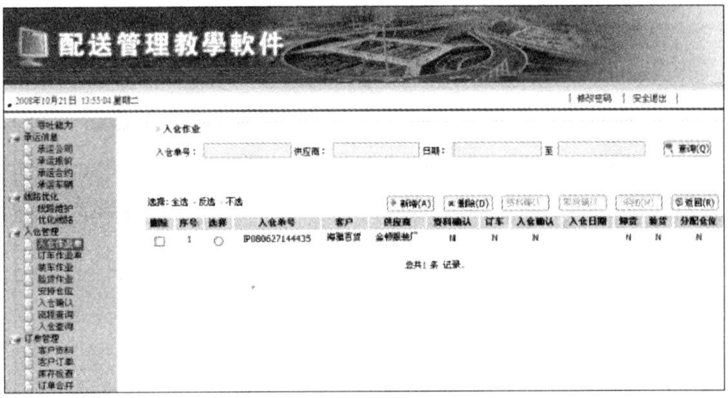

图 9－22　入仓作业单

订车作业单如图 9－23 所示。

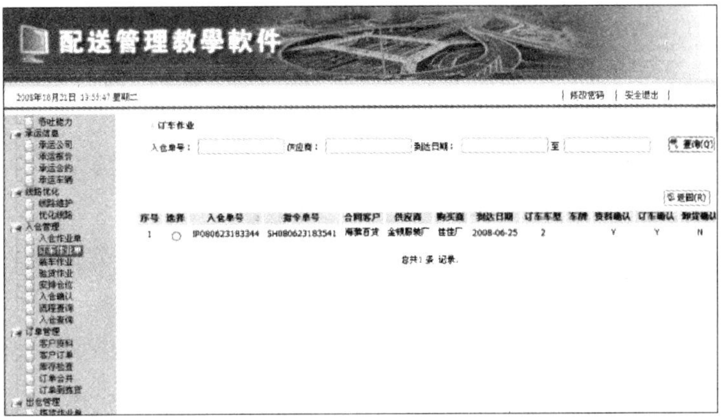

图 9－23　订车作业单

3. 卸车作业

卸车作业如图 9－24 所示。其中包括验货作业，验货作业如图 9－25 所示。

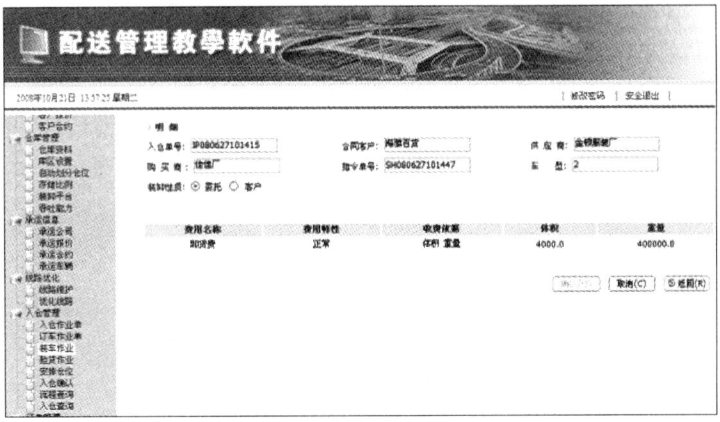

图 9－24　卸车作业

4. 安排仓位

图 9－26 所示为系统中的安排仓位页面。

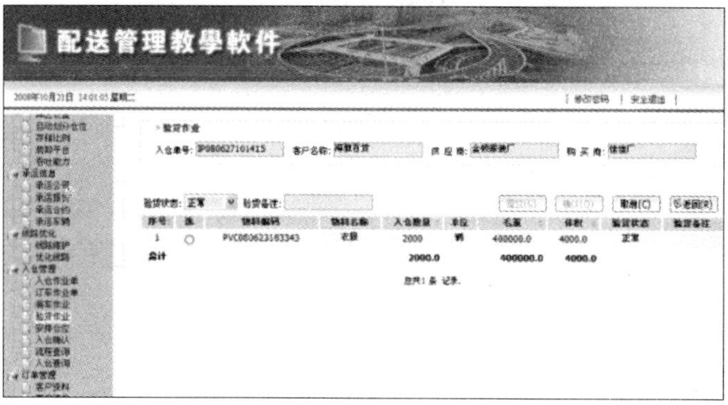

图 9 – 25　验货作业

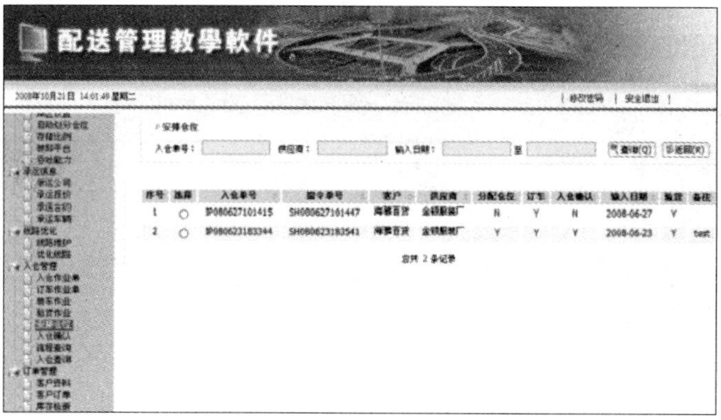

图 9 – 26　安排仓位

（七）入仓确认

配送中心处理入仓作业单、订车作业单，运输部门安排调度，仓储部门完成装卸、检验和安排仓位。这些入仓流程之后，业务流回到配送中心，同时过程中产生的单证也回到配送中心，至此入仓操作已基本完成，但是入仓的货物资料还没有加入到数据库中，即现在系统认为没有该批货物在库。需要在本模块对入仓的所有流程进行确认审核，这些数据才会加入到数据库，才可以在系统里面对这批货物进行查询、出库等操作。

图 9 – 27 所示为系统中的入仓确认页面。

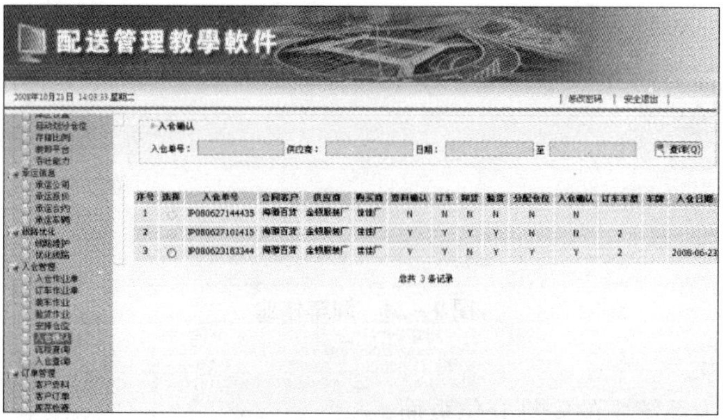

图 9 – 27　入仓确认

（八）出仓管理

1. 拣货确认

图 9－28 所示为系统中的拣货确认页面。

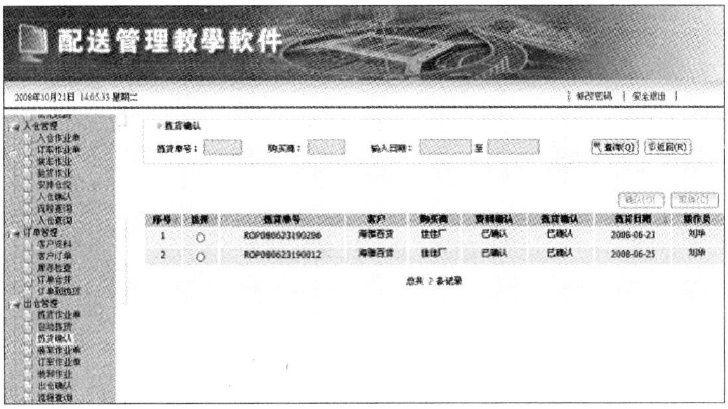

图 9－28　拣货确认

2. 装卸作业

货物准备好之后，需要装货上车。本模块主要就是记录装卸工作量，并计算装卸费用，如图 9－29 所示。与入仓装卸一样，出仓装卸也有装卸性质和付款性质的区别，其具体意义与入仓装卸一样，详情请参看入仓装卸。

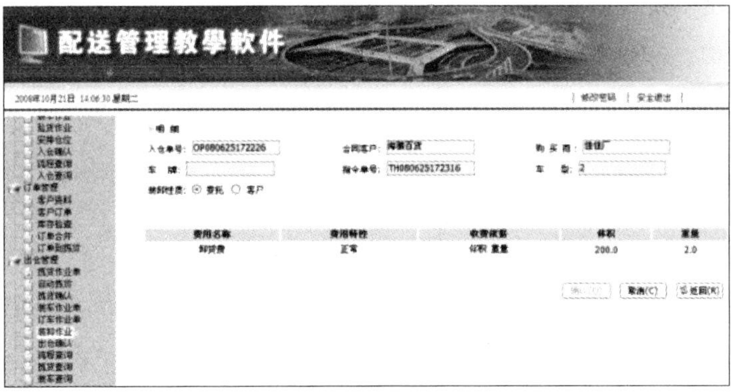

图 9－29　装卸作业

（九）车辆调度

车辆调度管理包括车辆查询（车辆基本信息以及目前状态的查询）；订车处理（新增、修改、删除定车单，查询、确认订车信息）；调度配载（车辆状态、位置的查询；托运操作的执行和确认；托运单据、货物清单的打印）；费用处理（运输费用的录入、确认以及查询）。

1. 订车处理

订车来源分为两类：运输公司自主订车和配送部门订车。订车单有两种状态：已确认和未确认。其他部门产生的订车均为未确认，要求运输公司确认，原则上运输公司不能修改其他部门的订车要求，为方便操作，系统允许运输公司修改，如图 9－30 所示。

图 9－30　订车处理

2. 调度配载

图 9－31 所示为系统中的调度配载页面。

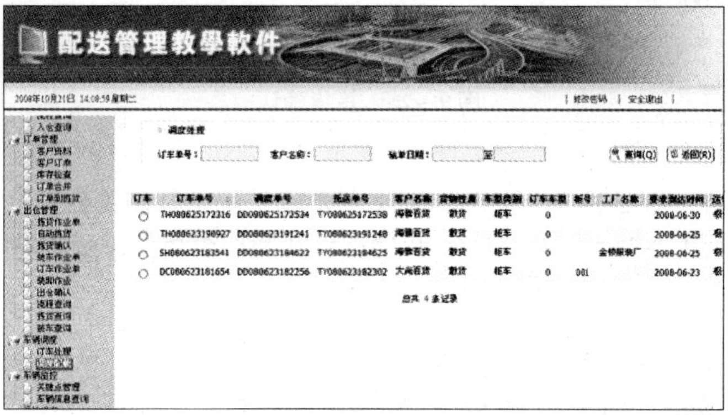

图 9－31　调度配载

（十）车辆监控

由于车辆监控调度是物流环节一个重要的环节，在没有 GPS 车载硬件设备相配合的情况下，软件设计了车载模拟监控模块，该模块具有以下功能：通过综合物流系统直接对模拟车辆发送监控调度指令；通过物流系统查询车辆的最新状态（车辆当前所在位置、车辆载货、车辆是否闲置等）；避免重复分配车辆。

图 9－32 所示为系统中的关键点管理页面。

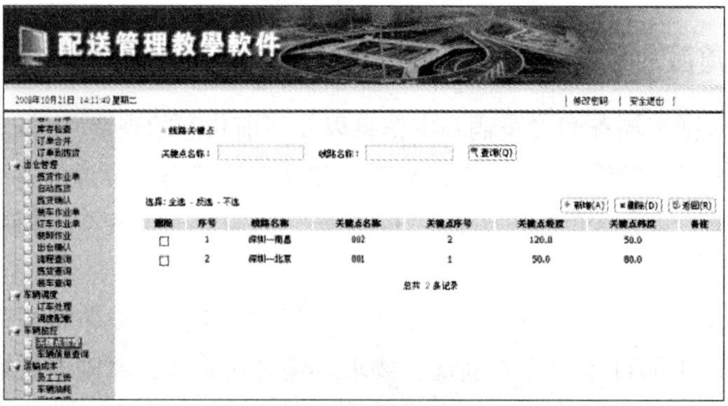

图 9－32　关键点管理

二、配送管理信息系统的作用

（一）进行业务管理

进行业务管理主要用于物流配送中心的入库、验收、分拣、堆码、组配、发货、出库、输入进（发）货数量和打印货物单据等的管理，便于仓库保管人员正确进行货物的确认。

（二）进行统计查询

进行统计查询主要用于物流配送中心的入库、出库、残损及库存信息的统计查询，可按相应的货物编号、分类，便于供应商、客户和仓库保管人员进行统计查询。

（三）进行库存盘点

进行库存盘点主要用于物流配送中心的货物盘点清单制作、盘点清单打印、盘点数据输入、盘点货物确认、盘点结束确认、盘点利润统计、盘点货物查询、浏览统计、盘亏盘盈统计等的库存盘点，便于实行经济核算。

（四）进行库存分析

进行库存分析主要用于物流配送中心的库存货物结构变动的分析，各种货物库存量、品种结构的分析，便于分析库存货物是否积压和短缺问题。

（五）进行库存管理

进行库存管理主要用于物流配送中心库存货物的管理。

用于对库存货物的上下限报警：对库存货物数量高于合理库存上限或低于合理库存下限的货物信息提示。

用于库存呆滞货物报警：对有入库但没有出库的货物进行信息提示。

用于货物缺货报警：对在出库时库存货物为零但又未及时订货的货物进行信息提示，便于对在库货物进行动态管理，以保持相应合理的库存货物。

（六）进行库存货物保质期报警

进行库存货物保质期报警主要用于物流配送中心库存货物的质量管理。

对超过保质期的货物进行报警：对库存货物的保质期在当天到期的货物进行信息提示，对超过保质期的货物进行报警，以及时进行处理。

对货物保质期查询：对库存货物的保质期进行查询，便于仓库对在库货物进行质量管理，及时处理超过保质期的货物，提高货物库存质量。

（七）进行货位调整

进行货位调整主要用于物流配送中心对库存货物的货位进行调整，进行货位调整查询，以便仓库管理人员掌握各种货物的存放情况，便于仓库及时准确地查找在库货物。

（八）进行账目管理

进行账目管理主要用于物流配送中心核算某一时间段的每种货物明细账，每类货物的分类账和全部在库货物的总账，便于仓库实行经济核算。

（九）进行条码打印

进行条码打印主要用于物流配送中心的货物自编条码打印、货物原有条码打印等，便于仓库实行条码管理，自动生成打印各种货物的条码。

复习思考题

1. 简述条形码的概念和种类。
2. 射频技术的概念和特点是什么？
3. 仓储管理系统的结构是什么？
4. 仓储管理系统在管理中的作用如何？

参考文献

[1] 卢桂芬，王海兰. 仓储与配送实务（第 2 版）［M］. 北京：中国人民大学出版社，2018.

[2] 刘雪琴，齐晶. 仓储管理实务［M］. 北京：电子工业出版社，2017.

[3] 许晓春，林朝朋. 仓储与配送管理实务［M］. 厦门：厦门大学出版社，2018.

[4] 王治文，崔亚红. 仓储与配送管理实务［M］. 北京：清华大学出版社，2017.

[5] 周兴建，蔡丽华. 现代仓储管理与实务（第 2 版）［M］. 北京：北京大学出版社，2017.

[6] 孙学农，张艳华，董秀红. 仓储与配送实务［M］. 北京：清华大学出版社，2015.

[7] 吴新燕，王常伟. 仓储管理实务［M］. 南京：东南大学出版社，2016.